上海鲁迅研究

上海鲁迅纪念馆建馆 70 周年
总第 90 辑

上海鲁迅纪念馆 编

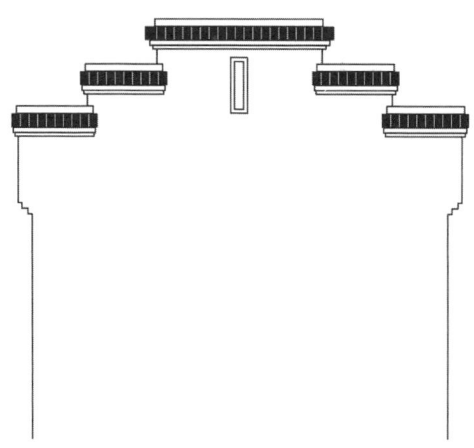

上海社会科学院出版社
SHANGHAI ACADEMY OF SOCIAL SCIENCES PRESS

目　录

上海鲁迅纪念馆建馆70周年

不忘初心
　　——从上海鲁迅纪念馆建馆看新中国人物类
　　　博物馆要义 ………………………………… 郑　亚（ 1 ）
上海鲁迅纪念馆的70年 …………………………… 王锡荣（12）
纪念馆的典范
　　——贺上海鲁迅纪念馆70华诞并赞研究成果
　　………………………………………………… 叶淑穗（29）
文物征集工作的三种精神
　　——谈新世纪以来新征集的三件鲁迅手迹 … 乐　融（43）
努力开拓鲁迅学术宣传的新领域 ………………… 李　浩（58）
七十年"藏宝图"
　　——上海鲁迅纪念馆特藏素描 ……………… 仇志琴（64）
筚路蓝缕话征程：简谈上海鲁迅纪念馆展览陈列的变化
　　——以2011年至2020年10年为例 ………… 王晓东（69）
聚焦品牌打造　深化教育内涵
　　——上海鲁迅纪念馆宣教活动管窥 ………… 邢　魁（80）
在传承中前行
　　——近十年鲁迅故居工作掠影 ……………… 瞿　斌（89）
先有萌芽，茂林嘉卉
　　——浅谈上海鲁迅纪念馆人才培养机制 …… 邹晏清（94）

浅谈上海鲁迅纪念馆安全保卫工作 ………… 曹浩杰（100）

浅谈上海鲁迅纪念馆设施设备管理维护与更新改造

………………………………………… 陈有祥（106）

上海鲁迅纪念馆展览衍生品的回顾与展望 ……… 张　健（112）

上海鲁迅纪念馆学术项目概要 ……………… 施晓燕（118）

上海鲁迅纪念馆历年宣传品概览 …………… 俞天然（138）

鲁迅生平与作品研究

《帮忙文学与帮闲文学》讲演的记录与修改

——兼论鲁迅提出"帮闲文学"的因由 ……… 乔丽华（149）

生而死，死而生

——鲁迅《为了忘却的记念》与珂勒惠支《牺牲》

之比较 ………………………………… 孙　仪（164）

"幻灯片事件"的多重叙述

——以《惜别》《上海的月亮》为例 ………… 赵　菁（175）

社会性别视域中的差异平等

——论鲁迅的性别平等观 …………… 房　存（188）

鲁迅同时代人研究

陈西滢日记、家信的文献史料价值 ………… 傅光明（203）

爱罗先珂的上海朋友圈（下）

——从读解日本官方档案谈起 ……… 吴念圣（213）

史料·辨证

中华艺术大学校门照片来历新探 …………… 何　瑛（228）

解读上海鲁迅纪念馆70年前筹设工程之票据 …… 王　煜（234）

读书杂谈

童谣民歌:越学和鲁迅学的一条纽带
——《中国童谣价值谱系研究》序 ………… 黄乔生(243)
作家萧红的"个"的自觉
——论平石淑子《萧红传》对葛浩文《萧红评传》
的反叛 ………… 李 璐(249)
文化寻根
——谈《义乌文人与鲁迅先生》 ………… 杨晔城(261)

鲁海漫谈

浅谈陶元庆绘画艺术特色 ………… 贾川琳(267)
鲁迅身影
——乍浦路海宁路一带电影院 ………… 北 海(276)

馆藏一斑

读最早的《鲁迅纪念馆》画册 ………… 顾音海(284)
磨墨情怀——鲁迅使用的墨与砚 ………… 高方英(298)
鲁迅藏广州地图的几点考证 ………… 吴仲凯(306)
上海鲁迅纪念馆馆藏鲁迅墓照片浅谈 ………… 童 煜(316)

编后

………… (324)

Contents

The 70th Anniversary of Shanghai Lu Xun Museum

Remain true to our original aspiration—find the essence of character museum from the establishment of Shanghai Lu Xun Museum ·················· Zhen Ya(1)

70 years of Shanghai Lu Xun Museum ············ Wang Xirong(12)

The model of memorials—Congratulations on the 70th birthday of Shanghai Lu Xun Museum and praise the research results ·················· Ye Shuhui(29)

Three spirits of collecting cultural relics—Three pieces of Lu Xun's handwriting collected in the new century
·················· Le Rong(43)

Try to explore new fields of Lu Xun's academic propaganda
·················· Li Hao(58)

70 years' "treasure map"—Special sketches collected by Shanghai Lu Xun Museum ·················· Qiu Zhiqin(64)

A long hard journey of the changes in the exhibitions of Shanghai Lu Xun Museum—Take the 10 years from 2011 to 2020 as an example ············ Wang Xiaodong(69)

Focus on brand building and deepen the educational connotation—A glance of the educational programs of Shanghai Lu Xun Museum ·················· Xin Kui(80)

Making progress from inheritans—A glimpse of recent ten
  years' work in Lu Xun's former residence ········ Qu Bin(89)
From blossom to prosperity—the personnel training system
  of Shanghai Lu Xun Museum ············· Zou Yanqing(94)
A brief talk on security work of Shanghai Lu Xun Museum
  ·· Cao Haojie(100)
A brief talk on the equipment management, maintenance
  and renovation of Shanghai Lu Xun Museum
  ·· Chen Youxiang(106)
The review and prospect of exhibition derivatives of Shanghai
  Lu Xun Museum ····························· Zhang Jian(112)
A summary of academic projects of Shanghai Lu Xun Museum
  ·· Shi Xiaoyan(118)
A summary of publicity materials of Shanghai Lu Xun Muse-
  um over the years ························· Yu Tianran(138)

Researches on Lu Xun's Life and Work

Recording and revision of the speech *Helping literature and
  leisure Literature*—Also on the cause of leisure literature
  put forward by Lu Xun ···················· Qiao Lihua(149)
Live and die, die and live—A comparison between Lu Xun's
  For the memory of forgetting and Kollwitz's *Sacrifice*
  ·· Sun Yi(164)
Multiple narration of "slide event"—Take *Farewell* and *The
  moon in Shanghai* as examples ················ Zhao Jing(175)
Different equality from the perspective of social gender—On
  Lu Xun's view of gender equality ············ Fang Cun(188)

The Study of Lu Xun's Contemporaries

The literature and historical value of Chen Xiying's diaries
 and family letters ·············· Fu Guangming(203)
Eroshenko's social network in Shanghai(part two)—On the
 interpretation of Japanese official archives
 ·············· Wu Niansheng(213)

History · Texual Research

A new research of the origin of the photos at the gate of
 China University of Arts ·············· He Ying(228)
Interpretation of the bill for the preparatory project of
 Shanghai Lu Xun Museum 70 years ago ······ Wang Yu(234)

Book-Reviews

Nursery rhymes and folk songs: a link between Yue studies
 and Lu Xun studies—A preface to *The study of the value
 pedigree of Chinese nursery rhymes* ····· Huang Qiaosheng(243)
Xiao Hong's self consciousness of "individual"—On the
 rebellion of Xilaiyixi Yoshiko's *biography of Xiao Hong*
 against Ge Haowen's *Critical biography of Xiao Hong*
 ·············· Li Lu(249)
Cultural-root exploration—On *Yiwu literati and Mr.Lu Xun*
 ·············· Yang Yecheng(261)

Random Talk on Lu Xun

On the artistic features of Tao Yuanqing's painting
 ·············· Jia Chuanlin(267)
Lu Xun's figure—Cinemas along Zhapu road and Haining Road
 ·············· Bei Hai(276)

Collection in Shanghai Lu Xun Museum

Reading the earliest album of *Lu Xun Museum* ...... Gu Yinhai(284)

The feelings of preparing ink—Ink and inkstone used by Lu Xun .... Gao Fangying(298)

Textual research on Guangzhou map collected by Lu Xun .... Wu Zhongkai(306)

Brief talk on photos of Lu Xun's tomb collected by Shanghai Lu Xun Museum .... Tong Yu(316)

Editor's Notes .... (324)

上海鲁迅纪念馆建馆 70 周年

不 忘 初 心
——从上海鲁迅纪念馆建馆看新中国人物类博物馆要义

郑 亚

一、早期的呼吁

1936 年 10 月 19 日,伟大的文学家、思想家和革命家鲁迅,在上海大陆新村寓所病逝。此后,对于他的纪念以及建立纪念设施始终被社会关注,也长期被大众所呼吁。

鲁迅逝世后三天,中共中央和苏维埃中央政府便致电南京国民政府,提出包括"将鲁迅生平史迹付国史馆立传"等八项建议。1936 年 10 月 25 日《北平新报》刊登《我的建议——如何纪念鲁迅》署名文章,文章公开提出要"成立鲁迅纪念馆"。同年 11 月,茅盾在发表于《中流》第一卷第五期的《学习鲁迅先生》悼文中,提出一系列永久纪念鲁迅的设想,其中也想到要建纪念馆,甚至他非常具体地谈道:"我想象到在将来的新中国,大陆新村一弄(如果还在)将收为公有,而在这四周将建筑起庄严的纪念馆。"①

1937 年 1 月 7 日《立报》刊登鲁迅纪念筹委会拟建鲁迅纪念馆的消息,说:"拟设立纪念馆一座,将鲁迅生前著作译述,及他人为鲁氏所传略,以及鲁氏作品的各国文字译本、鲁氏照相、漫画象等,搜集保存,以作永久纪念。"同年 7 月 18 日,以宋庆龄为主席的鲁迅先生纪念委员会在上海举行成立大会时,还专门讨论了设立鲁迅纪念馆一事。后因抗战全面爆发,除二十卷《鲁迅全集》被全力以赴编印出来外,其余拟定纪念事项均无法实施。

鲁迅逝世后几年内,中国共产党为缅怀纪念鲁迅,在延安先后创办了"鲁迅图书馆""鲁迅师范学校""鲁迅艺术文学院",还准备建立鲁迅纪念馆。1940年10月19日,延安各界举行鲁迅先生逝世四周年纪念大会,会议上提议在延安建立鲁迅博物馆。11月初,延安举办了鲁迅先生展览会,展品二百余件,观众踊跃。1941年,延安鲁迅研究会和中华全国文艺界抗敌协会延安分会为"成立鲁迅纪念馆,收藏与鲁迅有关的文物图书"进行磋商,并初步选定地址。但最后建馆计划未能实现。

抗战胜利后,纪念鲁迅的活动又起。1945年10月19日,郭沫若在重庆《新华日报》上发表《我建议》一文,提出"应该设立鲁迅博物馆","可建于上海、北平、广州"。他具体提出:"凡是关于鲁迅的资料,他的生活历史、日常生活状态,读的书、著的书、原稿、译稿、笔记、日记、书简、照片等等;还有关于他的研究,无论本国的或是外国的,都专门搜集起来,分门别类地陈列","使鲁迅的纪念由书斋走到社会","是鲁迅的精神深入人民大众的生活"。[②]这些设想与建议发表后,得到文艺界人士的拥护,并在多家报刊上转载,产生很大影响。

1946年北平秘密举行纪念鲁迅逝世十周年会议。会上有人提议向全国文协建议,在北平建立一个鲁迅纪念馆。同年10月19日,上海《联合日报》晚刊也刊登署名文章,呼吁:"我们要成立一个鲁迅纪念馆",供人民大众瞻仰。[③]

虽然在战争不断的状况中与国民党的黑暗统治下,建立鲁迅纪念设施几乎不可能实现,但大众却始终坚持不懈地予以呼吁,并提出有关选址、征集、陈列等极为明确的设想,延安方面还推出了专门的鲁迅先生展览会,这些早期的强烈动议和各种尝试,切实地反映出鲁迅在大众心目中的崇高地位,也说明建立鲁迅馆是社会进步的必然结果。

二、呼之而出

1949年10月19日,新中国成立之初,全国文联、总工会、青联、学联、妇联等十二个团体在北京发起召开纪念鲁迅逝世十三周年大会。大会一致通过决议,请人民政府在北京、上海两地建立鲁迅铜像和整理鲁迅故居,建立鲁迅纪念馆。

1950年6—7月间,华东军政委员会文化部在上海衡山路10号组建不久,实际负责文物处工作的副处长唐弢多次提出"我们要筹建鲁迅纪念馆"[④]。不久,经过冯雪峰、唐弢等人对大陆新村9号现状的实地考察,恢复故居原状以及将隔壁10号辟为遗物和图书资料陈列室并力争在1951年元旦正式开馆的设想很快付诸实施。

先是房屋的调整,大陆新村由大陆银行上海信托部投资,是砖木结构的新式里弄住宅。当年的大陆新村9号,现为山阴路132弄9号,被鲁迅生前以内山书店职员的名义租赁入住,在抗日战争时期,此处被日侨占住,而在1951年前后,其几经转手被民生实业公司作为职工宿舍。一墙之隔的10号,建筑布局基本与9号一致,此时为我国著名茶叶专家、时任中央林业部副部长的吴觉农和夫人陈宣昭的住宅。经过快速的沟通协商,在几乎没有经济交换条件的情况下,民生轮船公司和吴觉农夫妇都表示大力支持。特别是陈宣昭女士,因为急于让出房屋,把买存在家中准备再版吴觉农著《茶叶全书》的大量白报纸转卖给四川北路某纸号,由于行事仓促和过于信赖店家而被骗赖账,蒙受极大损失。但这些变故都没有影响他们将房屋尽快腾退让出。

房屋被接收后即刻进入修理。虽然一开始看法不太一致,但在主导人文物处唐弢和文物处博物馆管理科王稼冬的主张下,坚持以复原为原则,参照左右邻居室内未经改变的原状为标准,进行复修。

上海方面也将筹建工作向中央做了及时汇报,并请政务院副秘书长、鲁迅夫人许广平指导与协助,8月4日,周恩来同志在中央文化部文物局的报告上批示:"同意许副秘书长于十月中赴沪一行。"⑤1950年10月上旬,许广平先生从北京来到上海,王稼冬、陈步青等工作人员在霞飞坊,接受许广平先生一件一件地移交鲁迅遗物。这些遗物大多装在约40×50×60厘米的木板箱里,由工作人员极为慎重地从三楼贮藏室和二楼后室搬到底层客厅进行清点移交。有关上海鲁迅故居的遗物主要用于上海鲁迅纪念馆,包括各个房间原有的家具、用具和陈设品,大到桌橱,中及锅碗,小到20世纪30年代上海苏联总领事馆送给鲁迅的苏制火柴,林林总总,还都会有一定情况说明。其中还有一本类似1936年10月19日即鲁迅逝世当天即停止使用并被保存起来的日历,一尊从鲁迅遗容上敷印翻制并黏附着鲁迅少许眉毛胡须的石膏遗容像等有着特殊纪念价值的物品。鲁迅在上海的大量藏书,则按照事先上海与北京方面的商议,绝大部分运往北京鲁迅故居收藏。移交过程中,许广平多次动容地表示:"我要把一切还给鲁迅。"⑥

此后,故居家具按照修旧如旧的原则进行修理,藏书进行了登记整理包装打箱,随着工作的不断推进,9号故居陈设复原基本定局,部分衣物用品等被挑选出来配备定制展陈橱柜衬垫,用在10号作为鲁迅遗物陈列。对这些陈列,除了有许广平亲自审查指导外,还邀请了巴金、孙用、李霁野、王士菁、戴望舒、赵家璧、冯雪峰等知名人士提供意见。根据许广平的说明和多方意见,馆方对陈列遗物拟写了说明卡,并撰写了专业讲解稿,同时物色了一批优秀大学生和专业干部承担起纪念馆的业务和管理工作。

从1950年下半年起,短短半年里,经过多方紧锣密鼓地筹建,1951年1月7日上海鲁迅纪念馆正式开馆。开馆这天,华东局和上海的党政领导、鲁迅的生前好友、文艺界知名人士应邀而至,真是冠盖云集,盛况空前。大陆新村的鲁迅故居由此"重生"为新中国成立后的第一家人物类纪念馆。

三、时间检验

作为中华人民共和国成立后全国第一家人物类博物馆，上海鲁迅纪念馆在70年前成立时，具有明晰的专业思路，如果将其状况与2015年公布实施的《博物馆条例》有关内容加以对照，就会发现，这座早于国家法规64年的博物馆，在起步时它的多个方面就相当规范，也因此能够经得起时间的检验。

《博物馆条例》第十条　设立博物馆，应当具备下列条件：

（一）固定的馆址以及符合国家规定的展室、藏品保管场所；

（二）相应数量的藏品以及必要的研究资料，并能够形成陈列展览体系；

（三）与其规模和功能相适应的专业技术人员；

（四）必要的办馆资金和稳定的运行经费来源；

（五）确保观众人身安全的设施、制度及应急预案。[⑦]

博物馆馆舍建设应当坚持新建馆舍和改造现有建筑相结合，鼓励利用名人故居、工业遗产等作为博物馆馆舍。新建、改建馆舍应当提高藏品展陈和保管面积占总面积的比重。

1. 对应博物馆职能的场所

将大陆新村鲁迅故居锁定为鲁迅纪念馆，是早在1936年11月茅盾就明确提出的。这一馆址的选择无疑得到了多方的认可，一方面这和其是鲁迅生命中最后三年战斗工作生活之处密切相关，也多少与这栋建筑本身有关。

大陆新村，是由中国人开设的大陆银行上海信托部投资建造，建筑设计师为罗邦杰，工程坐落在施高塔路（今山阴路）美册道契

4097至4098号地上。砖木结构,三层楼房,共计6排,61幢。图纸设计日期为民国二十年一月二十六日,即1931年1月26日。大陆新村房屋造价不菲,三层楼房规划得当布局合理;砖瓦、水泥都建筑材料多为欧美进口;辅助设施相当考究,煤气灶、浴缸、抽水马桶,对应线路管道等一应俱全。虽然这栋房屋历经战乱,但其本身的格局、质量还让其能承担复原陈列的功能。同时,筹建人员非常明智地将紧邻的10号房屋纳入纪念馆,将其作为鲁迅遗物遗稿的展示区域,缓解了空间的不足,增加了展示服务的变化和丰富度,也有利于将"生活状态"与"奉献成就"既合理区分又有机组合地加以体现。

2. 必要数量质量的藏品及研究资料,且能形成完整的藏品序列和展陈体系

上海鲁迅纪念馆在起步时,得到了许广平的大力支持,尤其是藏品和对应研究资料。1950年10月下旬,许广平移交鲁迅手迹、书籍、家具、衣被、杂件等物品逾1 100件,许广平还很有意识地介绍了物品的相应情况。其中突出者按类别分别有:1) 手稿《毁灭》等;2) 书籍著作《海上述林》《小彼得》和《域外小说集》等;3) 书信则有瞿秋白、曹靖华等致鲁迅信;4) 木刻版画部分更为丰富,当时尚存于上海的全部留在上海,包括黄新波、刘岘、赖少其、罗清桢等优秀青年版画家作品;5) 还有鲁迅逝世后唁电唁信和纪念鲁迅的报纸期刊也比较完整;6) 再有衣物类包括鲁迅平时穿着的长衫胶鞋,史沫特莱赠送的白绸长衫,许广平编织的毛线背心绒线袜;7) 生活用品类如手绣的帐顶、茶壶套以及餐具、陈设品等等等等,这些为上海鲁迅纪念馆形成可观的展陈并进一步深化研究奠定了坚实的基础。许广平还把她保留的故居家具全部捐赠,大到各类桌椅橱柜床具,小到锅碗餐具装饰玩具,甚至还不遗余力地将一度借给别人的家具一一索回。而对这些家具用品如何摆放许广平也做了大量指导,努力达到按照原状布置。除了许广平的重要捐赠之外,这个阶段,还有黄源、巴金、孙用等捐赠的鲁迅手迹和冯雪峰、唐弢、杨霁云、谢旦如

等捐赠的鲁迅著译编校的书籍以及照片、期刊等文献资料。

3. 合适的专业技术人员

上海鲁迅纪念馆的筹建，发起、推进、落实的人员大多具有的文史修养与先进的革命思想，同时也有着强烈的文物保护意识，相当一部分还与鲁迅有着密切的渊源。

最早在1950年春季就着手筹建上海鲁迅纪念馆的是时任华东军政委员并与鲁迅有着深厚革命情谊的冯雪峰和华东文化部文物处副处长唐弢。在同年5月、6月期间，冯雪峰、唐弢寻访勘察了大陆新村、拉摩斯公寓、花园庄旅社、公咖咖啡馆、中华艺术大学等多个鲁迅活动遗址，并由唐弢草拟《筹设鲁迅纪念馆计划草案》。计划草案第三条："纪念馆拟租赁鲁迅原住大陆新村9号及邻屋10号为馆址，9号完全按照鲁迅生前居住时情况布置，10号为管理机构，并陈列有关研究鲁迅之各种资料。"⑧

7月，华东军政委员会批准了相关计划，华东文化部向中央文化部文物局报告并要求转请许广平来沪指导建馆和恢复故居工作。经过中央文化部文物局及政务院的认可，8月，时任政务院总理周恩来积极支持，并做专门批示。同月，唐弢委派华东文化部文物处干部王稼冬、秘书朱友端着手具体筹建。

可以看出，无论是纪念馆的功能布局规划，还是藏品移交的妥善清点、详尽记录、合理分流、分箱装运，以及故居整体修复和陈列物品的修旧如旧原汁原味，甚至陈列说明的撰写修订，都体现了筹建团队有关人员的专业理念，对这些专业技术规范的把握与坚持，对于今天建设和管理博物馆依旧有着关键性的指导意义。

4. 必要的充足的经费支撑

博物馆是服务社会大众的公益性机构，其属性决定了其不能以赢利为目的，但一个规范的博物馆，其建设投入和长期运行都是需要必要稳定的经费支撑的。

在上海鲁迅纪念馆筹建时，新中国成立不久，国家各项工作都有待于投入发展,而对鲁迅和鲁迅纪念馆的高度重视,让建馆的建设得到了有力的经费保障。1950年8月,纪念馆馆址选定房屋转让推进过程中,唐弢为经费问题与房源问题走访负责经委及财政工作的古牧、姚依林和公务局长赵祖康,均得到了支持。

1956年1月,国务院决定对虹口公园重新规划,进行改建,并迁建鲁迅墓,兴建纪念馆于公园内。全部工程要求在鲁迅逝世20周年纪念日也就是当年的10月19日前完成。4月上海市文化局派专人携带公园总体规划、鲁迅墓、纪念馆等设计图纸和部分模型前往北京向中央请示。6月初中央批准各项基建设计图纸,并拨款人民币90万元。

来自中央的拨款,保证了上海鲁迅纪念馆的重新定位和布局提升。1956年10月10日,坐落在鲁迅公园东部的上海鲁迅纪念馆竣工,建筑面积2 660多平方米。位于鲁迅公园中部偏西北的鲁迅墓在1956年10月9日落成,核心区域面积1 600平方米,并于10月14日上午隆重举行鲁迅灵柩迁葬仪式。1961年3月4日鲁迅墓被国务院公布为第一批全国重点文物保护单位。1956年10月上旬大陆新村原陈列撤销。1959年5月上海鲁迅故居被列为上海市文物保护单位。

5. 对观众安全的充分考虑

1951年1月7日上海鲁迅纪念馆开馆。初期,除将星期一作为休假日外,每天都对群众免费开放,参观线路为从9号故居进入,逐层参观至三楼,而后通过9号与10号连接的三楼晒台进入10号陈列室,再逐层往下,最后从10号底楼出口离开结束参观。虽然当时的客观条件有限,但在观众安全方面还是进行了充分的考虑,由9号自下而上参观告一段落后,借助对两栋房屋三楼晒台一部分隔墙适当开通,引导观众顺势进入10号三楼,再自然而然地由上而下参观后从10号离开,形成了相对合理的参观动线,最大程度避免观众在住宅楼梯上下的狭小空间里引发人流对冲。这种以观众为本以观众安全为重的观念,对今天的博物馆开放安全防范应急处置依旧具有指导意义。

四、70年主要成就

发轫于70年前起步时的科学合理谋划,上海鲁迅纪念馆不忘鲁迅先生"民族魂"之初心,牢记为人民谋幸福的博物馆使命,不断积累,取得了一系列的成就。

70年来,上海鲁迅纪念馆立足自身功能定位,逐步建立起科学、合理的藏品体系。现有藏品8万余件,在极为重要的鲁迅手稿、著作、遗物等之外,20世纪90年代,上海鲁迅纪念馆设立"朝华文库",库额由巴金题写。至今已设专库43个,收集了陈望道、许广平、冯雪峰等人的手稿、手迹、藏书、生活用品等,并开设部分专库对外展示。此外,上海鲁迅纪念馆还收藏有一批与纪念鲁迅有关的重要美术创作,以及与鲁迅研究有关的重要图书文献资料,随着全国第一次可移动文物普查的完成,上海鲁迅纪念馆进一步健全了藏品管理制度,加强了藏品数字化管理,完成文物库房搬迁与提升,形成了科学合理的文物保护模式。

70年来,上海鲁迅纪念馆直接参与并推动了鲁迅文化研究,累计出版研究成果138种。主办刊物《上海鲁迅研究》,累计出版近90辑。近年来编著有《鲁迅〈毁灭〉翻译手稿影印本》《许寿裳遗稿》《黄源文集》《赵家璧文集》《鲁迅小说散文初刊集》《上海鲁迅纪念馆藏中国现代作家手稿选》《上海鲁迅纪念馆藏鲁迅手稿选》《上海鲁迅纪念馆藏品选》《馆藏鲁迅先生手迹、藏品撷珍》《上海鲁迅纪念馆藏美术品选》等书籍、图录。举办"新中国人物博物馆60年学术研讨会""中国现代作家手稿及文献国际学术研讨会""纪念《新青年》创刊100周年学术研讨会""纪念鲁迅诞辰135周年、逝世80周年学术研讨会""纪念鲁迅定居上海90周年学术研讨会""鲁迅与汉画学术研讨会""赵家璧先生诞辰110周年纪念座谈会""鲁迅与中国古代文化""鲁迅与江南文化"等学术纪念活动,学术特色进一步凸显。

70年来,上海鲁迅纪念馆不断创新基本陈列叙事模式,对基本陈列进行了近10次调整改建。2011年改版的"人之子——鲁迅生平陈列"以"立人"为精髓和主线,分"生命的路""首在立人""画出国人的魂灵""保存者、开拓者、建设者""精神界战士"和"人之子"六个部分,展现鲁迅成为民族魂象征的人生历程。该展览荣获第十届全国博物馆十大陈列展览精品评选精品奖。此外,每年坚持举办、引进及输出各类专题展览。原创特展"鲁迅精神与廉洁文化""鲁迅与《新青年》""上海鲁迅纪念馆藏版画精品展""鲁迅与文艺""鲁迅书籍装帧艺术展""鲁迅与国际友人在上海""鲁迅与汉画像石拓片展""1930年代的鲁迅与上海出版""上海鲁迅纪念馆藏美术品展"等颇受观众和业界好评,连续荣获上海市陈列展览推介精品奖。

70年来,上海鲁迅纪念馆充分发挥爱国主义教育基地功能,馆和故居年均接待观众近40万人次;不断加强馆校合作,聚焦"名家讲鲁迅""鲁迅经典诵读""追摹版画"三条主线,有序组织开展"上鲁讲座""鲁迅杯课本剧大赛""鲁迅作品名家诵读""沪上多馆鲁迅主题联诵会""追摹版画""我是未来文艺家""追寻鲁迅在上海的足迹""到鲁迅先生家里听故事"等品牌活动;坚持发布"鲁迅箴言",推出"上鲁讲座"线上版、诵读视频展播、"清明节网上祭先贤"活动等,吸引更多社会公众感悟鲁迅精神。

此外,上海鲁迅纪念馆还进一步加强了对鲁迅墓和鲁迅故居的保护与管理,不断完善馆、墓、故居三位一体管理格局。对鲁迅墓全面加强安防系统,配套公共广播,定期实施一级古树名木广玉兰专业修剪、鲁迅铜像专业防护及毛泽东题字镏金维护,安装鲁迅墓人脸识别系统等。2018—2020年,连续三年支持举办鲁迅墓公众纪念活动。现年均接待瞻仰游客超过50万人次。对鲁迅故居进行文物保护修缮,对故居展陈家具加以专业清理维护,制作鲁迅故居360度虚拟展示,近年来接待观众团队年均约2 000人。

2021年是建党100周年,鲁迅诞辰140周年,也恰是上海鲁迅纪念馆建馆70周年。经过70年的积累,上海鲁迅纪念馆必将继续坚守人物类纪念馆的职责与担当,将自身发展与党的百年历程主动对照,不忘初心,秉持与"为民族谋复兴"呼应的鲁迅"民族魂"精神、与"为人民谋幸福"呼应的鲁迅"孺子牛"精神,不断前行。⑨

注释

① 澍君:《我的建议——如何纪念鲁迅》,《北平新报》1936年10月25日。
② 郭沫若:《我建议》,重庆《新华日报》1945年10月19日。
③ 参见凌月麟:《鲁迅博物馆、纪念馆史话》,上海鲁迅纪念馆编《纪念与研究》第六辑,1984年12月,第134—135页。
④ 王稼冬:《追忆上海鲁迅纪念馆筹建经过》,上海鲁迅纪念馆编《四十纪程》,1991年,第23页。
⑤ 《上海鲁迅纪念馆大事记》,上海鲁迅纪念馆编《四十纪程》,第74页。
⑥ 王稼冬:《追忆上海鲁迅纪念馆筹建经过》,上海鲁迅纪念馆编《四十纪程》,第26页。
⑦ 参见《博物馆条例》,中国法制出版社2015年版。
⑧ 《上海鲁迅纪念馆大事记》,上海鲁迅纪念馆编《四十纪程》,第74页。
⑨ 本文参考郭凤珍、杨志华:《大陆新村建造的年份及其他》(《纪念与研究》第五辑,1982年)、吴长华:《许广平与上海鲁迅纪念馆》(《上海鲁迅研究》第3辑,百家出版社1989年版)、虞积华:《上海鲁迅故居沿革》(《上海鲁迅研究》第8辑,百家出版社1997年版)等。

上海鲁迅纪念馆的70年

王锡荣

在新中国的博物馆、纪念馆中,上海鲁迅纪念馆是最早建立的纪念馆之一,而在人物类纪念馆中,则是当之无愧的第一。与众不同的是,这个馆是在中央政府直接指导下筹建起来的。当时政务院总理周恩来、国家文物局局长郑振铎和时任政务院副秘书长的鲁迅夫人许广平都亲自参与了筹建工作。实际主办则由当时的华东文化部直接操作。筹建一个人物纪念馆,这么高的规格,也是不多见的。馆的筹建实际上是在1950年春,到7月就成立了建制,到现在忽忽已经70年了,国内博物馆也已经有了5 000多座,上海鲁迅纪念馆作为国家一级博物馆,也在国内外享有很高的声誉。从1981年到2014年,我在这馆工作了34个年头,算起来,在当时竟超过了馆史的一半。当然,我馆最老的元老、建馆时期就已入职的虞积华先生还健在,轮不到我卖老。但就担任馆领导职务达19年之久来说,算起来我是迄今最长的了。当然因此所经历的事也多一些,所了解的情况也多一些,同样,犯的错误也更多一些。

我在这里不打算为鲁迅纪念馆写一部简史,只是想就自己印象最深、感触最多的几个方面,略谈一些感想。难免挂一漏万,也难免百不及一,肯定还有不少疏漏和偏颇,作为过来人的一点随感,也顾不得求尽善尽美了。

一、初创风光

　　上海鲁迅纪念馆的筹建,对新中国来说,是一个具有标志性意义的事件。首先,其动议起于刚刚成立不到一年的华东文化部。这不是偶然的。因为,当时的华东文化部干部里,不少是鲁迅的友人和弟子。部长陈望道就是鲁迅的多年好友,他在1920年最初全文翻译了《共产党宣言》,刚刚出版就寄赠鲁迅,鲁迅曾给予好评。后来鲁迅到了上海,陈望道第一时间就请鲁迅到他所主持的复旦大学附属中学去演讲,后来鲁迅又多次到他任校长的中华艺术大学去演讲。两人在1930年左联成立之初,又一起策划编辑《文艺研究》,鲁迅写了《〈文艺研究〉例言》;1934年两人又一起参加新文字运动,合作编辑了《太白》杂志,成为当时左翼新文字改革运动中的一面旗帜。由他主持的华东文化部来筹建鲁迅纪念馆,是再自然不过的事。

　　更直接的动议,可能来自华东文化部的一个重量级人物,就是冯雪峰。他与鲁迅相知更深,是当时中共党与鲁迅的联系人,也是左联党团书记和中央文委书记。这时候他是华东军政委员会的委员、上海文协的主席。后来创建鲁迅著作编刊社,又是人民文学出版社的首任社长。1950年2月,他就与时任华东军政委员会主席、上海市委书记饶漱石和市长陈毅及华东文化部各部门负责人协商,力推筹建上海鲁迅纪念馆和修复绍兴鲁迅故居等,还带领唐弢等寻访鲁迅在上海的足迹,是整个鲁迅纪念事业的真正推动者。

　　另一个是华东文化部副部长黄源。他是鲁迅在上海期间的得意弟子。鲁迅刚到上海,在上海立达学园演讲,就是由他记录演讲词。后来来到鲁迅身边,受到鲁迅的提携,担任《译文》杂志的编辑,鲁迅多次为他仗义执言。他对鲁迅有很深的感情,他收藏了鲁迅《故事新编》手稿,历尽艰难,九死一生,一直珍藏到1949年后拿出来捐给鲁迅纪念馆。他还是后来通过周扬请毛泽东为鲁迅墓题写墓碑的实际操持者。

再一个就是唐弢。他是华东文化部文物处的负责人之一。其实处长徐森玉也是鲁迅老友,而实际操作则是唐弢。唐弢1933年开始在《申报·自由谈》上发表杂文,因为杂文从风格到内容都有点像鲁迅,所以他的笔名被怀疑就是鲁迅,由此招来谩骂。因此,有一次在朋友家聚会,鲁迅碰到唐弢时跟他开玩笑说:"唐先生,你写文章,我挨骂。"引得大家哈哈大笑。他后来也是鲁迅治丧办事处的工作人员,和1938年版《鲁迅全集》编校班子的骨干成员。他也是后来跟冯雪峰一起寻访鲁迅在上海足迹的人。在操持鲁迅故居恢复和鲁迅纪念馆筹建过程中,他曾亲访大陆新村10号住户、后来的农林部长吴觉农,谈妥了搬迁要求。他还是明确提出要求工作人员清理淮海坊许广平旧居物品时做到"片纸不扔"的人。这些,都为草创之初的新中国第一个人物纪念馆作出了极其重要的贡献。

由这样一些跟鲁迅关系密切、感情深厚的人来发起并实施的鲁迅纪念馆筹建工作,起点之高是无可比拟的。同样,批准此事的文化部文物局局长郑振铎又是鲁迅的好友,曾与鲁迅一起收集、编辑了《北平笺谱》和《十竹斋笺谱》,同样参与其事的副局长王冶秋,也是鲁迅的小友,早在北京时期就曾随台静农等参加未名社的活动,还曾帮鲁迅收集汉画像。

看来冯雪峰与饶漱石、陈毅等的沟通是很有成效的。很快,华东文化部启动了筹建鲁迅纪念馆的前期工作。5、6月间,冯雪峰与唐弢寻访了鲁迅在上海的足迹。紧接着,他们俩就专门向华东文化部部长陈望道、副部长黄源、金仲华汇报了此事,得到了一致赞同。而接下来,唐弢就草拟了《筹设鲁迅纪念馆计划草案》。7月初,华东军政委员会第12次行政会议批准了这个计划。7月15日,华东文化部就向中央文化部文物局打报告,要求派鲁迅夫人许广平到上海指导建馆和恢复鲁迅故居。7月下旬,中央文化部就复函华东文化部，同意筹设鲁迅纪念馆。至此，实际上鲁迅纪念馆的建制已经成立了。而且，当时的馆名并没有"上海"二字，是全国的"鲁迅纪念馆"，也是当时唯一的鲁迅纪念馆。

7月27日，文化部文物局局长郑振铎还是把报告打到了中央政府政务院，请求鲁迅夫人许广平赴沪指导恢复鲁迅故居。仅仅一周后，8月4日，政务院总理周恩来就批示："同意许副秘书长专程十月中赴沪一行。"于是，许广平于10月中旬来到上海，住了一个多月，除了把原来淮海路住所的鲁迅遗物搬到大陆新村，一一按照鲁迅生前的模样摆放。除了一张吃饭的八仙桌是从淮海路的旧货商店淘来的，其他都是鲁迅生前用品。由于上海天气潮湿，而北京气候干燥，所以许广平决定把上海的鲁迅藏书2 691种5 500多册，全部运到了北京。当时郑振铎按照文物保护的原则，认为把所有的鸡蛋都放在一个篮子里并不好，于是决定先由北京图书馆保管，之后待北京鲁迅博物馆建成后，部分由到鲁博收藏。但这样一来，就造成了我馆藏品较少的情况，也激励了我馆上下养成了锐意穷搜鲁迅文物的习惯和馆风。好在由于唐弢等的力争，还保留了鲁迅收藏的现代版画2 000多种，这算是我馆的重磅藏品。当然，鲁迅的石膏面模，《毁灭》译稿、《故事新编》手稿等，也是馆里的镇馆之宝。

11月中旬许广平回北京后，向周总理汇报了在上海恢复鲁迅故居和建馆的情况，并请总理题款，周总理欣然提笔写下了"一九五零年十一月　鲁迅纪念馆　周恩来题"。后来由毛泽东亲笔题写"鲁迅先生之墓"。总理题馆额，主席题墓碑，作为新中国新建立的第一个名人纪念馆，如此高的规格，也是新中国绝无仅有的。

二、国家名片

从20世纪50年代初到60年代，上海鲁迅纪念馆可说是一直是一张国家的名片。这不是说以后地位下降了，而是因为当时开放的程度有限,之后国门打开,来宾参观点越来越多,自然不必只看少数几个点了。纪念馆一成立,立马迎来各方嘉宾。1月7日纪念馆预展当天,华东军政委员会和上海市的主要领导饶漱石、陈毅、潘汉年等都莅临参观,还有一大拨鲁迅生前友好和弟子,甚至有苏联学者罗果夫。第二天,纪念馆正式对外开放,此后便开启了名人接踵而至的打开模式。第一年就有捷克学者、鲁迅著作翻译者普实克,苏联翻译家费德林、作家爱伦堡,智利诗人聂鲁达等著名人士。当时的纪念馆,实际上只有大陆新村10号的一楼和二楼,9号是故居复原陈列。当时的主题陈列虽然面积不到100平米,陈列手段也简单,主要是鲁迅手稿、生活用品、图书和图片。小虽小,却显得精致、直观、生动、感人。来宾睹物思人,感觉鲁迅如在眼前。所以,后来陈毅多次前来参观,还赋诗道:"并世不识面,文藻实我师。遗宅频来访,凭吊更依依!"鲁迅弟子、著名报人孙伏园题词说:"搜罗丰富,布置井然有序,使敬仰先生者从先生的遗物遗作中更深刻地了解先生,学习先生。"汪锋、周而复、赵朴初三人的参观感想是:"在这里看到了他的朴素的生活,看到了他的艰苦的战绩,我们感谢许广平先生和鲁迅先生的故人们,能在那一些艰难的岁月中保留他的许多手泽和遗物,使我们今天依然能够接触到这一个伟大的人的呼吸"。从那时到1966年,来访鲁迅故居和纪念馆的人遍及全国,遍及各大洲。鲁迅的老友内山完造、嘉吉兄弟不用说了,即如德国的路德维希·雷恩,当年曾写信给鲁迅,声援左翼抗议当局杀害作家,日本的女权运动家高良富,曾与鲁迅有往还。还有法国著名的存在主义代表人物萨特,也曾由丁玲陪同来访。略略统计,来宾的国籍,少说五六十国。

  我馆成为当时国内外文化名人的"打卡"地,还有一个原因,就是它的馆舍建设和陈展水平,在当时具有标杆意义。1952年春,上海成立了鲁迅墓迁葬委员会,市长陈毅亲任主任委员,黄源、唐弢任秘书长。但墓园设计方案报送中央后,政务院要求准备具体意见,工程缓办。实际上是要求周密规划,提升规格。到1955年重新启动,1956年10月,新馆在虹口公园落成。新馆建筑面积达到2 300多平方米,在当时国内,这规模算很大了。那一年,正是鲁迅逝世20周年,在北京举行了超大规模的纪念大会,邀请了30多国来宾出席。因此鲁迅纪念事业进入了一个发展高潮。继1953年建成绍兴鲁迅馆之后,1956年10月北京鲁迅博物馆建成。上海的这个新馆造得极快,工期仅仅3个月,但至今看来,仍不失为那个时代的建筑经典。其外观是江南民居的两层庭院式建筑,高高耸起的马头墙使它成为地标,传统的筒子青瓦,石灰粉墙,充满了江南风味。但用了野山面的毛石墙裙,又融入西风,显得厚重。整体建筑风格中西合璧,外秀内刚,内敛沉稳。内部地面装饰是光滑如砥的彩色磨石子,墙面则是与地面相协调的浅绿色油漆面,这是经过反复调试、论证后确定的颜色。门窗是西式高大门窗,室内宽敞明亮。只是当时还不知道,这种苏联风格的高大窗户,是不适用于博物馆展厅的:展品在紫外线照射下,很快就会老化、脆化。馆内陈列由唐弢牵头策划,参与其事的还有丁景唐、叶以群、方行等先生。内容分40个组。陈列体裁在开馆时是简单罗列,后曾改编年体,这时又改为编年加专题体,把两者有机结合起来,这种体裁至今相当流行。形式设计由上海美术设计公司承担。这家公司,可说是新中国最早专业从事博物馆陈展设计的公司,一直到90年代都是我馆基本陈列的设计方,在国内陈展设计领域引领潮流多年。

　　1956年的迁墓,更是盛况空前。宋庆龄、茅盾、周扬等特地从北京赶来,上海市主要领导柯庆施等都到场,并都参加扶柩或讲话。全新的馆舍和鲁迅墓,又让这张中国的靓丽名片增添了光彩。陈毅市长一有空就会来转转。有一次他又来了,也没什么警卫,公园很多游客争相一睹风采,但又不敢近前,陈毅站在馆门口,大声说:"来嘛!没见过陈毅啊?要看就来看个够嘛!"于是他顷刻间被热情的游客包围了。

三、跌宕起伏

1966年以后,我馆进入了冷冻时期。原有的领导班子"靠边",馆的陈列关闭。但是鲁迅墓是开放的,遂成为参观热点。人最多的时候,瞻仰的队伍一直排到公园门口,这是我曾经亲历的景象。1969年,鲁迅生平陈列开始重新策划。但同时,为配合"备战备荒",馆内一二级珍贵文物装箱打包,运往安徽山区的后库保管,直到1979年才运回。这实际上给鲁迅生平陈列的改陈工作带来了困难。1973年底,改陈初步完成,在内部开放。但紧接着1974年"批林批孔"开始,又配合搞流动展览。直到1975年底,才在闭馆8年后,重新对外开放。这时又开始搞"中华人民共和国鲁迅展",先在北京中国革命博物馆预展,朱德、谷牧前往审查。1976年9月作为中日政府交流项目赴日展出,直到次年2月才运回馆内。鲁迅故居的复原陈列,也被一再调整,以便跟上政治气候。1969年当关于"瞿秋白是叛徒"的说法喧嚣时,把鲁迅故居内瞿秋白的书桌撤下了,直到1978年以后才重新展出,到1980年就举办了鲁迅与瞿秋白友谊专题展。三楼的海婴房间,也关闭很长时间。当时流传着一种说法,从纪念馆的陈展,可以看出当时的政治气候。谁消失了,谁复出了,就表明他的命运和评价有变化了。直到1981年后才稳定下来。

在国际上,同样显示了中外交往的起伏。1969年以后,由于中苏交恶,苏联东欧来宾明显减少。1972年以后,中日、中美关系改善,日美来宾明显多起来。日本创价学会会长池田大作就是在1974年6月第一次访华时,主动提出要参观的。日本前外相藤山爱一郎,日中友协会长黑田寿男、理事长中岛健藏,仙台市长岛野武等接踵而来,美国埃德加·斯诺的前妻、后妻以及多位亲属都来到上海,著名电影家伊文思,华裔科学家杨振宁及其岳父杜聿明,美籍华人科学家牛满江、赵浩生,作家麦金农夫妇,先后来访,还有意大利、法国、巴基斯坦等国家名人,都接踵而来。1978年后,馆的活动日益增多,影响日增。

四、文物情结

由于建馆之初,许广平先生把大部分鲁迅藏书和手稿都送到了北京,上海只留下了故居存放的一小部分藏品和大部分现代版画,所以征集文物就成了全馆上下的一个挥之不去的情结。先是将许广平留下来的所有物品,片纸不落地从淮海坊运回来,细细整理,从中发现了几件重要的文物,包括陈赓在鲁迅家画的鄂豫皖反"围剿"形势图等。之后是在上海旧书店发现了陈望道译《共产党宣言》的初版本、《凯绥·珂勒惠支版画选集》等。这里,不能不提到当时的两个人:一是丁景唐,二是方行。他们两位都为鲁迅纪念馆发展和文物征集的发挥了重要作用。他们都是只要听到哪里有鲁迅文物,就会立马出面交涉,要对方转交给鲁迅纪念馆,或者捐给国家。以至于上海书店内部形成了这样的规矩:凡是鲁迅纪念馆可能需要的,就主动留下来,等待丁先生、方先生来鉴定,或者直接联系鲁迅纪念馆征集员来拿。

然后,馆里设置了文物征集员。馆里的管理干部,也都养成了对文物征集的特殊敏感。有的员工每天没事就会去逛旧书店,出差、出国也习惯逛旧书店,看到有需要的就搜集回来。元老级员工虞积华曾长期担任保管部主任,他为我馆征集了大量高品级的文物,特别是鲁迅手稿。保管部老员工史伯英,与多位文物收藏者、捐赠者保持着十分友好的关系,经常会去看望他们,到退休后还常来常往。这样,一旦他开口跟对方征集什么文物,对方很难拒绝。这种做事风格影响了几代人。所以,一代一代新人接手馆的工作的时候,就自然而然地把文物征集作为自己的重要使命,大力开拓文物征集途径和方式,包括开辟集收藏、展示、研究和纪念四大功能于一体的朝华文库。诸如通过广交朋友、紧盯文物市场、举办展览、影印出版等途径和方式,紧盯文物,成为我馆员工的自觉意识,也成为我馆的传统。我们形成了每年春节、中秋看望文物捐赠者的传统,通过文物捐赠者的传播,使我馆的吸引力不断增长。例如,巴人长子王克平与我馆多年友好,也在馆内设立了巴人专库,但是,他家里还藏有一批特别珍贵的巴人早年手稿,经过长期工作,他也终于拿出来捐赠给我馆。还有冯雪峰,被誉为鲁迅研究"通人",但朝华文库最初没有他的专库,后来经过与他儿子夏熊和孙子冯烈夫妇的沟通,终于将他的遗物收藏入库,其中有他的手稿等大量珍贵文物。还有另一位鲁迅研究"通人"许寿裳,早在1948年就在台湾被害,他的一批手稿辗转流落到日本,我们通过将这批手稿识读、整理出版,将这批文物征集入朝华文库,建立了许寿裳专库。

  实际上,馆的事业发展,也给文物征集带来巨大机会。当1996—1999年改扩建新馆的时候,我们开展了一大波文物征集的动作,开辟了"朝华文库",第一波就收集了16位与鲁迅有接触的文化名人的文化遗存近6万件。随后又建成了"朝华文库二库",收集了老版画家和鲁迅研究名家20多人的几万件文物和文献资料。其中,"朝华文库第一库"的赵家璧先生藏品入藏,就是一个典型案例。多年前,赵老就有意将自己苦心收集、历经磨难保存下来的6 000多册珍贵藏书交给收藏单位集中收藏,为此他多次到馆里观察了解,终因我馆老馆收藏条件太差,无法满足老人的集中收藏要求而作罢。直到我馆筹建新馆,开辟"朝华文库",他的家属第一时间就允诺将藏品入藏我馆,成为最早的专库。再如,日本"内山会"成员吉田旷二先生,几十年中个人收藏了大量关于中日战争史的珍贵文献,包括甲午海战的第一手文物文献:参加过甲午海战全过程的日军上尉田所广海在甲午海战期间的航海日志,这是记载这次海战的第一手珍贵文献。早在2004年,他就向我们表示,希望把这些藏品到中国来举办一次展览,我们就开始策划此事,但当时正值中日关系紧张,没能办成。2009年,为纪念内山完造先生逝世50周年,我们前往日本参加纪念活动,我就带了几个人前往吉田先生住所,观看了他的藏品,感到非常震惊:这些藏品对于见证中日战争的历史,揭露日本侵略的真相,具有极高的价值。于是立即再次启动展览计划,终于在我馆办成这个展览,并举行了研讨会。消息发布后,引起各方震动:这是一个关于中日战争史的重大发现。展览成功举办,吉田先生很高兴,我就趁机同他商谈。我说,这次展览的举办,我们是通过海关报关进来,很不容易,返回也同样麻烦。我们的想法,先生是否可以捐赠给我馆?这件文物,见证了中日战争的重要史实,也是鲁迅先生所关注的,收藏在我馆,可以更好地发挥它的作用。吉田先生听了说,我回去和夫人商量商量。他回国一周后,告知我们:同意捐赠给我馆。当然,我们也不能收藏进馆就万事大吉了,需要发挥其作用。我们与上海国际问题研究所所长吴寄南先生商量后,组织了一个高级别的专题研究团队,请来上海一批最顶级的相关问题研究专家,开展课题研究,最终将它影印并翻译出版,获得了社会高度评价。纸墨更寿于金石,影印出版,是对文物更好的保存,吉田先生也十分高兴。

这样,由于全馆上下这种对文物征集的不懈努力,馆藏文物从建馆初期许广平先生移交过来的1 157件,到目前的近9万件,70年增长了70多倍,我们在2010年前后,曾经出现连续三年年年有一级文物入库的盛况,也是值得欣喜的。当然也是全国员工共同努力的结果,其实也正是我馆文物征集情结的一种释放。在2008年开始一级博物馆评估和之后的几次运行评估中,名列纪念类博物馆的前茅,与连年有高品级文物入藏是分不开的。

五、核心动力

上海鲁迅纪念馆从筚路蓝缕开创70年来,从只有五六个人,七八间房,一千多件藏品,到如今的5 000平方米场馆,50多名员工,2万多件(套),荣膺国家一级博物馆称号,除了全馆上下数十年的奋发努力,其核心动力,首先归结于鲁迅先生的精神感召和党的领导。鲁迅说,大的文化事业,是必须党和政府来推动的。当然,政治路线确定之后,干部就是决定的因素,馆领导和干部队伍的作用也是不言而喻的。但除此之外,我馆还有一个秘笈,就是建立了研究室。当时一般博物馆的组织架构,通常是所谓"三部一室",就是保管部、陈列部、宣教部、办公室。但其实对博物馆来说,这是不够的。实践证明,研究室是博物馆发展和水平提升的动力。客观地说,我馆在学术界的地位日益提高,与设立研究室有相当关系。依托研究室,我们不但开展了一系列高水平的学术活动,出产了一系列学术成果,有效地提高了馆的社会地位。

我馆从初创时期开始,就有较好的学术基础,初期有上级的唐弢、丁景唐、叶以群和方行把关,而馆内有谢旦如,建馆后引进了一批青年,如虞积华、朱嘉栋、周国伟、史伯英、陈友雄、吴长华等,他们经过多年历练,也成为成熟的专家,为馆的业务发展做出了贡献。1959年编辑了《鲁迅诗稿》,1961年正式出版,受到瞩目。1981年配合鲁迅诞辰100周年,编辑出版了一大批专业图书,影印了鲁迅当年编印的多种美术书刊,也引起关注。从1985年建立研究室后,整体学术水平提升速率明显加快。先是与北京鲁迅博物馆合作编辑了《鲁迅辑校古籍手稿》和《鲁迅辑校石刻手稿》共9大函。同时开展广泛调研采访,编辑了《高山仰止——鲁迅逝世五十周年纪念集》,将1979年创刊的《纪念与研究》提升为《上海鲁迅研究》,随后协助筹建中的左联纪念馆策划了该馆基本陈列,又为之编辑了《左联纪念集》《左联论文集》和《左联研究资料集》。1991年编辑了《纪念鲁迅诞辰110周年纪念集》,还编辑了《版画纪程》。1990年代中,又建立了上海鲁迅研究沙龙,成为联络上海鲁迅研究界的纽带。又推出了现代文学名人影像资料拍摄工程，先后拍摄了40多位与鲁迅有接触的文化名人视频影像资料。1996年鲁迅逝世60周年，牵头举办上海市纪念鲁迅逝世60周年纪念大会，为市委宣传部领导撰写了纪念大会的讲话稿。

研究室的设立，对于博物馆的意义，好有一比：犹如在山中烧篝火，柴火堆搭架得好，一点火就熊熊燃烧，倘若柴火搭架不合理，就光冒烟不冒火。研究室的设立不仅使馆的组织架构更趋科学合理，更符合博物馆发展的需要，也使馆的人才结构得到改善和提升，尤其是使馆的运作把鲁迅研究和博物馆研究纳入馆的发展规划和日常工作计划。而且，馆的管理也会在更有学术眼光的理念下布局和开展，会有更高的目标，更深入的思考。久而久之，就会在无形中集聚软实力，形成馆的综合实力，慢慢就会在各个层面、各个方向上发力，后劲十足。这可以说是上海鲁迅纪念馆快速发展、核心竞争力不断提升的"秘笈"。国家一级博物馆评估细则中对学术研究这一块面有很高的权重，是很有道理的。

我馆研究室是在原陈列研究部基础上分设的，即把陈列和研究分设两个部门。研究室并不是一个埋头搞经院式理论研究、脱离馆的中心任务的部门，而是馆的业务活动中枢。它成立后，不仅开展鲁迅学术研究，编辑馆刊，编著专著专书，对于陈列工作、宣教工作和文物征集保管工作，也带来了动力，推动了馆的博物馆学研究。基本上，馆内重要的学术活动，都离不开研究室。同时各种业务活动的开展，都带上了理论的高度和意义。那以后，馆的基本陈列大纲与方案的策划设计，文物征集保管工作和宣教活动，研究室都有不同程度的参与。实际上，研究室可说是纪念馆的核心推动力，形象地说就是"中场发动机"。

1991年陈列改建后，市领导要求立即开始新一轮的陈列改建策划，以进一步提高馆的陈列水平。于是馆内从1993年起再次组织了陈列改建策划班子，从研究室、陈列部、宣教部等部门抽调业务骨干，组成五人小组，重新策划基本陈列。这个小组费时三年，打造出了新一版鲁迅生平陈列大纲。这个大纲第一次大胆突破传统的陈列理念和思路,采用完全的专题体,分别用"新文学开山""新人造就者""文化播火人""精神界战士"和"华夏民族魂"五个专题,从文学创作、培养青年、中外文化交流、社会政治活动和逝世及影响五个方面,给观众留下耳目一新的强烈印象,这个陈列使鲁迅生平陈列达到了一个新高度,也是国内人物类陈列展的一个新突破。

从1999年新馆建成前后开始,研究室又有计划地引进了多位博士、硕士研究生,并着眼于未来三四十年的发展,注意拉开年龄梯次,着力培养后继人才,让他们在承担项目中锻炼才干,增长能力。当时我们先后承担了多个科研项目,馆内学术研讨会、朝华文库纪念与研究项目,都让他们独立承担,除了办会、联络捐赠者家属,还要写出专著,编写专书,使之在项目实施中锻炼增长才干。这批人至今已经相当成熟,在学术界具有一定的影响。

当然,我馆的综合实力提高,不局限于研究室一个部门的提高。我们力推每个业务部门都要有高端人才。我馆的陈列部,有一批内容、形式设计两栖人才,这是我馆的传统,也是我馆特有的优势。国内一般博物馆的陈列部,基本以形式设计为主,或最多以形式与内容的对接、对内容的表现为主要功能,而我馆的陈列部,却兼具内容设计和形式设计双功能。这也正是我馆的陈列水平历来比较高的秘诀所在。一般来说,设立陈列部门的,其中则多为形式设计人员,对内容了解不深。而内容设计人员多在研究部门或其他业务部门。这样,内容与形式的设计常常是脱节的,造成搞内容的不懂形式,搞形式的不懂内容。事实上,即使把形式设计外包给专业陈展公司,这个问题也不容易得到很好的解决。因为任何形式设计公司都不可能深入吃透馆的内容。只有懂内容的人自己同时懂得形式设计,才是陈展部门人员的最佳知识结构。在这方面,我馆具有特殊优势。几十年来,我馆的陈列水平在全国一直是走在前列的。不仅在五六十年代引领了潮流,而且在新时期仍然走在前列。

六、扬帆远行

1999年新馆落成,我们对新馆作出了新的定位:全国爱国主义教育的示范基地、全民素质教育基地、青少年学校教育的校外基地、现代文学与版画收藏研究基地、鲁迅研究的南方中心、中外文化交流的重要窗口。我们认为,作为世纪之交的新博物馆,在国家文博事业发展的黄金时代,应当树立高远的目标,应当有更上层楼的决心与信心。事实上,伴随着新世纪的到来而降生的新馆的建成,使我馆的事业也上了一个新台阶。

新世纪以来,我们每年都要举办多个全国以至于国际学术研讨会,使馆的总体学术地位得到大幅提高,走到了全国鲁迅研究领域、博物馆学研究领域的前列。与此同时,学术研究人才队伍也迅速成长,馆内人员获评了上海文物局唯一的二级研究馆员和三级、四级研究馆员多人。馆内人员一人担任中国鲁迅研究会副会长,一人担任副秘书长,两人被选为理事,还担任了中国博物馆协会常务理事、纪念馆专委会、文学博物馆专委会副主任委员,以及宋庆龄研究会、丁玲研究会等学术团体的常务理事,鲁迅文化基金会的理事等等社会兼职。

新世纪开始,我馆的工作可说是全面开花,无论在文物征集、陈列展示、宣传教育还是学术研究,以及各项社会责任的履行,我们都有亮眼的成果。我们制定的"六个定位"实际上在相当程度上已经在实现。2001年获颁全国爱国主义教育示范基地。

在文物征集和研究方面,我们接连征集到鲁迅《悼丁君》《听弹琴》条幅、鲁迅致合众书店收条等鲁迅手稿原件,引起广泛关注。日本吉田旷二先生捐赠的《田所广海航海日志》和一大批中日战争史文献入藏被学术界认为中日战争史资料上的重大发现,黄英哲先生捐赠的许寿裳手稿3 000余页,冯雪峰手稿入藏,都是重量级藏品。日本研究者井关淳治捐赠鲁迅与左翼文学书刊600余册,朝华文库二库入藏增加数万件。

在学校教育的校外基地建设方面,我们致力于把展厅变成课堂,在馆里上语文课和爱国主义教育课,举行青少年成人仪式,新生入学仪式,开办鲁迅艺术学校,举办全国中语会中学生文学社研究中心第十届年会,连续举办上海市中学生课本剧交流赛。

在学术研究方面,鲁迅研究沙龙活动持续深入展开;我们积极参与中国鲁迅研究会、中国博物馆协会的专业活动,承办中国鲁迅研究年会和理事会,成功进行理事会改选;我们成功承办中国博协纪念馆专业委员会年会、世博会期间举办博协文学博物馆专业委员会会议,与各馆联手举办各种大中型活动。

在陈列展览方面更交出了一份亮眼的答卷。1999年版基本陈列被国际同行誉为"Fierst Class";2011年版基本陈列我们努力精进,自我突破,自我超越,内容主题提炼为"人之子",通过"生命的路""首在立人""画出国人的魂灵""保存者、开拓者、建设者""精神界战士"和"人之子"六个专题,百尺竿头更上层楼,在内容和形式上都到达了更高的水准,获评全国十大陈列展览精品奖(名列第二)。

在这里我想就这个陈列多说几句。人物类纪念馆基本陈列,迄今国内通常以编年体为主,但常常眉目不清,主题不突出,所以近年更倾向于编年加专题体。但编年和专题常常难以协调,内容容易重复。我们的完全专题体,就较好地解决了这个问题。对于鲁迅纪念馆这样具有多方面贡献、内容丰富、藏品众多的陈列来说,是有条件这样做的。我们从1999年版陈列就采取了这种体裁,取得了亮眼的效果。其不足是生平线索相对模糊,对于更希望清晰看到其生平线索的观众来说,感觉不满足,虽然对于普通大众来说,这类观众并不占多数。为了弥补这一点,我们在2011年版陈列中,通过在前面加一个"生命的路"专题,把鲁迅一生的人生足迹和精神历程糅合起来,做了一个6分半钟的短片,既让观众进场后有一个静场效果,进入参观准备,同时也让观众对鲁迅生平足迹和精神发展有一个最简要的了解。然后,在"精神界战士"一章中,又简要勾勒其生平,这样弥补了这个不足,就使整个陈列线索清晰,主题鲜明,重点突出,观众印象深刻。但说实话,它的先进性,一时还难以为业内所模仿。它的好处显而易见,就是集中体现鲁迅的主要贡献,让观众印象清晰,适应了观众的接受规律。但这需要策划设计者对鲁迅有深刻的了解,有高度、准确的概括能力和既精准又通俗的表达能力,还能很好地用尽可能恰当的、最适合表现其主题的个性化陈展手段,营造其特有氛围,加深观众印象。坦率地说,对策划者、设计者来说,要达到这样的高度绝非易事,所以,至今达到同样水准的人物类博物馆陈展,罕有其匹。回想起来,我馆2011年版陈展的策划团队,还是1999年版陈展那一批人,但是能自我突破,自我超越,达到这个新高度,实属不易,在馆的历史上,值得写一笔。

我们努力开展中外文化交流窗口建设,接连在国际上开展文化交流活动,每年都在国外举办展览、征集文物,开设讲座,扩大了馆的影响,在国内则举办了纪念内山完造、埃德加·斯诺、萧伯纳、乔伊斯等活动。2010年世博会举办之际,我馆派出17%人员增援,圆满完成了这个光荣任务,也锻炼了队伍。同年我们还举办了"国际友人观世博"活动,有效地宣传了我国取得的巨大成就,也加深了与国际友人的感情。

我们倾力打造市民文化休闲角,我馆的东方讲坛系列讲座获评"六大特色讲坛"称号。另外,在版画基地建设方面,我们与上海美术界共同打造版画活动基地,成为国内艺术特别是版画艺术交流的热土;我们大力发展志愿者队伍,每年都进行志愿者表彰交流活动,志愿者踊跃参加。

在鲁迅纪念馆迎来70周年之际,我想说,上海鲁迅纪念馆从70年前草创之初的简陋单薄,到今天的宏富雄厚,这些成绩的取得,一是因国家对鲁迅纪念研究事业和国家博物馆文化事业的高度重视与大力投入,二是基于几代前人的深厚积淀,三是全馆同仁的辛苦努力,当然更因为鲁迅先生的强大感召力与其思想精神穿透力,使全社会认识到鲁迅作为"民族之魂"对于中华民族的伟大意义和作为"人类之子"对于全人类的伟大意义。这种意义正在越来越被深刻地认识到。这就是我们工作的意义。

现在我想起了1973年邓颖超在参观我馆时对我馆员工说的话:"你们的工作很有意义。既工作又学习,又当宣传员,我很羡慕。"仔细品咂、回味她的话,我们为自己的生命能够与这座纪念馆联系在一起而感到庆幸和自豪。

2020 年 12 月 12 日

纪念馆的典范
——贺上海鲁迅纪念馆 70 华诞并赞研究成果

叶淑穗

上海鲁迅纪念馆于 1951 年 1 月 7 日建成并对外开放。这是我国最早建立的为纪念中国伟大的文学家、思想家、革命家鲁迅的纪念馆,也是中华人民共和国建国后成立的第一个人物纪念馆。她的建立是在中央文化部,特别是周恩来总理的关怀下,由华东文化部部长陈望道,副部长黄源、金仲华和冯雪峰,文物处唐弢等先生的精心组织下完成的。在筹建过程中,周恩来总理还亲自批示同意许广平"于十月中赴沪一行"[①],以使建馆工作能顺利地进行。

上海鲁迅纪念馆大事中记有"从 1950 年春,华东军政委员会委员冯雪峰和华东文化部文物处副处长唐弢商讨成立上海鲁迅纪念馆事宜"。实际到 1951 年 1 月 7 日正式开馆仅仅历时一年。这之中包括恢复上海鲁迅故居,为陈列展出选址、迁移住户、筹划陈列方案、收集资料、陈列设计等这一系列繁重的工作。这些是我们的先辈们怀着满腔热忱,不顾辛劳,费尽心思去完成的。工作之中的艰辛,是我们这些后人所不可想象的。

1951 年 1 月 7 日,鲁迅展览终于胜利展出了,这是我国第一个鲁迅生平展,受到社会各界人士广泛关注。由于展览新颖、精致、效果极佳,取得了震惊中外的影响,得到一致好评。

七十年过去了,2021 年 1 月 7 日,上海鲁迅纪念馆迎来了她的七十华诞。七十年的经历,见证了这个纪念馆从一个馆舍不足

200平方米、工作人员不到10名的小馆,到现在已拥有馆舍5 000余平方米,馆藏文物、文件8万多件,其中珍贵文物2万件的新型的人物纪念馆。更由于她的宣传教育成效极佳,文物征集、保管成绩卓著,科研成果丰厚,2008年被国家文物局评为国家一级博物馆。而今上海鲁迅纪念馆已成为现有数家鲁迅的纪念馆、博物馆,以至全国人物纪念馆的楷模。

本人因多年从事博物馆工作,与纪念馆工作联系颇多,对于上海鲁迅纪念馆的发展与成就由衷的敬佩,特予以推荐:

一、文物收藏,"保""用"双收

上海鲁迅纪念馆作为文物藏品的收藏机构,做得非常出色,既保护好文物又提供社会研究,这是很难得的,确实令人佩服。纪念馆将许广平先生捐赠的一批文物和数十年新征集的两万余件文物妥善保管,不仅做到文物的安全,更注重文物的保养。几代文物保管工作者辛勤工作,对文物保管的极端负任的精神,本人是亲见的,更是感同身受的。

纪念馆重视文物的征集工作,与文物收藏者保持密切联系,很多的鲁迅手稿是由于收藏者对纪念馆的信任,主动捐赠的,也有的是纪念馆从旧书店收集到的,如鲁迅致合众书店的信手稿、《中国矿产全图》等,也有的是珍爱鲁迅文物的人士,从拍卖行竞拍得到的鲁迅手稿,捐赠给纪念馆的,如鲁迅的《看图识字》《以夷至夷》和《言论自由的界限》等,纪念馆因而收获颇丰。

但纪念馆的工作远不止此,该馆更做着别的纪念馆、博物馆所未做的工作。

(1)为了让研究者了解这些文物,研究这些文物,纪念馆采取多种方式向社会提供馆藏各类藏品。如影印文物,本人所见的就有:《上海鲁迅纪念馆藏文物珍品集》《上海鲁迅纪念馆藏鲁迅手稿》《华痕碎影》《上海鲁迅纪念馆藏鲁迅手迹藏品撷珍》《上海鲁迅纪念馆藏版画集影印丛书》《上海鲁迅纪念馆藏中国现代作家手稿选》《上海鲁迅纪念馆藏美术品选》《鲁迅〈毁灭〉翻译手稿影印本》等等。影印文物既保护了文物，又为社会提供研究，可谓"功德无量"。

（2）纪念馆不仅提供各类藏品，并进一步深入研究藏品，并向社会介绍研究成果，很多详细的介绍都附在已出版的藏品集之中。更有专题研究的，如《上海鲁迅研究》出的专刊，"鲁迅手稿研究""鲁迅文物研究"等，其中有顾音海、乐融、李浩、乔丽华、施晓燕、仇志琴、邹晏清等撰写的关于鲁迅文稿、诗稿、信札、条幅、遗物等的介绍和研究，除了对文物文本的介绍，还介绍文物的历史背景、文物的由来，既详细又深刻，具有很高的历史价值。在这些研究的文章中，本人还看到有郑亚馆长写的《由印章探究鲁迅世界》，文章除全面介绍鲁迅印章的由来、产生的背景，并进而"探究"它的影响，极为新颖，很有特色。

（3）征集与鲁迅同时代人物的文物，这是极具历史眼光的创举，因为研究鲁迅不是孤立的，必须掌握整个时代人物的脉搏。也由于认识到与鲁迅同时代人物的文物，也同样有极高的历史文物价值，因而纪念馆于1999年设立了"朝华文库"，为与鲁迅有关的同时代人物建立文物专库，计有：李桦、巴人、唐弢、许广平、黄源、陈望道、汪静之、赵家璧、钱君匋、李霁野、曹靖华、冯雪峰、陈学昭、力群、曹聚仁、张望、杜宣、丁景唐等，这是上海鲁迅纪念馆所独有的，这不只抢救了一大批文物，其意义更是深远的。

（4）纪念馆在征集文物中，不只是重视落实征集文物的政策，更对捐赠者尊敬和体贴，每逢年节纪念馆都要对捐赠者登门拜访，如纪念馆2002年的大事记中就记有："中秋节前夕，本馆领导张岚、王锡荣、凌月麟及保管部人员分别慰问了文物捐赠者，杨可扬、邵克萍、丁景唐、徐稷香、钱君匋夫人陈学鼙、巴人之子王克平、杭州黄源、巴一熔、史莽夫人曹璟、赵延年"；2003年1月记有："春节前后,本馆领导分别带队,先后走访慰问了夏征农、杜宣、杨可扬、邵克萍、徐稷香、陈涵奎、葛福灿、陈学礐、丁景唐、邵洛羊、王康乐、曹雷、赵修慧、王克平、吴西柳、吴念祖、周七康等18位文物捐赠者",工作做得如此深入细致,令人感动。

二、各色展览　遍地开花

纪念馆作为宣传教育机构,做得也非常出色。馆的基本陈列从开始的仅有200平方米的展出,到1956年新建馆5 000平方米,展览面积1 600平方米,是全国四大鲁迅馆的展览面积之最。纪念馆的基本陈列很具地方特色,展览内容精益求精,突出展示了鲁迅在上海光辉的十年。在陈列形式上则依据馆建筑的特点和鲁迅的气质做相应的设计,陈列说明通俗易懂,使观众一目了然,70年来纪念馆接待了来自130个国家的外国友人和国内观众数百万,得到一致好评。他们依据鲁迅研究的深入,展览经过1961年、1973年、1978年、1981年、1986年、1991年的不断修改,使陈列更加充实、更加实际、更加完整地反映鲁迅作为文学家、思想家、革命家战斗的一生。在搞好基本陈列的同时,更届时的组织了不同形式的多种多样的展览,如:

（1）与鲁迅有关的小型展,有"鲁迅与苏联""鲁迅与五四""鲁迅与瞿秋白""鲁迅与内山完造""鲁迅留学一百周年""鲁迅与国际友人""鲁迅抵沪定居60周年馆藏文物珍品展""鲁迅与日本文物史料展""鲁迅与世界展""鲁迅、仙台1904—2009""周恩来与鲁迅""民族魂——鲁迅书展""鲁迅与反法西斯战争""鲁迅丧仪文物史料展"……纪念馆总可以从方方面面,找到有代表性的主题,以小型展览的形式,展现鲁迅的精神、鲁迅的风采、鲁迅的文物、鲁迅的事迹,给人们以启迪,给人们以教育,使人们了解鲁迅,学习鲁迅。

（2）组织鲁迅同时代人的展览:如"曹聚仁诞辰100周年纪念

展""许广平诞辰100周年展""陶晶孙诞辰100周年纪念展""谢旦如诞辰100周年纪念展""李霁野诞辰100周年纪念展""楼适夷诞辰百年纪念展""钱君匋诞辰百年纪念展""陈望道同志诞辰115周年纪念展""孔另境诞辰100周年纪念展""靳以诞辰100周年展""方志敏纪念展""斯诺诞辰一百周年展""左联五烈士殉难70周年文物展"等,数十种纪念展。纪念馆记住这些与鲁迅共同战斗的前辈,同样歌颂他们的丰功伟绩,是纪念馆对人们宣传教育,展现的另一面。

纪念馆还为鲁迅同时代人士出版专集,如《冯雪峰纪念集》《黄源文集》《巴人先生纪念集》《曹聚仁先生纪念集》《吴阴西先生纪念集》《赵家璧先生纪念集》《汪静之纪念集》《李霁野纪念集》《陈学昭纪念集》《郑振铎纪念集》《内山完造纪念集》等四十余种,这是一件非凡的工作。纪念馆不只纪念鲁迅,宣传鲁迅,更向世人广泛的介绍与鲁迅共同战斗的战友以及他们的事迹,以此形成一个磅礴的网络,展现一个真实的鲁迅世界。

(3)组织赋有特色的小型展览,如"左联文物史料展""馆藏美术品展""上海版画展""馆藏左联盟员手迹作品展""旧上海掠影""抗日战争与上海""馆藏文物珍品展""日本海报展""鲁迅艺术形象展""浮世绘版画精品展"……品位极高、多种多样、名目繁多、丰富多彩的展览,给人以艺术的享受,既收获了知识也受到了教育。

(4)鲁迅在上海活动的旧址和纪念地亦为纪念馆精心保护的遗址和宣传教育的基地,其中有:①大陆新村9号鲁迅故居,1959年5月列为上海市甲级文物保护单位,1977年12月调整为市级文物保护单位。②鲁迅墓,在鲁迅公园内,1961年3月鲁迅墓列为全国第一批重点文物保护单位。1964年7月,经国家文化部批准,确定鲁迅墓保护范围。③鲁迅藏书室,狄思威路766号(现溧阳路1359号),1977年12月公布为上海市文物保护单位,1981年

9月上海市文物管理委员会在此处底层东侧大门边镶勒,上海市文物保护单位纪念标志石。这些遗址和纪念地均为纪念馆重点保护的单位和向群众宣传教育的基地。

(5)流动展览。纪念馆的同志深入基层,将小型的鲁迅展送到上海市各区县、工厂、农村、部队、中小学和大专院校去展出,这也是他们的一项经常性工作。

三、学术氛围浓郁　彰显研究成果丰厚

上海鲁迅纪念馆作为学术研究的机构,更是极为出色的。纪念馆设有研究室。据2007年统计,有正副研究员6人,馆员20人。他们勤于敬业,持之以恒,科研成果丰硕,仅1994—2007年,纪念馆的个人或集体学术著作就出版了60余部。其中有周国伟的《鲁迅著译版本研究编目》《寻访鲁迅在上海的足迹》《鲁迅与日本友人》、王锡荣《鲁迅学发微》《鲁迅生平疑案》《周作人生平疑案》、乔丽华《吴朗西画传》《我也是鲁迅的遗物——朱安传》、李浩《周文画传》《许广平画传》,其他还有《浩气千秋民族魂——纪念鲁迅先生逝世60周年论文集》《鲁迅——跨文化对话》《鲁迅文萃》(四卷)等。

纪念馆设有几个编委会,如《上海鲁迅研究》编委会、《鲁迅在上海资料丛书》编委会、《上海鲁迅纪念馆奔流丛书》编委会等。"《上海鲁迅研究》编委会"编辑的是纪念馆的定期刊物。初期订名为《纪念与研究》,出版第九辑后,于1988年改名为《上海鲁迅研究》,从内部出版到面向海内外,面对整个鲁迅研究界,学术品位提升,是一本具有很高的学术研究水平的刊物,目前已出87辑。从2017年开始《上海鲁迅研究》又进行改版,即以专辑形式出刊,已出的有"鲁迅手稿研究专辑""鲁迅与美术""鲁迅与翻译""鲁迅与古代文化"等等。"鲁迅在上海资料丛书"编委会本人所见出版的书籍,有李浩、丁佳园编著《鲁迅与电影》、乔丽华《鲁迅与左

翼美术运动资料选编》、施晓燕《鲁迅在上海的居住与饮食》。"上海纪念馆奔流丛书"编委会本人所见出版的书籍有：顾音海《博物视野里的鲁迅》、乐融《鲁迅面面观》、李浩《鲁迅研究杂集》、乔丽华《鲁迅与左联文坛》、施晓燕《鲁迅及同时代人研究》，对于近年出版的这八本书，本人有幸拜读，受益匪浅，感想多多，现将本人粗浅的读后感附于文后，以表示对作者的敬意和感激。

馆设研究室的另一项重要工作就是策划、组织学术研讨会，纪念馆组织的学术研讨会不但名目繁多，而且品位极高：有与中国作协、中国鲁迅研究学会、上海市文联和上海市作协等单位联合举办的全国纪念鲁迅逝世60周年学术讨论会，并编辑出版论文集；有与国内多家单位联合举办的鲁迅诞辰120周年纪念暨学术研讨会。2006年与北京鲁迅博物馆、绍兴文理学院、绍兴鲁迅纪念馆联合举办的纪念鲁迅逝世70周年国际鲁迅学术研讨会，并出版论文集；2007年举办纪念鲁迅定居上海80周年学术研讨会等，还举办全国规模的纪念许广平、冯雪峰、丁玲、李霁野、曹聚仁、楼适夷、周文等鲁迅同时代著名文化人士的学术研讨会。纪念馆多次派员出席日本、德国、香港等地举办的各类国际、国内学术研讨会或讲演会，定期与鲁迅研究学者进行学术交流沙龙活动，并与北京、绍兴、广州等兄弟馆定期举行学术交流会等。

研究室不但组织学术研讨会，还组织一些重大的纪念活动。据介绍，1994—2007年就举办各类活动28次，其中重大活动6次，如纪念鲁迅逝世60周年系列活动，上海鲁迅纪念馆新馆舍落成仪式，人物类博物馆、纪念馆现状与发展前瞻学术研讨会，纪念鲁迅诞辰120周年纪念活动，鲁迅逝世70周年活动，鲁迅定居上海80周年纪念活动等大型活动，产生深远的影响。

上海鲁迅纪念馆的重要成果和先进事例，可说的实在太多了。由于本人的才学匮乏，调查深入不够，特别是对纪念馆建馆六十年以后的材料本人掌握不多，可能所介绍的只是冰山的一角，但从中我们仍可以鲜明的看到,纪念馆的年轻的研究工作者,勤于敬业、持之以恒,创造了非凡的成绩,也使我们看到纪念馆的领导对业务工作的深入,对这些年轻的研究工作者的关爱与培养,使他们成长为"鲁学"界创作丰厚的优秀学者。对此,作为一个热爱鲁迅的老者,我感到由衷的敬佩和感激。

上海鲁迅纪念馆走过了辉煌的七十年历程,为中国博物馆事业,为鲁迅研究界做出了卓越的贡献,开创了一个新天地,该纪念馆的成就将载入中国博物馆史册,在此谨向他们致以诚挚的祝贺。

附:八部作品的读后感

本人拜读了顾音海、乐融、李浩、乔丽华、施晓燕等几位年轻同志的作品,受益颇丰,写此读后感以表示对他们的感激和鼓励。

他们的作品具有极高的史料价值如:李浩、丁佳园编著的《鲁迅与电影》,他们将1927年10月—1936年10月鲁迅在上海生活十年间所观看的140余部影片一一汇总,介绍鲁迅观看影片的时间与同观影片的人员及鲁迅在什么情况下观看这部影片的,并对该影片作出评语与介绍,更考证出这部影片的导演、演员、出版公司、影片的内容简介及当时演出此片的剧院及当时公布的海报等等,搜集资料之全,令人震惊,正如该书的介绍:"第一次罗列了这些电影中可查证的导演、演员,梗概等基本信息资料及部分剧照;第一次较全面地展现了鲁迅在上海所看电影的基本风貌。"[②]确实是很珍贵的史料。

施晓燕的《鲁迅在上海的居住与饮食》,也是一部极具史料价值的著作,她是以鲁迅居所、饮食、生活的视角来展示鲁迅在上海的十年。非常新颖、别致,展现的是鲜活而真实的鲁迅。作品分上下两编。上编讲的是"居",从鲁迅在上海住过的景云里、拉摩斯公寓、大陆新村,作介绍和考证。本书深入到鲁迅当时居住环境的始末和鲁迅在每个居所活动的情景,介绍得翔实而生动。下编为

"吃",介绍鲁迅独特的饮食爱好与习惯,去过的饭店,品尝过的菜系,进而介绍鲁迅家庭的食谱和状况。作者的文章不是停留在史料的挖掘上,进而考证出鲁迅居住变迁的缘由,居所与饮食习惯对鲁迅的影响等等,对史料的分析和引证,这就是作者对该项目研究的深入。别具特色,值得推荐。

乔丽华《鲁迅与左翼美术运动资料选编》更是一部极难得的左翼美术运动的史料。它填补了左翼美术史的空白,特别是左翼美术运动与鲁迅的关系,以前无人对此进行深入的研究。编者翻阅了大量的三十年代文艺、美术期刊和那一时期的大量的报刊、书籍和原始的报导以及当时美术界人士的回忆文章等等。完整地整理出1928—1936年"鲁迅与左翼美术运动大事记",这份大事记材料的来源都是从最原始的记载及一些当事人当时的回忆中取得,因而这份大事记是既真实又准确的,从中也修正了后来回忆文章中的偏差,从而使我们获得了鲁迅与左翼美术的翔实全面的史料。再者,编者还编辑了一份1931—1936年"发表于报纸刊物的木刻作品",这也是前所未有的,其中介绍的刊物也是难得见到的,如《正路月刊》《客观》《国画晨报》《文艺电影》等,说明编者挖掘材料的深入。作者所编制的大事记和木刻发表的记载等,均具有极高的史料价值。

以上所举三本著作是编入"鲁迅在上海资料丛书"之中的,纪念馆的科研项目,顾名思义,是以汇集鲁迅在上海活动有关资料为主旨的,是名副其实的。至于"上海纪念馆奔流丛书",本人所见的几本著作与"资料丛书"的风格全然不同,抑或是同一作者的作品也如此,可以说展现了纪念馆研究人员研究鲁迅的深度与广度,他们涉及的面很广,既有鲁迅作品研究,又有对鲁迅研究中未解的问题的深入探讨,更有与鲁迅同时代人的研究等,既新颖又有针对性,阅读后,使人感到豁然开朗,收获多多。

如施晓燕《鲁迅〈中国小说史略〉与盐谷温〈支那文学概论讲

话〉的文本比对》一文。这个事件是20世纪20年代的一桩公案，当时在社会上引起强烈的反响。作者博览各家之说，以新的视野找到事出的源头，以两种文本的对比，展示出其中的差异。特别是对有争议的《红楼梦》部分，均加以逐篇逐节的对照。作者的结论是："鲁迅确实没有说假话，他参考了盐谷温的研究，但同时加入了自己的思考和想法，次序不同，意见不同。"对于单个的篇章第十七篇，作者更具体地指出："鲁迅不仅史料引用大大超过了盐谷温，还将盐谷温简单的四大奇书分为历史演义、神异小说、人情小说等类型来加以论述，并创造了侠义小说、公案小说、狎邪小说、谴责小说等新类型，材料丰富具体，分类条理清晰，类型基本囊括了所有小说，补充了大量盐未提及的著作，这一篇章鲁迅超过盐谷温远甚。"再如"《红楼梦》贾代系图，有所参照，但一来人物是固定的，看上去会比较相似，二来鲁迅有所删减和增加，即已经进行了自己的研究成果，所以指责抄袭是武断的"。由于作者的深入文本实际的研究，从根本上推翻了鲁迅"剽窃""抄袭"之说，令人信服。

施晓燕另一篇《鲁迅对〈泰绮思〉的关注、缘由及艺术运用》写得也是非常新颖。作者不只叙说鲁迅对法国小说家法朗士在1889年创作的《泰绮思》一书，从1924年看到介绍以后，引起鲁迅的钟爱，进而联系鲁迅当时的作品，创作思想，分析鲁迅对此书特别"喜爱"的"缘由"，还列举了鲁迅"以不同的艺术，运用在演讲中、书信中、文章中各自发挥作用"的实例。如1927年11月在上海复旦大学做《关于革命文学》的讲演，到1935年写《京派与海派》的文章，均引此为例，用画龙点睛的方式，将问题引申。作者从一本书的介绍，联系鲁迅实际的思想，分析得具体，研究得深入，值得称赞。

乐融《鲁迅面面观》一书，内容极为丰富，涉及文物藏品、史料考证、同代交往、学术探究等，汇集了作者二十余年的鲁迅研究的实绩,极为可贵。仅举书中《〈二心集〉的"二心"及版权出售之谜》一文,读过篇名就使人着迷。作者利用馆藏的历史凭证,特别是新征集的鲁迅手迹,确凿地证实鲁迅《二心集》的版权出售的历史及过程。为排除读者的疑虑,作者又翔实地分析了事情的缘由,事情的真相,使"迷"释然,并将鲁迅版权出售的真实目的作了全面的阐述。

作者所写的篇目奇特而耐人寻味,如《鲁迅走过的园林》《抽烟是导致鲁迅早逝的真正原因吗?》《鲁迅在日本的接受和传播——从两人日本人说起》《遇见鲁迅成就萧红"黄金时代"》《鲁迅为何对版画情有独钟》……读到这些篇目,读者都会不由自主地急于想解惑。读过文本,留给读者的则是:言之有理,由衷地信服,事实说明作者阐述问题的深透。

从该书中还可以看出作为一位文物工作者对文物的极端负责任的精神,读《偶见鲁迅所摄照片》使我感动。作者为解决鲁迅所拍摄照片之谜,深入实地考察,对比丈量,重新考察照片原件,发现前人的手迹,找出确凿的证据,使一桩悬案得以解决。这就是文物工作者尽职尽责的具体体现。这种精神值得赞扬。

乔丽华《鲁迅与左翼文坛》一书,全书分三部分,即"鲁迅著作研究""左翼文艺研究"和"同时代人研究",均写得极好。本人仅就"鲁迅著译研究"谈一点个人读后感。总的感觉是写得不一般。作者的鲁迅研究着眼点是极特殊的,在《画在沉默的国民之魂灵——细读鲁迅小说对话中的省略号》一文,从鲁迅所有的小说中,举出鲁迅使用省略号的实例,说明鲁迅偏爱使用省略号,这并非一般的所谓"无声的语言",而是有着"独有的内涵"。作者将其分成各种类型,一一陈述,这就使读者深入到鲁迅小说之中,从每个省略号中加深了解语言的内涵。

再如《那班精神上掉了鼻子的朋友——论鲁迅"画鼻子"的艺术》,作者在文中指出"鲁迅塑造人物不仅着力于'画眼睛',还倾心于'画鼻子',通过给各种丑角人物的鼻子涂上颜色,贴上标签,分类,充分揭示出他们丑陋灵魂,从而达到国民性批判的深度效果"。作者从鲁迅各个时期,各种作品中举出众多的鲁迅对鼻子的描写,确确实实使人感受到"鲁迅'画鼻子'的艺术",不仅如此,鲁迅还翻译了芥川龙之介的《鼻子》,又翻译了果戈理的《鼻子》,作者写道:两位都是深刻犀利的作家,佳作无数,"鲁迅何以偏偏选了《鼻子》来翻译,无疑,这是因为鲁迅对'鼻子'也有一种特别的兴趣,从中他找到了'画出国人的沉默的魂灵'的最为精炼和纯熟的手法"。文章谈得如此深透。

乔丽华应当特别推荐的再一篇是《抗世者的书写——鲁迅旧体诗异文整理与研究》,本文对鲁迅旧体诗的异文做了全面比对、整理并研究。这是前所未有的。该文首先对鲁迅旧体诗以多种形式刊出的情况做全面介绍,再来分析鲁迅旧体诗出现异文的不同的情况和缘由,逐一加以介绍,再说明鲁迅是如何修改他的旧体诗的,文后并特附"鲁迅旧体诗异文一览表",包括鲁迅全部的旧体诗,从手稿到日记、书信、初刊、初版到现今的《鲁迅全集》中所出现的鲁迅异文。难能可贵,是史无前例完整的介绍。

李浩《鲁迅研究杂集》是一部博大精深、史料丰富、论述深透的大书。2020年11月30日初版的《鲁迅研究月刊》2020年11期刊登了,李继凯、张旭两位学者的《繁密而又浩大的鲁迅研究——评李浩著〈鲁迅研究杂集〉》,做了最好的评论,现引其中几节即可充分说明,无须本人赘述:"《杂集》(《鲁迅研究杂集》)看重史实,言必有据,注重学理,深究人文,其作者坚持不辍,日积月累,逐渐形成了自己相当鲜明的学术个性,立意高标又细致入微,成绩斐然,并从中逐渐臻于具有繁密信息和浩大气象的鲁迅研究境界。""书中运用多种学术研究方法,既有史料钩沉,也有学理分析并综合人文精神视角,探寻出包罗万象、丰富多彩也深刻复杂的鲁迅,体现了作者独有的学术品位与学术追求。""《杂集》基于资料的细化研究还表现在展开相关论述的同时,做到了对相关文献的充分发掘和利用……还有对鲁迅手稿《眉间尺》上行文修改的研究。《杂集》通过对修改处的统计分析,试图窥见鲁迅创作心理的某些侧面;从鲁迅未刊翻译手稿的修改中,也能窥见鲁迅对翻译用词及创作用词的反复斟酌和恰均使用。"《杂集》通过各种相关文献的归纳分析,在进入由遗存文物构成的人文空间时,彰显了日常化的鲁迅形象并使之丰满起来。而这种注重文献史料的分析,也超越了传统文学研究中轻史料重理论、轻考辨重阐述的研究方式,彰显出了着重文献史料,兼顾而不偏废的学术研究风格。"文章最后写道:"一批威风八面的像李浩这样持之以恒、勤谨敬业、创获丰硕的优秀学者,他们的重要贡献无疑会载入中国当代学术史,尤其是鲁学史的史册,为后来学人带来许多有益的启示。"③二位专家所言极是,本人极为赞同。

　　本人以为《鲁迅研究杂集》中"史志回顾"的三篇,应当特别推荐,因为它是极为珍贵的鲁迅史料遗存的真实记载,更是对上海鲁迅纪念馆六十余年工作的总结,文章写得既全面又实事求是,有论说又展示了纪念馆数十年工作的实绩,可载入上海鲁迅纪念馆的史册。

　　顾音海《博物视野里的鲁迅》。本书作者多年从事博物馆工作,他的体会是"博物馆工作真当得起'博大精深'四个字,角角落落都有学问,都那般'煽情'"。因而作者写了此书。阅读全书后,真的感觉到作者是从这些"角落"里写出了大学问。现仅举书中的几种类型,可见一斑:

　　一、从所论鲁迅对古代版画、汉代画像的钟爱、收集、收藏、研究,进而论述这些古代版画与汉代画像,对鲁迅创作思想、小说的形成、文学史书的论证、书籍装帧的设计、书法行文的产生等都产生了深刻的影响(如《从古版画、汉画到新兴木刻——鲁迅学术、创作与美术活动的关联》《故事性与普及性——兼谈鲁迅对连环画提倡》《鲁迅与图书装帧设计》《鲁迅的字》等文)。作者在《鲁迅的字》一文中写道:"鲁迅书风的渊源,来自金石之气,碑帖之味,故里传承及个人阅历",又"鲁迅的字已然成为鲁迅文化的重要内涵。阅读、研究鲁迅,除了文字内容的价值之外,必然增添书法艺术的考量"。

二、兄弟情谊:如《周氏兄弟的生物情怀》《〈塞耳彭自然史〉与欧洲版画的博物学传统——兼谈鲁迅与周作人的插图鉴藏》,材料丰富,谈得深透,反映周氏三兄弟的同胞手足的本性。

三、对史实的廓清,如《鲁迅北新书局版税收据所见欠款事件》《连环画〈鲁迅纪念馆〉引出的故事》《鲁迅与九华堂笺纸》等,具有史料价值。

再一点要介绍的是本书的装帧。此书的设计极为精致,简洁而大方,更突出的是它的插图运用,有影印的,更有宣纸彩色精印的,如"鲁迅藏笺""鲁迅致赵家璧信札""北平笺谱"多张,极为精美,图文并茂,给读者一种美的享受。作者写鲁迅,并传承与学习鲁迅的装帧艺术,可谓大学问也。

本人用较多的篇幅历数纪念馆作为学术研究机构取得的不凡的成就。因为纪念馆不同于一般高校的学者,那些学者更多的是从事理论研究,而我们纪念馆的同志,充分利用自己掌握的第一手资料和文物,做深入研究,是难能可贵的,是研究工作重要的基础。你们研究的成果,具有相当的深度与广度,是有目共睹的,数十年来你们为社会、为研究者提供了丰硕的成果,应当得到高度的赞誉。

注释

① 本文所引上海鲁迅纪念馆馆史事件皆出自上海鲁迅纪念馆编《四十纪程》《六十纪程》,不另注。
② 引文皆请参见相应图书,下不另注。
③ 参见《鲁迅研究月刊》2020 年第 11 期。

文物征集工作的三种精神
——谈新世纪以来新征集的三件鲁迅手迹

乐 融

上海鲁迅纪念馆于1951年1月7日建成开放,是新中国第一家人物类纪念馆。由于许广平先生担心上海黄梅天的潮湿,影响纸质品的收藏保管,就把绝大多数鲁迅的藏书、手稿等运送到北京,因此上海鲁迅纪念馆从成立之初就将文物征集作为工作的重点之一。经过一代又一代上鲁人的不懈努力,目前,馆藏文物达数万件,其中鲁迅手迹百余件,且等级最高,基本上都被定为珍贵文物中的一级文物,可谓"皇冠上的明珠"。本世纪以来的20年里,社会上出现的鲁迅真迹仅有6件,上海鲁迅纪念馆就获得了3件,其中2件还是大尺幅的,1件是新发现的,笔者有幸参加了这三件鲁迅手迹的征集工作,无论鲁迅手迹本身的价值和意义,还是征集工作的过程细节,堪称典范。过去在我们文博界曾流行一句话,文物征集工作要"脚要勤,手要长,皮要厚",进入新时代的文物征集工作,在以上三句话基础上进一步化以为:"敏锐眼光、广阔视野","学术成果、专业素养","孜孜以求、传承接力"。下面以这三件鲁迅手迹征集故事为例来加以说明。

敏锐眼光、广阔视野
——征集鲁迅《二心集》版权费亲笔收据

1930年至1931年间国民党政府对红军进行军事"围剿",同时也加紧了对在国统区左翼文化人士的迫害。1930年春，鲁迅因参加中国自由运动大同盟和中国左翼作家联盟而遭到国民党当局的通缉。1931年2月7日，"左联"五位青年作家被当局杀害于上海龙华，与柔石等关系密切的鲁迅因此被迫在花园庄旅馆避居。《二心集》正是记录了鲁迅在这场腥风血雨的文化"围剿"中不屈的文字，里面的文章如《"丧家的""资本家的乏走狗"》《"友邦惊诧"论》《沉滓的泛起》《对于左翼作家联盟的意见》《好政府主义》《"硬译"与"文学的阶级性"》《中国无产阶级革命文学和前驱的血》等，令人振聋发聩，都是鲁迅杂文中的名篇。由于《二心集》中的文字比较犀利，鲁迅也深知国民党政府对进步文化的钳制，险恶的环境，会对出版社有影响，因此，他特意在致北新书局老板、鲁迅的学生李小峰的信中关照："此书北新如印，总以不用本店名为妥。"① 表现了鲁迅对自己学生的关爱，也说明当时出版此书所要承担的风险。然而《二心集》的出版最终却被李小峰的北新书局婉拒，鲁迅对此失望而无奈。鲁迅后曾欲交给光华书局出版，但"因为广告关系，和光华交涉过一回，因为他未得我的同意。不料那结果，却大出于我的意外，我只得将稿子售给第三家"。② 这第三家指的是当年刚成立不久的小书店——合众书店。这样一本历经曲折、刊登了鲁迅许多重要文章的杂文集，最终是一次性出售了版权，这在鲁迅所有的杂文集中是唯一的一次。然而，最直接说明这件事的证据无疑是鲁迅的版权费收据。但笔者在研究有关鲁迅资料中却只见到钱杏邨代签收的《二心集》版权费收据，难道鲁迅没有收到这笔费用？可在1932年8月23日《鲁迅日记》中记载："将《二心集》稿售去，得泉六百。"明明白白写着鲁迅是得到了这笔钱的。从此以后，我无论在工作之中，还是在工作之余，一方面收集有关鲁迅《二心集》的史料，另一方面，从各种渠道打听鲁迅版权费亲笔收据的下落。刚进入新世纪，上网冲浪成为年轻人生活的新潮流，BBS论坛成为人们上网聊天交流的新空间，我也不例外。功夫不负有心人，2004 年初在与一位网友的交流中，获知她家中有一件鲁迅手迹，不知是真是假，被她老爸一直怀揣在皮夹子里不离身，知道我供职于上海鲁迅纪念馆，希望我鉴定一下。职业的敏感，让我骤然兴奋起来，但社会经验告诉我，鱼龙混杂的事常有，又让我谨慎起来。我请她下次上网时把电子照片发过来。过了几天，收到照片，让我有种"众里寻它千百度，得来全不费工夫"的感觉，这正是我曾经百思不得其解的鲁迅《二心集》版权费亲笔收据。我一阵狂喜，马上把这个信息汇报给领导。馆领导王锡荣老师凭着多年对于鲁迅的研究经验，判断很有可能就是那件鲁迅的亲笔收据。我马上与收藏者联系，说仅凭电子照片还不能确定，需要看到原件。于是，约定了拜访时间地点。收藏者实际上是一位居住在无锡市硕放镇的农民，是这位网友的父亲，姓邹，一口无锡话，让祖籍无锡的王馆长与他一下子拉近距离。话匣子就打开了，但邹先生却迟迟没有拿出那件让我梦牵萦绕的鲁迅手迹，我按捺不住地提出，是否"让我们看看你收藏的宝贝"，邹先生才小心翼翼地从贴身的皮夹子里拿出那件鲁迅手迹。这是一张在花笺纸上用毛笔竖写的收条，长 23.8 厘米，宽 9.5 厘米，上书有"今收到二心集版权费大洋陆百元正"，落款为"鲁迅"，时间为"一九三二年八月二十二日"，落款处还盖有鲁迅一方白文印章。邹先生介绍说，这是他父亲留给他的，平时从不示人。其父生前是大队会计，写得一手好字，解放前曾在上海泰东书局做学徒（经过书局里无锡同乡介绍），见过郭沫若等文化名人，据说还帮郭沫若照顾过孩子（创造社早期期刊作品曾与泰东书局合作出版，郭沫若曾在泰东书局待过）。由于鲁迅当时在文坛的巨大影响，邹先生的父亲也是鲁迅的"粉丝"，非常崇拜鲁迅，还将自己名字改为邹企鲁。后来，泰东书局倒闭，邹企鲁在同为无锡人方家龙（也是一起在泰东书局的同事）开办的合众书局担任会计，鲁迅将《二心集》版权出售给合众书店后得到 600 大洋，自然要写下版权费收据交给书店,时任会计邹企鲁就是经手人。那么钱杏邨签收的鲁迅《二心集》版权费收据又是怎么回事呢?原来,鲁迅将《二心集》版权出售给合众书局是钱杏邨"牵的线",据钱杏邨回忆:"鲁迅的《二心集》是我介绍到上海合众书店出版的"③"那时我和冯雪峰同在一个党小组,常见面,有次雪峰对我说,鲁迅与北新书局闹了点意见,新编的一部杂文集不想交北新了,希望阿英(注:钱杏邨)帮助找个地方出版,并说鲁迅需要钱用。同时,雪峰还说,秋白也有一部译稿,鲁迅希望一起卖出去,但对外,不必说是秋白的。那时,我同新开张的合众书店较熟,我有两本书正在他们那里出版,书店也托我拉点稿子。于是我就去商谈这件事,他们立即答应买下鲁迅的《二心集》,但对秋白的译稿,借故不想要。我将上述情况告诉了雪峰和鲁迅,鲁迅的意思很坚决,非得连同秋白的译稿一起买下,他才同意,否则他的稿子也不卖了。结果书店答应以相当高的稿酬一次买下了《二心集》的版权,从秋白的几篇译稿中挑了一篇买下。"④"时值合众书局初创,需要买稿,便由我把他的原稿和鲁迅《二心集》的原稿拿去。书店只认得赢利的,不几天,先把《二心集》的稿费付了"⑤"我为《二心集》出版的事,直接与鲁迅在内山书店有过接触,《二心集》稿费是鲁迅请他代领的,现在保存的当时代鲁迅写的临时收据全文是:'收到转给鲁迅先心('心'应为'生')二心集版权费计陆佰元整稿件同时已交出先由我出立收据周先生亲笔版权让与证拿到即将此收据撤回此据钱杏村八月二十二日。'鲁迅先生后来是否写了收据,我不知道,我的收据也忘了撤回了。"⑥由于钱杏邨后来也忘了撤回收据,与鲁迅的亲笔收据同时存在合众书店的财务账上,交到合众书店会计邹企鲁处,作为鲁迅"粉丝"的邹企鲁,两张收据中理所当然地选择将鲁迅亲笔收据收藏起来,钱杏邨的收据作财务入账。为了考证这件事,我还走访了上海书店原总经理俞子林,那时他正在编写有关上海出版志方面的系列书籍,据他介绍,1949年后,合众书店歇业,老板方家龙由政府安排进上海旧书店(今上海书店),而钱杏邨代鲁迅领取的收据一直被方家龙保存着,后来他通过上海书店组织转献给上海鲁迅纪念馆(上海书店刘华庭老先生在1981年第二期《古旧书讯》上回忆文章"《二心集》与合众书店"里也证实这个情况),成为鲁迅研究史料中仅存的"《二心集》版权出售的收据"。无论钱杏邨代鲁迅领取版权费的收据,还是鲁迅的亲笔收据,都是在办理《二心集》版权出售过程中,前后两个环节所出具的收据,由于鲁迅委托钱杏邨办理此事,就多了一张签收的收据。拜访临别时,对于是否是鲁迅真迹,我和王馆长都很谨慎,仅仅说可能是鲁迅手迹,表示如果交给上海鲁迅纪念馆收藏,我们可以作进一步的研究,邹先生当场也并未表态是否给我们。回到馆里后,我加紧对于这件鲁迅收据的研究。在时任上海鲁迅纪念馆副馆长王锡荣老师指导下,我从史料、鲁迅的笔迹、所用花笺纸的形态样式、落款的印章、收据纸张质地成色等诸多方面进行详细的考证(有关研究文章,已发表在《世纪》2006年第6期上)。分析发现,对照《鲁迅手稿全集》,收据的笔迹从笔法、笔意、结体以及书写的习惯、风格与鲁迅一致,收据的花笺纸与馆藏鲁迅用笺相对照也完全一致(尺寸和花样),落款的白文钤印与上海鲁迅纪念馆编的《鲁迅诗稿》中的8幅诗稿落款印章完全吻合[7],尤其是在1932年里鲁迅写赠中外朋友盖过印的诗稿有8幅,其中5幅用的是这个章[8],可见鲁迅对于这枚印章的偏爱,显示1932年该印章是鲁迅用的次数最多的。我又通过俞子林先生联系到原合众书店老板方家龙的女儿,据她说,曾听母亲说起过有这样一位会计,是父亲的同乡,无锡人,帮店里做账。通过以上研究考证,可以确定是当年鲁迅先生的亲笔收据。经过与收藏者半年多时间的讨论,不断地沟通,动之以情,晓之以理,有时候还略施小计,直到2004年底,才将这位收藏者手中的"鲁迅出售《二心集》版权亲笔收据"征集进来,成为2000年后我馆征集进来的第一件鲁迅手迹,填补了鲁迅史料的一段空白。

学术成果、专业素养
——征集鲁迅《听弹琴》

2008年9月25日2008年9月25日下午,尽管天下着蒙蒙细雨,但是在上海鲁迅纪念馆大堂内却高朋满座热闹非凡,正在举行一场盛况空前的鲁迅手迹《听弹琴》捐赠仪式。一位满头银发、精神矍铄、气质高雅的日本老太太成为焦点,这位老人正是这件鲁迅手迹的捐赠者古西暘子女士,在座的还有三菱株式会社总社(日本十大财团之一)小岛社长、日本国驻上海领事馆横井裕总领事、上海市人民政府翁铁慧副秘书长、市外办汪小树常务副主任等中外嘉宾。

那么这件鲁迅手迹如何会与上海鲁迅纪念馆结缘?其背后有哪些鲜为人知的故事?

这还要从一对日本夫妇到上海鲁迅纪念馆的一次参观开始谈起。那是一个风和日丽的星期天,一对儒雅的日本夫妇来到上海鲁迅纪念馆参观,当走到二楼展厅中的内山书店时,从书架上拿起一本我馆周国伟老师撰写的专著《鲁迅与日本友人》翻阅,不多时两位日本游客一改进门时的矜持,激动地互相交谈起来。过了一周,这两位日本游客在上海中国国际问题研究院的吴寄南教授陪同下再次来到鲁迅纪念馆,要求拜访馆长。我和王锡荣馆长一起接待了他们。经介绍,这对夫妇是刚到任的日本三菱商事中国有限公司总经理山口力先生及夫人山口由纪子女士,一番寒暄之后,山口力先生谈到前段时间来鲁迅纪念馆参观,发现一本书,上面刊登一段与他们爷爷田中庆太郎和姑父增井经夫相关的史料,这次来拜访就是要进一步搞清楚他们与鲁迅的关系,并且受表姐古西暘子女士的委托,将一幅鲁迅为他们姑父增井经夫写的一首唐诗书轴捐赠给上海有关专业收藏机构。王馆长向客人详细介绍了上海鲁迅纪念馆的各方面情况,又重点介绍我们馆收藏鲁迅手迹和鲁迅研究情况,并进一步谈到鲁迅与田中庆太郎的关系。

田中庆太郎 1880 年生于日本京都经营书店"文求堂"的世家,是日本近代中国学发展史上的一位独特人物,尽管他并不是著书立说、杏坛讲学的大学教授,但他因经营中国书籍,对中国历史、中国典籍、中国版本进行刻苦钻研,1906 年他偕妻子旅居中国北京达 3 年之久,流连忘返于书肆坊间,寻觅发掘中国的古籍善本、孤本,逐渐成为一个通晓中国历史文化、古籍善本的专家,成为 20 世纪初日本国内公认的精通中国古籍版本的三位专家之一。田中庆太郎热爱中国文化,也热爱和平,在中日两国关系不正常的年代里,他坚持专售、出版中国书籍,是个专家型老板,以自己对于中国古籍书画的精湛学识,为日本大量地输入中国典籍,为日本中国学的发展起到推动作用。1926 年 10 月 21 日《鲁迅日记》记载:"收日本文求堂所赠抽印《古本三国演义》十二叶,淑卿转寄"[9],这是鲁迅与田中庆太郎交往的最早记录。此后,鲁迅一看到有文求堂出版新书的消息,就请内山书店从日本国内购买,这在鲁迅日记中时有记录,1932 年 4 月田中庆太郎的文求堂出版了《鲁迅创作选集》中文本,内收鲁迅《孔乙己》《药》《阿Q正传》《故乡》4 篇小说。在《孔乙己》文后的白页上,刊有鲁迅书赠日本友人小原荣次郎的《送O.E.君携兰归国》诗,田中庆太郎是文求堂的主持者,又是《鲁迅创作选集》的编辑。本书刊用这首诗,可见他们之间已经很熟。

接着我又把田中庆太郎在鲁迅患病期间,热情邀请鲁迅到日本疗养的情况及这幅鲁迅录写的唐诗历史背景介绍一番,令客人频频点头,表示他们还第一次听到如此精彩详细的故事,希望我们把这些史料整理一份,让他们寄给表姐。陪同一旁的吴寄南教授插话道,本来他们已经打算将这件鲁迅手迹捐赠上海图书馆,今天听到你们这么专业的介绍,看到贵馆专门有人著书研究他们前辈的事迹,非常高兴和感动,准备将此情况转达表姐,重新考虑捐赠单位。我应这对日本夫妇要求,马上整理出一份详细的鲁迅与田中庆太郎交往、鲁迅录写这首中唐诗人刘长卿诗《听弹琴》的历史背景史料,[10]让他们带回去。一周后,这对夫妇再一次来到上海鲁迅纪念馆,一见面就告诉我们,已经将我整理的资料寄给表姐,他们商量后一致同意将这件鲁迅70多年前的手迹捐给上海鲁迅纪念馆,山口力夫妇非常有诚意,已经将这件鲁迅手迹随身带过来了,只见他们拿出一个原木色的长长木盒,显得非常干净、精致,打开木盒,放着几小包防腐剂,一股清香扑鼻而来,只见一个套着蓝色布套的书轴躺在盒子里,由山口力先生小心翼翼地将书轴从布套里取出,我配合着他一点点将书轴展开,具有日本风格特征的装裱首先映入人们眼帘,随后,鲁迅用草书录写的中唐诗人刘长卿诗《听弹琴》逐渐展现,书轴别具风格,历经70多年,保存得如此之好,出乎我们的意料,字、印、落款非常清晰,古朴的字迹与唐诗的意境浑然一体,确实是一件难得的鲁迅手迹精品。据说他们姑父增井经夫将鲁迅的这件手迹带到日本后把它精心装裱,挂在房间,有客人来,经常介绍。中日建交后,还多次来中国旅游。他们表示上次来听了两位馆长的介绍,知道了这件鲁迅手迹如此有意义,等不及捐赠那天了,感觉还是先放在上海鲁迅纪念馆,让专业机构、专业人士保管比较放心(因为听了介绍,他们对这件鲁迅手迹一下子肃然起敬,放在自己身边反而觉得不放心)。同时,山口力先生希望我们尽快对这件鲁迅手迹进行文物鉴定,然后由三菱公司出资举办捐赠仪式和招待冷餐会,委托我馆制定具体捐赠仪式的方案,包括嘉宾来馆出席活动的时间安排表、路线安排图等等详细方案。由于前段工作一直是我在跟进,所以这个任务就落在我的身上。我从制订方案到具体协调落实,面对中日双方不同的文化背景,尤其是日本人细致专注的工作风格,方案中的每一个环节、每个细节,都不放过,反复讨论推敲,一改再改,直到"天衣无缝、无懈可击"的地步,我的意志和专业精神也经受了考验。

捐赠仪式举办得非常成功,获得中日双方的一致好评,由此开启了上海鲁迅纪念馆和三菱商事(上海)有限公司的合作。每年上海鲁迅纪念馆的部分活动得到三菱商事(上海)有限公司的赞助,我们到日本东京中国文化交流中心举办展览,山口力夫妇和古西旸子女士专程从其他城市赶过来出席,并陪同参观。这成为鲁迅手迹征集的一段佳话。

孜孜以求、传承接力
——征集鲁迅《悼丁君》

如果说前两件鲁迅手迹是发现和争取,那么鲁迅《悼丁君》手迹的征集则是通过几代同仁孜孜以求的诚意和恒心,感动了捐赠者的心。

1933年5月14日,丁玲在虹口昆山花园路7号寓所遭国民党当局秘密逮捕,一起被捕的还有文委书记潘梓年,此事在社会上引起强烈反响。对营救丁、潘的斗争,鲁迅十分关心。5月25日,鲁迅出席民权保障同盟召开的营救丁、潘会议,会上决定组织"丁潘营救委员会"。6月19日,以鲁迅为代表的中国左翼作家联盟在《中国论坛》杂志上发表《为丁潘被捕反对国民党白色恐怖宣言》,鲁迅认为,最好的支援办法是设法扩大丁玲的影响,出版丁玲的长篇小说《母亲》,越快越好,使当局不敢轻易下毒手。因此,在鲁迅策划下,由赵家璧具体操办,一个月不到,《母亲》出版,创造中国出版界的奇迹。在开售时,由于广大市民知道了丁玲被绑架失踪的消息,因此对丁玲著作的出版并出售作者签名本,产生很大兴趣,售书门市部的铁拉门都被挤坏,100签名本很快被一抢而光,也带动了非签名本的销售,书籍一版再版,共印了近万册。

尽管如此,鲁迅还是听闻到社会上传言丁玲已被国民党当局秘密绑架杀害,感到无限悲痛和惋惜地写下七绝诗——《悼丁君》，它既是对国民党当局迫害进步作家的强烈谴责与无声抗议，又是对丁玲的高度赞美，为中国又失去一位光彩夺目的精英而扼腕叹息。鲁迅对这首诗曾多次抄写，并做过修改，其中写在鲁迅日记中的（随日记一起）被北京鲁迅博物馆收藏，其他还有刊登在曹聚仁编辑的《涛声》和聂绀弩编辑的《热风》上的手迹（系同一件），以及在鲁迅日记中记载的赠陶轩的那件手迹（初稿），但后两件，不知所终。直到1970年代末期，上海鲁迅纪念馆从原上海市文化局副局长方行同志处获悉，"赠陶轩"的那件《悼丁君》已经被曹漫之同志收藏，于是开启了上海鲁迅纪念馆几代人征集工作的接力赛。曹漫之同志是我党资格较老的一位领导干部，年轻时就崇拜、热爱鲁迅，自己曾说是在鲁迅直接影响下走上革命道路，与同乡好友谷牧同志一起组织鲁迅读书会，抗日时期在胶东创办过多所鲁迅中学与鲁迅小学，抗战胜利后他所领导的地下贸易行——和丰行（在吴淞口）还资助许广平出版《鲁迅书简》。1949年后他曾任上海市政府副秘书长、曾协助陈毅市长负责鲁迅墓的迁移工程，后来任华东政法学院副院长。我馆曾多次派员前往华东政法学院拜访曹漫之。由于"文革"后，法律法制恢复建设任务繁重，曹漫之同志在华东政法学院又担任领导工作，无暇接待我们，让我们也吃了不少"闭门羹"。但当年我馆领导和业务人员并不气馁。据我们馆老同志凌月麟老师回忆，1983年3月15日下午，杨蓝副馆长（主要负责人）和自己打听到曹漫之在上海大厦出席会议，就前往上海大厦等候曹漫之出来，终于等到会议间隙，见到了他，曹漫之先生很高兴地讲述了其收藏鲁迅《悼丁君》墨迹的具体经过。他回忆说："鲁迅《悼丁君》诗稿原先由杭州书画社即西泠印社收购进来，没有装裱过，多少价钱我也不知道。1962年我在杭州养病，带去了明朝徐文长的一幅字。这幅字有一丈二尺高，我国只有这么一份。字写得很大，录了四句唐诗。上海市文化局局长徐平羽曾说，这幅字可送故宫。徐文长的这幅字，我是用八张古代国画换来的,其中八大山人四张、石涛二张。当时,浙江省委要给毛主席布置房间,省委知道毛主席喜欢徐文长的字,就商量向我交换。他们拿出许多字画让我挑选,说你要什么都可以。我看后挑了一幅鲁迅《悼丁君》诗,其他字画都不喜欢。省委感到只挑一张,分量太轻,我说不要了。后来我把鲁迅这首诗裱了起来,'文革'中遭损坏,现在我把它又重新装裱了。"⑪

尽管没有看到《悼丁君》的真迹,但我们开始与曹老建立了联系。随后每年我馆领导和征集员经常上门拜访,赠送我馆的出版书籍,报告我馆近期开展的鲁迅宣传、研究活动。

转眼到了1986年7月,为纪念鲁迅逝世50周年,我馆同志拜访上海市委副书记、宣传部长陈沂同志,汇报相关工作,又谈起了曹漫之收藏的《悼丁君》,我们想去翻拍这件鲁迅手迹,充实、再版《鲁迅诗稿》,陈沂同志听了深表赞同"当场为我们写了一封致曹漫之的便信。第二天,我们去衡山路曹漫之寓所时,先向曹先生递交了陈沂写的便信。曹先生看了,热情地接待了我们,并同意翻拍此诗的照片。当我们在曹先生书房内鉴赏这幅珍贵的诗稿时,它已装裱成轴,十分清新,恰似新写一般……我们请王开照相馆摄影师翻拍了这首诗的原件照片。每当我们翻阅年出版的《鲁迅诗稿》,从中看到鲁迅书赠陶轩的《悼丁君》诗"⑫。

曹老收藏了这件《悼丁君》后,对这幅字的内容、款式、书法等仔细认真研究,并请教了名家,他说:"鲁迅这幅字写得非常好。书画家们说,这幅字是鲁迅写得最好的。沈尹默认为,这幅字比'运交华盖欲何求'一诗写得更好。"⑬"挥洒自如,不拘尘俗之气"⑭对于鲁迅诗中所提的"陶轩先生",曹老曾多方打听,但终无所获,因此,在拍摄照片时,嘱托我们要把这个事情调查清楚。我馆同志在工作中不忘此事,做了调查。"1986年,为纪念鲁迅逝世50周年编辑《高山仰止》一书,周国伟、史伯英同志去杭州组稿之际,意外得悉了陶轩家属居住的地址。是年1月8日,我们赴杭州九曲巷陶轩家拜访,受到陶轩家属热情接待。据陶轩夫人柯仲容(时年82岁)与女儿周平英回忆:陶轩(1903—1967),姓周,浙江杭州人,是一个文化人,祖父与父亲是清朝官员,久住京城。周家藏有一些咸丰、同治年间皇宫内出的贡墨,但陶轩却不识翰墨。周与黄萍荪是表兄弟,当时同住在杭州城内。周家经济状况比较宽裕,周闲居在家,喜欢结交文人,郁达夫就是其中一位。平时周、黄和郁达夫都性嗜酒,郁常去周家饮酒。有一次,三人在饮酒时郁达夫向周索要贡墨。周提出一个条件,要郁达夫向鲁迅索字相交换,并当场交郁宣纸两张。那时黄萍荪也借机提出请郁向鲁迅求字。周陶轩家属还说,鲁迅写的那幅墨迹后因家庭经济拮据,在1962年初出售给杭州书画社了。周陶轩家属与曹漫之的说法完全一致,他们的回忆,使我们了解了鲁迅《悼丁君》初稿墨迹的来龙去脉。"⑮见到了鲁迅真迹后,纪念馆同志不禁萌生征集这幅字的想法。曹漫之先生晚年曾表态,最终会将把这件手迹捐赠给上海鲁迅纪念馆。我们馆的有关同志一直记住曹老的这句话,并为此不断努力。

  当1991年9月鲁迅诞辰110周年来临之际,新编的《鲁迅诗稿》出版了,把新拍摄的《悼丁君》编了进去,不料曹老刚因病离世,没能看到这版的《鲁迅诗稿》,捐赠之事于是也搁置下来,但我馆周国伟、史伯英等老同志,还是坚持经常去拜访,与曹老的夫人蔡志勇女士结下深厚友谊。王锡荣等馆领导也保持至少一年一次的拜访。进入新世纪,笔者进入上海鲁迅纪念馆工作,担任文物征集员,在馆领导、部门负责人、退休老同志的言传身教下,更是把对《悼丁君》的征集作为重中之重的工作。在长期的接触过程中,我们与老夫人蔡志勇女士成为了无话不谈的忘年之交。她腿脚不便,相信气功疗法,就积极向我们推荐介绍,并手把手地指导我们,赠送教学资料,每次拜访,我们都成为她倾吐心声的对象。蔡老说她年轻时参加鲁迅读书会认识了曹漫之,在他帮助下提高了革命觉悟,走上革命道路,结为革命伉俪。有一年中秋节前夕,蔡老学做月饼,做好以后还打电话来请我们去品尝,提提意见。尽管我们在每次拜访过程中从来不提《悼丁君》,但蔡老夫人心里非常明白《悼丁君》对于上海鲁迅纪念馆的重要性。有一次,她见到我们后,非常紧张地说,家里《悼丁君》不见了,据说已现身某拍卖公司,心里非常焦急,一副很对不起我们的样子,后来这幅鲁迅书轴又回来了,虚惊一场。从平时拜访交谈中我们得知,曹漫之一生酷爱书画艺术的收藏,节衣缩食收藏了不少精美珍贵的字画,去世后,蔡老夫人就把这些收藏品平分给5个女儿,自己就留一幅《悼丁君》,准备将来捐赠上海鲁迅纪念馆。对于《悼丁君》的捐赠,除了蔡老夫人和三女儿态度坚决,其他家属态度并不一致,甚至笔者还接到不友好的电话。曾经是法院院长的蔡老夫人对此早有思想准备,派三女儿带我们去见华东政法学院老法律工作者协会会长、老教授协会常务副会长张善恭教授。张教授也是曹漫之生前的同事,一位资深律师,请他助一臂之力。在张律师的指导帮助下,我们一方面给曹漫之夫人蔡志勇拍摄视频录像,在视频中,蔡老夫人表示她拥有《悼丁君》所有权,将之捐赠上海鲁迅纪念馆,同时在捐赠意向书上亲笔签字同意,另一方面,张律师按照这些材料向曹漫之的5个女儿发出律师函,说明母亲蔡志勇女士按照相关法律程序向上海鲁迅纪念馆捐赠《悼丁君》,如有异议,在两周内反馈,结果五个女儿接到这个律师函后都无异议。当我们把这个结果向蔡老夫人报告时,躺在病床上、难以坐起来的她露出欣慰笑容,连声说好。于是,在2011年5月在上海鲁迅纪念馆举行捐赠仪式暨纪念座谈会,我在会前精心制作了有关曹漫之生平照片的PPT、老夫人蔡志勇谈话的视频,随着悠扬的音乐,他们的音容笑貌感化着会场上的每一个人,使人感受到这对革命伉俪的真情流露。视频中的蔡志勇女士思绪清晰地表达对上海鲁迅纪念馆几代职工的感谢、对鲁迅的热爱和对鲁迅研究事业的支持。捐赠《悼丁君》是曹漫之和她的共同心愿,尽管蔡老因身体原因无法出席,但我仿佛感觉她就在我们当中。那天捐赠仪式简朴而又隆重,上海市文物局副局长褚晓波和华东政法大学党委副书记、副校长张智强为鲁迅条幅揭幕,并颁发捐赠证书,曹漫之生前友好、学生以及各界代表100多人出席,为《悼丁君》这件文博界、鲁研界关注已久的鲁迅手迹画上圆满的句号,使它得到一个很好的归宿,这将为鲁迅研究、传播起到积极的推动作用。

以上三件鲁迅手迹征集的成功案例,既是偶然,又是必然。文物征集工作需要我们时刻做有心人,只要功夫到,文物早晚会与你"不期而遇"。文物征集工作也需要钻研,纵向地梳理,横向地推理,把历史的每一个细节来分析过滤,总能找出其中的"蛛丝马迹"。文物征集工作更需要走出象牙之塔,广交朋友,到社会中去寻求方向和答案,总会得到"贵人相助"。

进入新世纪以来,随着我国经济发展,文物已越来越引起全社会的关注,电视媒体上"鉴宝"类节目的不断推出,全社会对文物的兴趣迅速升温,急功近利又使得文物市场良莠不齐、赝品泛滥,需要我们保持一份细心、耐心、恒心,以更专业的知识和精神来"寻宝"和"识宝",直至得到真"宝"。

注释

① 《鲁迅全集》第12卷,人民文学出版社2005年版,第303页。
② 同上书,第357页。
③④⑤⑥ 吴泰昌:《阿英忆"左联"》,《新文学史料》1980年第1期。
⑦ 见《鲁迅诗稿》,上海人民美术出版社1998年第四版,第一七、二七、二八、三九、四〇、四一、四八、五三首诗稿上的印。
⑧ 见《鲁迅诗稿》,第二七、二八、三九、四〇、四一首诗稿上的印。
⑨ 《鲁迅全集》第15卷,人民文学出版社2005年版,第641页。
⑩ 参见乐融:《湮没半个多世纪的鲁迅诗轴〈听弹琴〉》,《上海鲁迅研究》2009年第2期。

⑪《上海鲁迅研究》2008年第4期,第147、148页。
⑫《上海鲁迅研究》14期,第106、107页。
⑬《上海鲁迅研究》2008年第4期,第148页。
⑭《上海鲁迅研究》14期第107页。
⑮《上海鲁迅研究》2008年第4期,第148、149页。

努力开拓鲁迅学术宣传的新领域

李 浩

学术活动是上海鲁迅纪念馆弘扬鲁迅精神文化遗产工作中的重要的、不可或缺的组成部分,是上海鲁迅纪念馆开展其他业务活动的核心工作。近十年来上海鲁迅纪念馆的学术研究活动主要是从三个方面展开的。首先是以手稿为主的文物研究;其次是鲁迅生平研究,对文物文献史料进行重新审视以获新知,宏观上把握鲁迅与文化之间的关系,具体上对鲁迅生平史料进行了在梳理;第三是《上海鲁迅研究》专题化,使之更显特色。同时,近年来馆内研究人员的创新型学术成果迭出,促进了上海鲁迅纪念馆的业务发展,不仅在学术界同时在社会上都提升并扩展了上海鲁迅纪念馆的社会影响力,为弘扬鲁迅精神文化遗产作出了积极的贡献。

一、以手稿为主的文物研究

对于鲁迅手稿的收集整理是上海鲁迅纪念馆的一项基本工作,自1961年上海鲁迅纪念馆所编辑的《鲁迅诗稿》初版以后,到1998年不定期地出版了四五个修订版本。2010年出版的《鲁迅书法珍品集》是鲁迅手稿研究和出版的初次拓展。2014年《鲁迅〈毁灭〉翻译手稿影印本》的出版预示着鲁迅手稿研究进入了一个新的阶段,直到今天不仅每年有手稿研究论文发表,2016年编辑出版的《中国现代作家手稿及文献国际学术研讨会论文集》是一个重要成果,其间还编辑出版了《上海鲁迅纪念馆藏鲁迅手稿选》,比较全面地回顾了馆藏鲁迅手稿的现状,并展示了馆内研究者对于手稿研究的成果。从2018年开始我馆参与国家图书馆出版社和文物出版社新版《鲁迅手稿全集》的供稿、编辑及专家咨询工作。相信新版手稿全集的顺利出版,必将有利于鲁迅手稿研究的进一步发展。

鲁迅所藏的中国现代版画作品是上海鲁迅纪念馆最为重要的藏品,这些藏品全面地反映了中国新兴版画早期的成就。1991年,我馆编辑出版了《版画纪程——鲁迅藏中国现代木刻集》(共五卷),极大地推动了相关研究和宣传的开展。2018年,以我馆为主体编辑出版的《鲁迅藏中国现代版画全集》(共五卷)又在该书原有基础上,进行了增补,收集了北京鲁迅博物馆所藏的鲁迅藏版画作品,成为全面反映鲁迅藏中国新兴版画作品的合集,李允经称之为"中国革命美术的里程碑"[1]。在不断地研究过程中,考虑到鲁迅所藏的这些版画几乎都是孤品,为保存、研究、宣传计,更好地使馆藏服务于社会,策划了高仿影印制作"上海鲁迅纪念馆馆藏版画集影印丛书"(已出版两卷计六种),以将最接近1930年原版面貌的版画集提供于今天的读者,出版后即获得了业界的极大关注。2020年出版的《鲁迅藏中国现代版画珍赏》则是普及宣传馆藏版画作品的最新尝试。

为了使纪念馆文物研究工作得到更好的传承,集合馆内青年业务人员开展了《上海鲁迅纪念馆藏中国现代作家手稿选》《上海鲁迅纪念馆藏藏品选》和《上海鲁迅纪念馆藏美术品选》研究项目,这三个项目比较系统地展现了馆藏的现状,同样也展现了馆内青年业务人员的学术水准。其中馆藏现代作家手稿和馆藏美术品是第一次向公众作系统的介绍。最新集中展现馆藏研究的项目是《华痕碎影——上海鲁迅纪念馆藏鲁迅先生手迹、藏品撷珍》,该书将部分馆藏品归为书法、版画、藏书、笺纸和明信片五种进行分类整理研究,新见纷呈,是为馆藏研究的重要成果。该书出版后获得了良好的社会反响,成为馆藏文物知识普及和社会宣传的一个成功案例。

二、鲁迅生平研究基于史料,重视文化研究

上海鲁迅纪念馆的鲁迅生平研究,也是围绕着鲁迅文物以及相关文献资料而展开的。配合纪念《新青年》创刊100周年、纪念鲁迅诞辰135周年、逝世80周年以及纪念鲁迅定居上海90周年等时间节点而展开的研究活动中,研究人员努力从文物以及文献史料中发现之前被忽略的,而今又有文化价值的课题。如顾音海《鲁迅对北方历史考古的关注与思考》《周氏兄弟的生物情怀》、乐融《鲁迅早期科学类翻译研究》《偶见鲁迅所摄照片》、李浩《鲁迅〈奔月〉溯源》《从〈眉间尺〉到〈铸剑〉》、乔丽华《"画出沉默的国民的魂灵"——细读鲁迅小说对话中的省略号》《"脚的把戏"及其隐喻——以杨二嫂、爱姑为标本》、施晓燕《鲁迅与共和旅馆》《鲁迅在上海的家庭食品及其零食嗜好》等等。文物及文献史料研究最重要的成果便是《鲁迅与电影:鲁迅观影资料简编(1927.10.7—1936.10.10)》(李浩、丁佳园)、《鲁迅与左翼美术运动资料选编》(乔丽华)和《鲁迅在上海的居住与饮食》(施晓燕),这三个资料研究项目都基于前人的研究基础,并皆有新的发明。

具体的研究项目在进行拓展的同时,还努力在整体上把握鲁迅。笔者自负责研究室工作后,策划的鲁迅研究的途径大致是:微观者是从鲁迅与版画到鲁迅与汉画像,而宏观者则是从鲁迅与古代文化到鲁迅与江南文化。近年来,极力与美术学院等专业机构合作,以拓展版画研究的广度与深度,开辟了版画相关研究的新天地。在北京鲁迅博物馆、中国鲁迅研究会的支持下,鲁迅与汉画像研究第一次得到系统的展开,《"鲁迅与汉画"学术研讨会论文集》汇聚了相应的研究成果。在拓展版画、汉画像研究的同时,自然会涉及鲁迅与古代文化的关系,与过去重视中国传统文化不同,鲁迅

与中国古代文化的研究是面对整个古代文化,试图从中厘清鲁迅所承接的中国古代文化的脉络,[②]而鲁迅与江南文化,则可以说是鲁迅与古代文化的具体化。江南文化是一个具有历史性的概念,每个时期的江南文化所包含的地理区域是不同的,探讨这个问题,既要有历史的眼光,却不能无视现实,这是一个具有挑战性的研究项目。《鲁迅文化符号永恒价值的保持》(顾音海)、《鲁迅与江南文化精神》(乐融)、《鲁迅要保存的是怎样的中国传统》(李浩)、《海派文艺的前世今生》(乔丽华)、《"江南名士"式的滑稽》(高方英)、《江南文化视野下的鲁迅美术形象塑造》(仇志琴)等是这个研究项目的初步的并有创建的成果。当然,构设并实施以上的研究途路并非源自闭门造车,最近几年,在馆领导的支持下,研究人员开展广泛的访学和学术交流是不可或缺的因素,研究人员通过访学、参与学术会议的方式广泛地学习别人的最新学术成果,并将自己的学术成果与同行交流,不仅促进了鲁迅研究发展,而且在鲁迅研究界提升了上海鲁迅纪念馆的影响度。另外,在鲁迅作品研究方面,因鲁迅手稿研究兴起而触发并策划实施的《鲁迅小说散文初刊集》成为通往鲁迅文本研究的一项重要工具,以后如有机会实施"鲁迅作品初刊集"项目,应该能为鲁迅的文本研究提供更好的基础。借助于馆内日益增长的研究需求,"上海鲁迅纪念馆专业图书数据库"项目得以初步完成,这个由笔者策划的专业面向馆内业务和研究工作的项目在馆领导的支持下实施,于2015年完成第一期,后逐年增补,至2019年暂告一个段落,它是便利馆内业务和研究工作的基础工具之一。

从辛亥革命到五四新文化运动到左翼文化运动,鲁迅的一生是革命的一生,他致力于中国文化革命,始终站在中国文化革命的前沿。革命人生的选择不仅使他的文艺活动的成果成为中国文化中的丰碑,而且直到今天仍然激励着要求进步的后继者们在鲁迅所开创的基础上,丰富着中国文化的内涵和外延。革命始终是鲁迅研究的重要母题,在今后尤其值得去拓展与深入,具体地说来即拟就"鲁迅与20世纪中国文化革命的演进"这个题目做些探讨和史料发掘。

三、《上海鲁迅研究》专题化,学术成果纷呈

《上海鲁迅研究》自2005年改版为一年四辑后,在2017年又进行了一次改版,即从无主题的一年四辑,改为每年确立四个主题进行编辑,到目前为止,先后出版了《上海鲁迅研究》之"鲁迅手稿研究""鲁迅与美术暨纪念李桦诞辰110周年""鲁迅与上海""鲁迅与出版""鲁迅与左翼作家""赵家璧与出版研究""狂人日记100年""鲁迅与朝花社""鲁迅与翻译""新文化100周年""鲁迅与期刊""鲁迅与中国古代文化""纪念左联成立90周年""鲁迅文物研究""鲁迅生平研究"和"鲁迅与江南文化"等专辑,这些主题的设立主要的是与纪念馆的业务工作结合,更有学术规划上的考量,宏观和微观间之,社会性与个性兼顾,以非线性的方式展现了上海鲁迅纪念馆学术足迹。《上海鲁迅研究》秉承"新发现、新观点、新方法"编辑方针,坚持学术规范,以开放、诚恳的姿态面向鲁迅研究学界,《上海鲁迅研究》在国内外鲁迅研究学界获得了广泛的认可度,成为弘扬鲁迅精神文化遗产的不可或缺的学术交流平台之一。《上海鲁迅研究》是上海鲁迅纪念馆对外宣传鲁迅和服务社会及展现社会形象、对内提高职工业务水平和学术素养的基础阵地。

上海鲁迅纪念馆的学术活动源于20世纪50年代的文物征集、陈列展示和宣传等业务活动的基本亟需,到90年代,长年学术活动的积累成就了全新叙述方式和展陈形式的鲁迅生平陈列,更开创了至今无来者的、珍藏鲁迅友人遗存的"朝华文库"。长年的、不懈怠的学术研究使上海鲁迅纪念馆能够超常态地、不断地扩展社会影响力,更为出色地为社会服务。在此过程中,培养出一批

专业研究人员。2019年出版的上海鲁迅纪念馆"奔流"丛书五种，便集中展示了在职研究人员的学术成果：顾音海《博物视野里的鲁迅》、乐融《鲁迅面面观》、李浩《鲁迅研究杂集》、乔丽华《鲁迅与左翼文坛》、施晓燕《鲁迅及同时代人研究》。从这些研究成果中，可以看到各位研究员的个性，尤其顾音海关于"博物"的深入研究，应该说是开创了鲁迅研究的新领域。在这些已完成的学术项目中，显著地展示了基于上海鲁迅纪念馆馆藏及业务工作展开研究的共性。

学以致用，上海鲁迅纪念馆的学术研究的最终目的还是在于向社会宣传、弘扬鲁迅精神文化遗产，为中国社会主义文化建设作贡献。边开展研究，边致力于学术的社会化转化，是研究室工作的常态。除了积极参与文物征集、陈列展览及宣教等馆内业务工作外，在鲁迅文本和生平解说方面，已经在《鲁迅小说合集》《鲁迅文萃》《鲁迅画传》等项目完成方面做了成功的尝试。近年来各位研究员顺应社会需求，积极参与鲁迅相关讲座交流活动，通过在线、在场等多种方式面向公众解说，有效地将学术成果转化为社会所需求的文化产品，弘扬鲁迅精神文化遗产，在研究界、普通读者中间进一步提升、拓展了上海鲁迅纪念馆的社会影响力。③

注释

① 参见《鲁迅研究月刊》2019年第8期所刊李允经文。
② 董炳月先生有很好的解析，参见董炳月：《鲁迅的"反传统"与"传统"》，《上海鲁迅研究·鲁迅与中国古代文化》2019年第4辑。
③ 可参见拙著《以文物史料为中心、发挥团队科研力量——上海鲁迅纪念馆学术史略》(刊《上海鲁迅研究·鲁迅与朝花社》2018年第4辑)，《史料钩沉·海派视阈·符码转换——〈上海鲁迅研究〉25年》(刊《鲁迅研究杂集》，上海社会科学院出版社2019年版)。

七十年"藏宝图"
——上海鲁迅纪念馆特藏素描

仇志琴

上海鲁迅纪念馆建馆至今七十年了,杜甫诗云:"人生七十古来稀",而今,无论是鲁迅纪念馆抑或是鲁迅形象、鲁迅精神,却没有暮气的感觉,相反更显活力和朝气,这底气来源于与国家一级博物馆相称的藏品架构,以及由丰富藏品而生发开去的大力研究、宣传和推广,乃至来自社会的多方认可、接受和互动。

博物馆姓"博",以"物"见长,靠"物"盘活,活化了的藏品资源才能更好地服务于社会,让大众共享文化精髓。

纵观七十年,上海鲁迅纪念馆馆藏以鲁迅为中心,藏品逐渐"聚珍",形成以鲁迅与新文化研究、现代版画收藏研究、鲁迅与近现代中国作家研究为中心内涵,延展到海派文化与传统文化宏阔外延的多元架构,枝蔓蜿蜒,根深叶茂,成为重要的精神源泉。且让我们循迹上溯,探视一番,以铭记几代"上鲁人"的成绩,汲取继往开来的力量。

1950年春,华东军政委员会文化部筹备成立鲁迅纪念馆,同年8月经政务院总理周恩来批准,鲁迅夫人许广平自京返沪,指导上海鲁迅纪念馆建馆,恢复鲁迅故居(大陆新村9号)原貌。按照"把一切还给鲁迅"的设想,大到家具,小到火柴,都尽力照原样摆放,因而,9号故居内所陈设的原物既成为第一批馆藏。如按用途分,主要为生活和工作用品。例如,一楼会客室里的长桌椅凳、书橱碗柜等,二楼卧室兼工作室的寝具衣橱、书桌及桌面上的文具等,也有属于美化装饰用品的挂画挂像、金鱼壁瓶等。除9号之外,当时还将邻近的10号辟为陈列室和管理机构,所陈列的鲁迅手稿、信件、发表的著译作品、木刻拓本及工具等物,代表了馆藏主体的另外一项内容:鲁迅手稿、著作和他所倡导的新兴木刻运动的相关实物。鲁迅为一代文化巨擘,手稿、著作无疑是其最重要的文化遗存和贡献,比如:鲁迅的《故事新编》文稿、《毁灭》译稿、《呐喊》(初版),编辑的《前哨·文学导报》等,这部分文稿译稿、名著名刊从此意义上说可谓镇馆之宝了。而鲁迅收藏的中国现代版画则为研究中国美术史,特别是版画研究提供了丰富史料。

上海鲁迅纪念馆自1956年因鲁迅墓由虹桥万国公墓迁至鲁迅公园(原虹口公园)另建新馆,而形成鲁迅墓地、鲁迅故居和鲁迅纪念馆"三位一体"的格局。其间,为建墓、建馆、重新规划故居留下的文件、题字、照片等,也已成为馆史上的珍档。包括周恩来题写的馆名手迹,陈毅、郭沫若等领导人参观上海鲁迅纪念馆留言,等等。毛泽东主席题写的"鲁迅先生之墓",镌刻于虹口公园内鲁迅墓的照壁式墓碑上,手迹原件由中央统一保存。当然,迁葬时的资料,并以此上溯到鲁迅逝世时的丧仪资料照片,也同样完整保存着。比如,冯雪峰草拟的鲁迅治丧委员会名单、鲁迅丧仪照片簿、各界致发的唁电唁函、鲁迅逝世后出版的报刊纪念特辑等。上海是鲁迅最后安身及长眠之地,这些史料将永远留存于斯,记录那些重要的时刻。

1998年上海鲁迅纪念馆进行了全面改扩建,仿照绍兴江南民居粉墙黛瓦样式,又见新貌。而此次馆藏方面的最大收获,是有幸得到鲁迅友朋、学生辈人士的热诚捐助,得以极大地补充了我馆鲁迅研究、中国现代文学研究资料。这批藏品,有些由当事人亲自捐赠,有些则由家属后人,根据当事者遗愿代为操办捐赠事宜。藏品入藏之后,按照数量多寡,根据人名分别设立专库、专柜,现有四十余家之多,统称"朝华文库"。

因此,目前的馆藏架构,主要分为三部分,大致为以鲁迅为主的藏品成一主要系列,其友人学生、知名鲁迅研究专家等相关人士捐赠而建立的"朝华文库"为一系列,另有历年纪念鲁迅活动,配合陈列展览,而特请美术家协会的画家、书法家、雕塑家们就鲁迅形象、作品、事迹等内容进行构思创作的美术品为一系列,不妨分别简称为"鲁迅文物库""朝华文库"和"美术品库"。另外,有以"鲁迅图书馆"为名的图书期刊库以及为满足业务需求而设立的业务资料库(含音像制品)、复制品代用品库、剪报库,这些书刊资料虽非文物藏品,却是研究鲁迅、宣传鲁迅的重要依据和参考。实际上,就整个藏品及书刊文献资料的内容和数量而言,上海鲁迅纪念馆已经具备了现代文化名人、现代文学专馆的内涵和规模。再有,从传承建设传统文化、红色文化、海派文化的角度看,上海鲁迅纪念馆又是当之无愧的重要成员机构。诸多藏品的管理和利用,以下分别概要述之。

"鲁迅文物库",我们先后编撰了《上海鲁迅纪念馆藏文物珍品集》(1996年9月出版)和《上海鲁迅纪念馆藏品选》(2018年11月出版)。其中,《上海鲁迅纪念馆藏品选》主要由保管部同人协力编撰,将2016年完成的第一次全国可移动文物普查及2018年完成的上海市文博收藏单位文物藏品清库,这两次较大规模的藏品清点核查工作成果充分展现于书中,在藏品整理的基础上,较前者进一步细化了藏品分类,着重于藏品解读,使馆藏珍贵文物文献之概貌呈现于众。书中介绍的藏品,对于"上鲁人"来说如数家珍,鲁迅手稿中,最具规模的便是《毁灭》,信札有鲁迅致赵家璧信(45通),再有近年来征集的鲁迅诗稿《听弹琴》《悼丁君》,旧藏中整理出的鲁迅著译纸型,为鲁迅纪念活动创作的美术作品,如程十发的《孔乙己》组画、陈逸飞《"唯新兴的无产者才有将来"》油画等。

"朝华文库"被称作文献宝库并不过誉。"朝华"取自鲁迅书名《朝花夕拾》,隐喻文库内收藏着众多当年的精神文明之花,能让人们从中吸取丰富的精神养料。"朝华文库"1999年立库时请巴金题额。四十余家名人先贤的手稿、藏书、照片、资料等,以及书桌、书橱、文具类实物,内容丰富,涉及广阔,尤为突出者有:许寿裳手稿、王任叔(巴人)手稿、曹聚仁手稿和《中国新文学大系》《社会主义研究》《全国抗战版画第一辑》《中国现代影视集成》等。在展厅设置专库有鲁迅亲友:许广平、陈望道、冯雪峰、许寿裳、赵家璧、黄源、唐弢、曹聚仁等,美术家木刻家李桦、张望、钱君匋、力群等。外国友人则有内山篱、吉田旷二、井关淳治。吉田旷二是日本《朝日新闻》记者,鲁迅和内山完造研究者,因研究鲁迅留学日本这段历史,进而注意收集甲午战争以来中日关系史料,并悉数捐赠,目前,已从中整理出版《田所广海勤务日志》(即《勤务日志》)。"朝华文库"建库以来,已有多位库主馆内整理出版相关文集画传等出版物。

"美术品库",藏品总量有1 800多件/套,分为国画、油画、版画、藏书票、雕塑等十多种门类。这些作者及其作品在中国当代美术界、美术史上具有一定的代表性及时代特征。《上海鲁迅纪念馆藏美术品选》(2020年11月出版)介绍了其中的部分佳作,如国画有蒋兆和《记念刘和珍君》、谢稚柳陈佩秋夫妇《梅竹》、程十发《鲁迅与闰土》,版画有赵延年《〈阿Q正传〉六十图》、杨可扬《鲁迅出入当铺和药铺》,油画有张充仁《鲁迅像》、俞云阶《鲁迅像》、陈逸飞《鲁迅在"左联"成立大会上讲话》,雕塑有萧传玖《鲁迅坐像》、吴为山《鲁迅坐像》等。

值得说明的是,除去这些纪念鲁迅所创作的美术品之外,如果从类别划分,馆藏中的大量版画也属于这个范围,只是因为年代较早,与鲁迅关系密切,而早已被列为文物庋藏。比如,在鲁迅影响下,由胡一川、李桦、罗清桢、陈铁耕、陈烟桥、何白涛等早期新兴木刻青年创作的木刻原拓,如鲁迅编选《木刻纪程·壹》及收藏的《现代版画》(1~18册)等。这些,都已先后被收入《版画纪程》和《鲁迅藏中国现代版画全集》分别出版。

"鲁迅图书馆"及资料方面,虽然图书期刊的出版年代比较晚,却也有不少具有一定意义的书籍。比如,1970年代出版的大字本《鲁迅文集》,鲁迅著作的各种外文(含小语种)、少数民族语种译本,如著名翻译家杨宪益、戴乃迭夫妇所译《鲁迅选集》《中国小说史略》等,也有国际友人赠送的国外鲁迅相关出版物。而在业务资料里,则保存了多年来馆际交流、与国际友人交流的一手材料,对于研究馆史、鲁迅宣传史、现代文学研究交流史都有一定助益。还有多年来为展览、研究所收集的鲁迅及相关业务照片原件、复制件、数字化信息,为我馆的各项业务工作开展提供了有力支撑。

悠悠七十年,上海鲁迅纪念馆的事业在继续,鲁迅精神将不断得以弘扬,馆藏宝藏将不断以各种方式服务社会。

筚路蓝缕话征程:简谈上海鲁迅纪念馆展览陈列的变化
——以2011年至2020年10年为例

王晓东

上海鲁迅纪念馆自1951年建馆至今,已经有70年的历史。在这70年中,鲁迅纪念馆由原来仅三层小楼的山阴路故居,扩展到现在有5 000多平方米建筑面积,包含上海鲁迅故居、上海鲁迅纪念馆和鲁迅墓地的国家一级博物馆,从单一的故居陈列到现在纪念馆除基本陈列外每年近20个临时展览,从仅对内部或者群体开放到面向社会开放,从仅有几个员工到今天发展为体例、建制完备的现代化博物馆,变化的不仅是馆的外观,重要的是各项功能也在逐渐细化,其中,陈列展览更是随着时代发展的变化和研究方向,尤其是国家对于博物馆功能要求的变化,也发生了巨变。想一一梳理我馆70年来陈列展览状况,在一篇短文中,实在是力所不及,且意义不大。因此,本文以2011年到2020年十年间的展览为主线,从展览数量、内容、形式等几方面变化来研讨上海鲁迅纪念馆陈列展览未来可行之发展。

一、展览数量和时长的变化

十年间,上海鲁迅纪念馆专题展厅没有发生大的变化或者改变,由于条件限制,场馆面积的局限性,改变的多为灯光或者展览形式,场馆面积除2019年将原树人堂外面的闲置空间利用,进行一些只需要图片或者镜框的展览装置,使专题展厅由原来的300平方米,增加了部分面积,提高了展览数量外,临时展览仍以奔流艺苑为主体场地,而每一年专题展览的数量都有不同变化,但均保持10个以上。其中,2012年到2014年数量最多,基本在15个以上,2012年为16个,2013年为19个,2014年甚至达到20个,此后到2018年间,数量又回落到12个左右,2019年和2020年都回升至15个。这样,展览的总数量合计149个。平均每年展览数量15个,这个数量对于展览面积不足500平方米的场馆来说,已经达到极度饱和状态,这就导致展览周期的大大缩短。

在2014年前,展览更换的频率很高,重头的原创展览才能保持一个月时间,而其他展览周期最短的甚至有几天的,如2011年"庆祝中国共产党成立90周年——2011上海少儿图书插图精品展暨上海少儿丝网版画展",展期为6月5日到6月11日,仅7天。还有"讴歌壮丽——上海市文广局红色之旅纪实展"(摄影展)展期为6月25日到7月4日,仅10天。同年的原创展览"上海鲁迅纪念馆建馆60周年馆藏精品展",展期为1月7日到2月10日,长35天。其间,2013年的原创展览"鲁迅生平与创作"展期为6月9日至8月31日,计83天,已经为展期最长的展览了。

2015年起,展览展期除极为特殊的情况外,基本都维持一个月的时长,每年基本保持上半年和下半年各一个原创展览的节奏。下半年的原创展览基本定档在8月、9月间始,与鲁迅的诞辰日9月25日相合,展期也由2015年的"鲁迅与《新青年》"44天时长到2020年3个月左右。如2016年"灯火:鲁迅与文艺——纪念鲁迅诞辰135周年特展",展期为8月25日到11月30日,计98天;2017年"风波浩荡足行吟——鲁迅与国际友人在上海暨纪念鲁迅定居上海九十周年特展",展期为8月15日到11月20日,计97天;2019年"有声的中国——1930年代的鲁迅与上海出版",展期为8月30日到12月1日,计93天;2020年"愿有英俊出中国——

上海鲁迅纪念馆藏美术品展",展期为7月25日到10月25日,计93天。

重点展览日期拉长,就必然对于展览内容提出更高的要求。一是内容的解读不再满足于简单化和表面化,这些从展览题目上也可以看出,更追求凝练的语句并多采用鲁迅的文字作为题目的主标题展示展览的主题和内涵,使展览更具有冲击力和吸引力;二是展品的选取,总体上逻辑关系更紧密,要从馆藏8万多件藏品中一一筛选合适的展品(此处合适既针对展览内容的要求,也有对应于展览场地和条件的要求),对于策展者的要求更高。

二、展览内容变化

为了更好地说明展览内容的变化,笔者将临时展览的内容分为以下六大类别。(此处所指临时展览包含有本馆原创展览、输出展览和引进展览三项,后面同)

第一类:本馆藏品展示,计有21个。如2012年"上海鲁迅纪念馆建馆60年馆藏精品展""上海鲁迅纪念馆馆藏美术品展"等馆内原创展览,2014年输出法国巴黎的"重返与再现——鲁迅1930年代组织的中国新兴版画重返巴黎展",2015年、2016年输出国内其他博物馆纪念馆的"茂林嘉卉——上海鲁迅纪念馆版画精品展"等展览,都充分挖掘馆藏文物,特别是一些以往因为比较珍贵而较少与参观者见面的文物,以原件或者复制件的形式,进行展示。这类展览,大大吸引了参观者的兴趣,观众人数也大大增加。如2015年"鲁迅与《新青年》"(原创),虽然相比较而言展期并不长,但参观人数达47 725人次,日均1 085人次。

第二类:鲁迅研究成果展,计有56个。如比较经典的"鲁迅生平与创作",展览的源起在原有中学课本语文教材中,有较多的鲁迅作品,这些作品展现了鲁迅在小说、散文、杂文等方面创作的成就;而2010年起,多地中学语文教材进行改革,有多篇鲁迅作品被移除课本之外,这也引起了鲁迅研究专家、教育家、语文教育者及大众的讨论。为了增加观众对鲁迅及其作品的了解,也为了弘扬鲁迅精神,保存、发扬我们民族文化中的优秀传统,为此,我馆设计和制作了此展览。展览选取中学课本中的《故乡》《社戏》《孔乙己》《祝福》等多篇鲁迅作品,制作96块版面,每一篇作品4到7块版面,从作品内容介绍、作品成篇及发表情况等进行介绍,选取文中主要场景和语句,考虑到受众的年龄特点,配合活泼生动的图片,将中学课本中平面化的文字变成可见、具象的形式,配合馆内藏品展出。本展览展出后,获得极大的好评,相继在上海陈云纪念馆、延安凤凰山革命旧址管理处、西藏日喀则宗山博物馆等二十余家博物馆、纪念馆展出。可以说,"鲁迅生平与创作"展非常好地弘扬了鲁迅精神,这一展览也确实是上海鲁迅纪念馆践行"南方鲁迅研究中心"指导方针的一次成功体现。类似的展览还有"鲁迅与日本友人""鲁迅精神与廉洁文化""鲁迅与《新青年》""灯火:鲁迅与文艺——纪念鲁迅诞辰135周年特展""风波浩荡足行吟——鲁迅与国际友人在上海暨纪念鲁迅定居上海九十周年特展"等。

第三类:鲁迅同时代人研究成果展(含朝华文库库主),计有19个。1999年,上海鲁迅纪念馆进行整体改建,增设了"朝华文库"。朝华文库的设立初衷是"专收与鲁迅有直接接触的友人、学生且在文化上卓有成就者之文化遗存,兼有保藏、展示、研究、纪念四大功能"。1999年9月25日朝华文库落成的时候,已经收藏有16人的手稿、藏书、书信、照片、字画、文房四宝及生活用品等3万余件,经过近20年的不断努力,截至2020年底,朝华文库已经收藏44位库主相关遗存6万余件。为更好地展示这些藏品和朝华文库藏的研究成果,陈列部2011年后,相继举办了"许广平纪念展""冯雪峰诞辰110周年纪念展""唐弢诞辰100周年纪念展"

"黎烈文诞辰110周年纪念展"等纪念展。

第四类:美术作品展,计有27个。鲁迅是中国新兴版画运动之父,在他的大力推动和介绍下,中国新兴版画在20世纪30年代兴起,并且涌现出了大批版画作者,大大影响了中国现代美术发展史。鲁迅自身也非常重视相关美术作品的收集和整理工作,他收藏的美术作品涉及版画、油画、剪纸等各种类。为此,上海鲁迅纪念馆也特别注重美术作品的展示。如"第三届上海当代学院版画展""能引路的先觉——纪念鲁迅先生倡导新兴版画运动80周年展""见即愿满——唐卡艺术展""乡土丹青 画中江南——长三角地区中国农民画联展""海曲遗韵——南汇博物馆馆藏书画展"等展览。

第五类:计有22个。这一类展览主要包括"七一""5·18国际博物馆日"等特殊时间段的展览。如"鲁迅的追寻——辛亥革命后的孙中山与广州""伟大的国际主义战士——白求恩""上海历史文化名城印象摄影展""一切从人民群众的利益出发——党的群众路线教育实践活动大型图片展"等。

第六类:其他展览,计有4个。

在这六大分类中,其实因为内容的交错,没有办法非常明确和清楚地分类。比如,第一类本馆藏品展示和第二类鲁迅研究成果展,虽然划分为两类,但是实际上第二类除引进其他兄弟馆鲁迅研究的展览外,本馆的鲁迅研究成果展也基本是依托馆内藏品而进行的展示。这样的展览几乎占了第二类数量的全部,除"鲁迅精神影响下的摄影家沙飞生平与作品展""伤逝情景摄影展"等6个展览外的50个展览也都或多或少利用了馆藏的藏品。如果这样算来,藏品展示的展览数量就达71个,所占比重近50%,这个数据还没有加上三四五类展览的数量统计,但仅以前两类看,这也说明近十年的展览中,更加注重挖掘馆藏品,进行研究的展示比重大幅度提高。

图 1 "冯雪峰与鲁迅——纪念冯雪峰诞辰 110 周年展览"展标

三、展览形式的变化

2011 年起,在展览中制作专门的辅助道具是从 2014 年"霓彩彝裳——中国彝族服饰精品展"开始的,因为展品中有清代和民国的彝族服饰,服装以立体方式展示比较直观,于是在展览中运用了立体人形模特和隔离带,并且专门制作了展示台,以进行保护性的展示,这一次的尝试取得了很好的效果。2015 年"徜徉紫禁城——故宫文创产品展"的展览形式又为其后的重点展览提供了操作模式,即以搭建场景来配合展览内容,改变原有专题展厅单一不变的色调和结构。这一尝试改变了我馆面积小、结构不可变化的缺憾,增加了展览的可变性,也为后面的展览形式的尝试提供了一个很好的样板。此后的原创展览和重点展览基本都采用了搭建的方式进行展示,搭建的形式也变化更多,从简单搭建门头、背景,到展厅整体搭建造景,从整体色调的变化到灯光的配合以及展厅软环境装饰的变化,都为展览增加了可看性。2018 年起,为了在有限的场馆内给观众增加可观赏感,配合展览的搭建,地面也用地毯进行铺设,根据展览色调,加上红色或者灰色地毯加持;或者用油画布、绢布等软装饰结合展览,烘托展览氛围……从近五年的展览已经能看出上鲁在陈列展览方面展览思路和展览手段的极大改变。

如2018年"汉石墨韵——鲁迅与汉画像石拓片展",为营造汉画像石的直接观感,用石头制作门头;"灯火:鲁迅与文艺——纪念鲁迅诞辰135周年特展",用背部LED灯带发光,映衬主标鲁迅执笔的侧影样式与展览主题呼应;2015年的"鲁迅与新青年"展览以石库门作为每一部分的造型基础,以此自然分割出展览的内容和展览动线……

图2 "汉石墨韵——鲁迅与汉画像石拓片展"展标

图3 "灯火:鲁迅与文艺——纪念鲁迅诞辰135周年特展"展标

四、展览参评精品展览的情况变化

1996年10月7日至10日在中共十四届六中全会上,通过了《中共中央关于加强社会主义精神文明建设若干重要问题的决议》,其中提出了"文化领域要树立精品意识,实施精品战略,努力创作为广大群众欢迎的优秀作品"的要求。

1997年初,时任国家文物局局长张文彬提出:"要在全国文博系统组织实施精品工程,并进行全国十大陈列展览精品评比。"评选活动自1997年始,截至2020年,已经举办了17届,而前三届(1997—1999年)仅限于文物系统内部,评选方式为专家不记名投票,从第四届(2000年)起推广至全国,并从第五届(2001—2002年)起改为两年一评。2012年,根据以往举办活动的经验,国家文物局制定了《全国博物馆十大陈列展览精品评选章程(试行)》,明确推介周期从两年一次改为一年一次。

在这种社会背景下,我馆的展览参加评奖的次数和机会也有了变化——自2011年我馆基本陈列改造至2020年,陈列展览的获奖情况相比以前有了大幅度的提升。获奖情况如下:

1. 2011年"人之子——鲁迅生平陈列"获2011年度上海市博物馆陈列展览评选精品奖;

2. 2011年"人之子——鲁迅生平陈列"获第十届(2011—2012年度)全国博物馆十大陈列展览精品评选精品奖;

3. 2016年"灯火:鲁迅与文艺——纪念鲁迅诞辰135周年特展"获2016年度上海市博物馆陈列展览评选精品奖;

4. 2017年"风波浩荡足行吟——鲁迅与国际友人在上海暨纪念鲁迅定居上海九十周年特展"获上海市博物馆陈列展览评选精品奖;

5. 2018年"汉石墨韵——鲁迅与汉画像石拓片展"获上海市博物馆陈列展览评选精品奖;

6. 配合展览的活动"汉石墨韵——上海鲁迅纪念馆拓印体验系列活动"获2018年上海市民活动奖。

从上述数据中可以看出,上海鲁迅纪念馆的展览已经开始逐渐走向以挖掘本馆藏品,注重鲁迅研究成果展示,大胆运用新形式、新科技、新材料,积极探寻展览新手段的趋势。这些变化,其实和近年来人们对博物馆、纪念馆功能的认知的变化,参观展览诉求的改变以及国内外先进的展览陈列手段、新科技和新材料的不断出新有关。

随着经济形势的发展和人民文化生活水平的提高,国家对博物馆事业的大力支持,2010—2019年,我国博物馆数量逐年增长。国家文物局公布数据显示,截至2019年底,全国已备案博物馆达5 535家,比2018年增加181家。从2014年以来我国每年新增博物馆数量变化情况来看,近几年整体呈现震荡走势,2015—2019年,新增博物馆数量维持在180~270家之间波动。博物馆馆藏文物的数量也随之增加,根据国家文物局统计数据显示,2014年全国博物馆馆藏文物为2 929.97万件/套,及至2019年底已经增长至4 223.98万件/套,年均复合增长率为7.59%。(前瞻产业研究院《中国博物馆行业市场前瞻与投资战略规划分析报告》)与此同时,国家对于博物馆的管理也趋于完善。2006年1月1日实行的《博物馆管理办法》中第四章"展示与服务"明确规定:博物馆举办陈列展览,应当遵循以下原则:

(一)与本馆性质和任务相适应,突出馆藏品特色、行业特性和区域特点,具有较高的学术和文化含量;

(二)合理运用现代技术、材料、工艺和表现手法,达到形式与内容的和谐统一;

(三)展品应以原件为主,复原陈列应当保持历史原貌,

使用复制品、仿制品和辅助展品应予明示;

（四）展厅内具有符合标准的安全技术防范设备和防止展品遭受自然损害的展出设施;

（五）为公众提供文字说明和讲解服务;

（六）陈列展览的对外宣传活动及时、准确,形式新颖。

中华人民共和国国务院于2015年2月9日发布的《博物馆条例》,与《博物馆管理办法》相辅相成,进一步规范了博物馆行业行为。第四章"博物馆社会服务"中第三十条,关于博物馆举办陈列展览的要求,有如下规定：

（一）主题和内容应当符合宪法所确定的基本原则和维护国家安全与民族团结、弘扬爱国主义、倡导科学精神、普及科学知识、传播优秀文化、培养良好风尚、促进社会和谐、推动社会文明进步的要求;

（二）与办馆宗旨相适应,突出藏品特色;

（三）运用适当的技术、材料、工艺和表现手法,达到形式与内容的和谐统一;

（四）展品以原件为主,使用复制品、仿制品应当明示;

（五）采用多种形式提供科学、准确、生动的文字说明和讲解服务;

（六）法律、行政法规的其他有关规定。

陈列展览的主题和内容不适宜未成年人的,博物馆不得接纳未成年人。

无论是《博物馆管理办法》还是《博物馆管理条例》,都将突出藏品特色放在重要的地位,博物馆的藏品有着特殊的含义,不是任何实物都能成为博物馆的藏品,它必须具有历史的或艺术的或科学的价值,才能成为博物馆的藏品。藏品是人类和人类环境的实物见证,也是每一个博物馆纪念馆独有的珍贵财富。

十年中,上海鲁迅纪念馆陈列展览方面的变化,与国际国内对博物馆纪念馆藏品认识和展示的要求是相符的。同时,基于规范不断创新,主题也不再局限于生平作品,转而深入挖掘时代背景、爱好,以及鲁迅先生的社会贡献等,通过多角度、多方面、多样化的主题展览,以及与各地展馆合作,引导并吸引参观者更了解鲁迅的生平及著作。随着对于本馆藏品的进一步挖掘,对于新型科技和材料利用的增强,场馆的改扩建,新生力量的加入,相信上海鲁迅纪念馆的陈列展示也会有更大的变化和发展。

聚焦品牌打造　深化教育内涵
——上海鲁迅纪念馆宣教活动管窥

邢　魁

上海鲁迅纪念馆宣教部原称群众工作组,自20世纪50年代建馆以来,就承担着宣传教育的工作职责,而教育活动的开展,即为其中极为重要的一环。本文着重探讨的,是在上海鲁迅纪念馆宣教活动的设计和策划中,如何进行品牌的打造。

宣教活动品牌化,可以在观众心目中形成一种综合认知,这种认知能够加强宣教活动的标识程度,亦可以增加观众对活动的认同感,从而获得更好的传播度及教育效果。如何将宣教活动品牌化,是一个值得我们长期以来思考的课题。

一、"主题活动"和"系列活动"的划分

上海鲁迅纪念馆对于宣教活动品牌的打造,主要侧重于两方面——"主题活动"和"系列活动"。所谓主题活动,就是以某个特定的主题为核心,这个核心可以是本馆的特色馆藏、特殊形式、精神主脉等,围绕这个核心,开展的一项独立教育活动。该项活动可以反复开展多场,但是每场都会有较为一致的精神传达、视觉效果、表现形式等。而"系列活动"则由多项"主题活动"组成,用以应对重要时间节点、重大宣教任务等,通过不同的主题活动的组合来形成一定的规模,凸显一定的特色。通俗来讲,"主题活动"就像菜单里的一道道"菜",而"系列活动"则更像菜单里的"套餐",

可针对不同的应用场景,进行定制。无论是"菜"还是"套餐",都可以经过精心打造,成为一个品牌,从而形成更大的社会影响力,达到更好的宣教效果。在此,试举上海鲁迅纪念馆近年来的一部分活动,作为示例。

主题活动 \ 系列活动	"5·18国际博物馆日"系列活动	"趣游一夏研学季"暑期青少年教育系列活动	"鲁迅月"系列活动	全国中小学生研学实践教育系列活动
"追摹版画"版画拓印体验	✓	✓	✓	✓
"鲁迅作品 经典诵读"			✓	✓
"走进一叶一花的世界"植物标本艺术拼贴		✓		
上鲁讲座——名家讲鲁迅	✓		✓	
"寄心语 留感言"活动			✓	
"追寻鲁迅在上海的足迹"	✓	✓		
"民族魂 爱国心"——多地青少年学生鲁迅题材艺术作品展及配套活动		✓		✓
"人之子"研学小课堂				✓
"鲁迅杯"上海市中学生课本剧大赛			✓	

如上表所示,每个系列活动都由不同的主题活动构成,例如:"趣游一夏研学季"暑期青少年教育系列活动,就是由"追摹版画""走进一叶一花的世界""追寻鲁迅在上海的足迹""民族魂 爱国心"等四项主题活动构成。无论是主题活动还是系列活动,都会在一年年的悉心经营中逐渐优化、完善,形成品牌效应。近年来,作为主题活动的宣教品牌,"追摹版画"版画拓印体验及"鲁迅作品 经典诵读",都曾荣获"上海市民文化节优秀市民美育项目"

奖,"追寻鲁迅在上海的足迹"曾荣获"上海市博物馆青少年教育课程优秀教学设计项目奖";作为系列活动的"趣游一夏研学季"暑期青少年教育系列活动曾荣获"上海市未成年人暑期优秀活动项目"奖。

二、各项主题活动简述

上海鲁迅纪念馆的各项主题活动在充分梳理馆藏资源的前提下,利用独具特色的活动形式,深挖其中的教育内涵,让参与者通过各种要素的组合,在心智中形成具体的认知。

"追摹版画",是一项受众面广、老少咸宜的品牌活动,结合馆内馆藏资源,开展专题版画体验课程,传播鲁迅美育精神,让参与者通过活动更直观地感受版画拓印的艺术魅力和鲁迅在中国新兴版画发展中的重要作用。其特色为参与性强,形式可灵活多变,适合馆内举办,亦可馆外推广。

"鲁迅作品 经典诵读"则一直定位为精品项目,通过诵读的方式充分诠释鲁迅作品,从而激发青少年学生阅读鲁迅、诵读鲁迅、学习鲁迅的兴趣与热情。活动还结合中华人民共和国成立70周年、上海解放70周年等主题,选取鲁迅经典篇目,并设不同篇章,学生参与诵读,与知名艺术家共同登台朗诵。

"民族魂 爱国心"——多地青少年学生鲁迅题材艺术作品展及配套活动,联合北京、绍兴等外省市多家鲁迅纪念馆、博物馆和本市内多家中学,以"鲁迅""爱国"为主题继续创作,通过书法撰写鲁迅诗文、描绘鲁迅肖像或鲁迅笔下人物、拍摄鲁迅相关历史遗迹等多种艺术形式,投稿作品,以展览形式展出。

"人之子"研学小课堂,是紧密结合上海鲁迅纪念馆的"人之子——鲁迅生平陈列",针对青少年研学团队而开发的课程。多种课程组合设置,可针对各研学团队不同层次的需求,结合上海鲁迅纪念馆的优势资源,通过参观展陈、观看多媒体视频、畅游百草园、体验互动小课堂、寻访鲁迅在上海的历史足迹、探寻答题等丰富多彩的环节,让青少年学生在游中学,在学中乐,在乐中悟。

"追寻鲁迅在上海的足迹"活动是上海鲁迅纪念馆长期坚持开展的青少年暑期教育课程之一。鲁迅生命中极其宝贵的最后十年是在上海虹口区的四川北路附近度过的,在这里有鲁迅的三处住所、他经常光顾的内山书店和曾经参加过的中国左翼作家联盟大会的旧址等。它将鲁迅战斗过的地方逐一串起,形成了一条切切实实"足踏在地上"的人文体验之路。课程以备受欢迎的城市行走方式,踏访鲁迅纪念馆、鲁迅故居、鲁迅墓、内山书店旧址、景云里、拉摩斯公寓旧址等,把鲁迅在上海的经历向青少年娓娓道来。

"寄心语 留感言"节日寄语活动是上海鲁迅纪念馆为了丰富市民的休闲生活,吸引更多的人走进纪念馆参观,在国定节假日期间开展的节庆互动活动。观众通过在微信公众号或微博上进行留言,或在服务台领写"心语卡",留下参观感悟或祝福寄语,心语卡可贴于纪念馆大厅背景墙。满墙的心语,烘托出浓浓的节日氛围。

"鲁迅杯"上海市中学生课本剧活动是上海鲁迅纪念馆独特的教育品牌。该活动面向全市各个区县的在校师生进行独幕短剧的创作、展示、竞演。内容上以课本中的鲁迅作品为基础创作的剧目为主,以其他课文加以创作改编的剧目为辅,通过演出,可提高学生对鲁迅作品及其他文学作品的理解和兴趣。

"上鲁讲座"是上海鲁迅纪念馆社会服务的重要活动之一。以鲁迅生平、著作、文物遗产、文化成果、艺术造诣为主题,突出与鲁迅研究、语文教学的有机衔接,邀请知名学者为中小学师生、鲁迅研究者、文学爱好者提供专业知识服务。陈子善、陈思和、梅子涵、陈漱渝、王安忆等文化名人先后来馆授课,受到了观众的普遍欢迎。

"走进一叶一花的世界"植物标本艺术拼贴活动,包含畅游上鲁百草园、趣聊鲁迅与美术、艺术拼贴巧手做这三个环节,旨在倡导鲁迅执教期间带领学生制作植物标本、亲近自然、科学求真的实践探究精神,以传承鲁迅精神,激发学生对动手实践活动参与的热情,普及对大自然的认知,增进家长和孩子之间的情感交流。

三、宣教活动品牌,要有明确的功能定位

每个宣教品牌在策划之初,就要明确各自的功能定位,尽量避免馆内的各项活动出现同质化、单一化,要有差异化,能够功能互补、品牌呼应。在上海鲁迅纪念馆的宣教品牌中,根据各自的特点不同,功能上可做以下区分:

如果从受众角度看,面向亲子家庭的有"走进一叶一花的世界",面向中学生的有"鲁迅杯"课本剧、"追寻鲁迅在上海的足迹"、"人之子"研学小课堂,面向普通市民的有"寄心语　留感言",面向文艺爱好者的有"追摹版画""鲁迅作品　经典诵读",面向文学和鲁迅研究爱好者的有"上鲁讲座",等等。

在表现形式上,现场动手体验的活动有"追摹版画""走进一叶一花的世界",舞台剧目表演的有"鲁迅杯"课本剧,以诵读为主要表演形式的有"鲁迅作品　经典诵读",学术讲座有"上鲁讲座",以陈列展览为形式的有"民族魂　爱国心",城市行走类的活动有"追寻鲁迅在上海的足迹",文教结合课程有"人之子"研学小课堂,线上线下结合类的有"寄心语　留感言"。

在应用场景上,有适合大型汇演的精品节目"鲁迅作品　经典诵读",有适合输送到其他场馆开展的"追摹版画",有适合节假日烘托场馆喜庆氛围的"寄心语　留感言",有适合配套年度展览、新书发布、党建教育等事项的"上鲁讲座",有适合作为亲子活动的"走进一叶一花的世界",有适合为研学旅行团队提供有规模定制化服务的"人之子"研学小课堂,等等。

在可操作性上,"鲁迅作品　经典诵读"、"鲁迅杯"课本剧的特点为准备周期长、经费占比较大,但节目感染力强,社会影响力大。"追摹版画""人之子"研学小课堂可以在一次性投入经费后,

持续开展多年,且启动较快。而"寄心语 留感言"则可以较低的经费和人力投入,在节假日发挥作用。

讲这些品牌活动的特点进行梳理整合后,可以清晰地看出各自的功能定位,见下表:

主题活动\功能特色	目标受众	表现形式	应用场景	可操作性	经费占比
"追摹版画"版画拓印体验	全年龄段文艺爱好者	现场互动体验	馆内馆外,适用场景较多	易操作,物料相对便携	一次性投入,工具可使用多年多场
"鲁迅作品经典诵读"	全年龄段文艺爱好者	诵读演出	精品汇演	准备周期较长	需较大投入打造高品质
"走进一叶一花的世界"植物标本艺术拼贴	未成年人亲子家庭	现场互动体验	亲子活动	中等	中等
"上鲁"讲座——名家讲鲁迅	文学爱好者鲁迅研究爱好者青年教师	讲座(线上线下)	配套年度展览、新书发布、党建教育等	中等	中等
"寄心语 留感言"活动	普通市民亲子家庭	寄语留言(线上线下)	节假日烘托场馆喜庆氛围	易操作,启动较快	较低
"追寻鲁迅在上海的足迹"	中学生团队	城市行走	沉浸式、体验式教学	中等	中等
"民族魂 爱国心"——多地青少年学生鲁迅题材艺术作品展及配套活动	中学生	艺术作品征集、展览	临时展览	准备周期较长	需较大投入打造高品质
"人之子"研学小课堂	研学团队	文教结合	定制研学服务	易操作,启动较快	一次性投入,教具数可支撑多场
"鲁迅杯"上海市中学生课本剧大赛	中学生	舞台剧演出	赛事+汇演	准备周期较长	需较大投入打造高品质

四、宣教活动品牌,要有延续性和延伸性

一个宣教活动之所以能成为品牌,必须要有时间上的延续性,不能只孤零零地做一场,搞一次,否则很容易被社会忽略,难以凝聚能量。上海鲁迅纪念馆宣教活动的开展,是比较注重延续性的。比如"鲁迅作品 经典诵读"和"鲁迅杯"课本剧,最早可以追溯到1986年9月的"少年鲁迅读写演"活动,之后,两者以独立形式开展。2000年和2006年,上海鲁迅纪念馆都举办过"诗文朗诵大赛",2013年举办"5·18国际博物馆日"鲁迅诗文名家朗诵会,诵读活动逐渐形成特有的风格,于2016年、2017年、2019年、2020年举办多场"鲁迅作品 经典诵读",每一场都有着特定的主题,如今已成为每年的固定品牌活动。而课本剧活动则在2003年开展,随即在2004年、2005年、2007年逐步走向成熟,"鲁迅杯"上海市中学生课本剧大赛在全市范围内开展,并在2011年、2013年、2016年迎来大发展,取得了较大的社会影响力。"上鲁"讲座可以追溯到2007年,上海鲁迅纪念馆以承办东方讲坛为主要手段为公众提供高品质的知识服务。从2015年开始,对原有的涉及面较广的公共讲座不断优化,突出解读鲁迅,逐步形成了以"名家讲鲁迅"为主线的"上鲁"讲座系列。"追寻鲁迅在上海的足迹"的雏形是在1990年4月举办的"沿着革命先烈的足迹",从2009年开始至今,以"追寻鲁迅在上海的足迹"为品牌常年开展。

另外,宣教活动要有足够的延伸性,多种元素建构,才能让活动有更多的内容支撑,更加有血有肉,形成品牌。一项宣教活动如果只有比较单一的内容和形式,就缺乏持久、立体的认知输出,可能只能称之为"一场活动",而很难构成品牌。以上海鲁迅纪念馆的一些宣教活动为例,如"鲁迅作品 经典诵读",以"鲁迅的名篇著作"为核心内容,以"诵读"为核心表现要素,以现场演出为基础表现形式,同时延伸出诸多周边要素——诵读周边教具、线上研诵

小课堂、宣传册、诵读音频作品征集等等,这些要素共同构筑了一个完善的体系,形成宣教品牌。

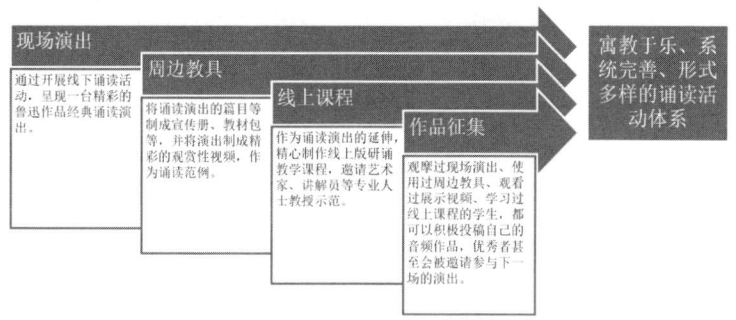

图1 "鲁迅作品 经典诵读"活动流程图

又如"追摹版画",是以"鲁迅与版画艺术"为核心内容,以"版画拓印"为核心表现要素,以现场的互动体验活动为基础表现形式:近年来上海鲁迅纪念馆已制作积累了16件(套)的活动专用木刻版画,题材涉及鲁迅肖像、馆外貌、鲁迅笔下人物、鲁迅装帧设计、鲁迅藏笺、鲁迅藏书票等等,根据每场活动的主题,选用不同题材的版画,供参与者现场拓印体验。同时,上海鲁迅纪念馆将该活动在内容和形式上做充分延伸,制作了周边教具和线上版画课程。教具迄今已研发过两个版本,一版是橡皮章体验包,一版是速写本套装,皆内含版画教学类篇章及动手体验类游戏,扫描教具上的二维码,还可跳转到线上版画课程。线上课程是邀请专业版画教师,精心制作的版画基础课程。因此,"追摹版画"这个宣教活动之所以成为品牌,就是打造了系统、立体的参与形式,为丰富的内容提供了载体,让参与者既可以来到现场进行互动体验,又可以通过教具包在家或学校进行体验,还可以通过线上课程的学习更加深入地了解版画、了解鲁迅与版画的渊源。

综上,打造一个宣教活动品牌,首先要明确其功能定位,与其他的宣教品牌形成差异化,品牌之间优劣势互补。然后要注重品牌的延续性,让活动可持续性健康发展,同时积极拓展延伸性的多元化内容,让活动想要传递的教育内涵有充足的时间和载体进行表达。

在传承中前行
——近十年鲁迅故居工作掠影

瞿　斌

上海鲁迅故居于 1951 年 1 月恢复原貌并对外开放,经历代前辈不懈努力,鲁迅故居的风貌以及故居内陈列的文物完好保存至今。鲁迅故居是我馆辖下的一个部门,承担了对外以故居场景原物宣传鲁迅事迹、弘扬鲁迅精神、树立行业形象的任务,也具有延伸、提高我馆"人之子"基本陈列补充宣传效果,馆内展览和馆外故居联动等职责。同时,作为上海市文物保护单位,在做好故居文物保护的前提下,我们合理利用文物,通过多种形式,开展名人故居的宣传教育工作,取得相应的社会效益。我们主要做了如下工作:

第一,让文化走进社区,贴近邻里,融入生活,用丰实的文化历史底蕴带动社区文化建设,营造浓厚的社区文化氛围,培养良好的文明风尚。每年暑假期间故居管理部与山二居委会共同举办题为"去鲁迅先生家里听故事"的社区文化共建活动,通过"去鲁迅先生家里听故事"的暑期系列活动,进一步加深了社区学生和居民对鲁迅的理解,让孩子们了解鲁迅的同时,增强社区居民的感情交流,推动社区文化建设,共享和传承中华民族优秀的传统文化。

故居管理部邀请山二居委会干部、街坊邻居在鲁迅故居观众接待中心的二楼会议室召开了座谈会。就如何做好鲁迅故居与社区的文化共建工作大家纷纷建言,与会者以社区主人翁的态度,与鲁迅故居为邻的热情,为进一步发挥名人故居的社会效应、弘扬鲁迅精神、保护故居周边风貌等方面畅谈了各自的想法。一位居民还当场捐赠出家中珍藏的1948年的大陆新村房屋租赁协议。

第二,上海鲁迅故居也是在校大学生校外实践的场所。每到周末,都可以看到大学生志愿者在鲁迅故居志愿服务的身影:有的引导国内外游客,讲述鲁迅故事;有的为游客拍照,亲切交流。鲁迅故居成为了他们锻炼、展现自我的社会实践平台。近年来参与鲁迅故居志愿者讲解员队伍人数不断增加,2012年在册20人,今年在册58人;累计招募志愿者335人,其中61人被评为优秀,总服务4 755人次、19 020小时。

鲁迅故居位于山阴路历史文化风貌保护区,是上海十二个历史文化风貌区之一。除鲁迅先生外有许多文化名人曾在此居住。街道两侧老建筑式样、风格各异。在这片保护区中,目前还居住着不少土生土长的上海居民,为充分挖掘这些历史文化资源,使参观者可以更好地了解老弄堂文化,鲁迅故居充分挖掘社区原住民的潜力,于鲁迅诞辰135周年、逝世80周年之际成立了鲁迅故居社区志愿者讲解团,社区志愿者中年龄最大的82岁,最小的35岁。每周他们都准时在鲁迅故居为参观者作志愿引导,他们以灿烂的笑容、富有特色的沪语口音普通话,热情接待八方游客,获得一致好评。

第三,上海鲁迅故居是上海市文物保护单位,自开放以来,已成为国内外友人访问、参观的重要场所。近年来,党和国家领导为新时期文化的大发展、大繁荣提供了政策保障,大力推进文化体制改革、内容创新,从而更好地满足人民群众文化需求。前来鲁迅故居的观众络绎不绝,并且呈现逐年上升的趋势。

来鲁迅故居参观的观众对鲁迅先生的崇敬以及对鲁迅故居的关爱,使我们的工作热情受到很大的鼓舞。我们不断提高服务水平,譬如印制故居建筑和鲁迅卧室兼书房的明信片赠送给观众,还提供参观纪念盖章服务,通过日常接待讲解,取得了良好的宣传效果,既向参观者宣传鲁迅,促进文化交流,还向他们宣传文物保护相关法律法规。

第四,建筑遗产属于不可再生的历史文化资源。2015年8月在上海举办了首届"国际建筑遗产保护博览会"。博览会吸引了海内外70多家建筑遗产保护研究机构,相当一批专业单位和众多专家学者参加。作为具有鲜明地域特色的建筑遗产,上海鲁迅故居积极参与了此次博览会。

上海鲁迅故居自恢复和开放以来,曾经多次修缮,按规范实施日常保养工程。在保护鲁迅故居的同时,合理利用鲁迅故居资源,发挥名人故居在城市文化中建设的作用。在博览会期间,故居管理部从鲁迅故居建筑特点、保护与利用以及鲁迅一家的生活等方面展示了保护与利用的成果,在一个更广泛的平台,展示鲁迅故居,弘扬鲁迅文化,收到良好的宣传效果。

我们不仅展示了鲁迅故居建筑,还尝试着把具有沪上风味的传统零食带入展会,分发给观众。观众驻足上海鲁迅故居展板前,可以近距离观察1:60的故居建筑模型并大致了解故居所处环境的历史风貌,品尝"泰康牌苏打饼干"等老上海风味小点——它们来自位于故居斜对面的"小辰光额味道"点心铺。观众不仅得以进一步加深对鲁迅的理解,也能够多方位地感受鲁迅的日常生活和鲁迅故居周边的社区环境。

第五,2015年6月13日是第10个中国文化遗产日,我馆结合"保护成果全民共享"主题,开展了多项活动。鲁迅故居作为中国文化遗产日的活动场所之一,当天实行免费开放,并由专业摄影师向前来参观的观众免费拍摄一张"我与故居的纪念照"。故居当天共接待512名观众,接待讲解51批次,与2014年相比,同比增长了68%。因观众参观热情高涨,原下午四点的闭馆时间延迟开放了35分钟,由于接待预案到位,排队观众秩序井然,手握免费拍摄赠送的印有"上海鲁迅纪念馆·上海鲁迅故居"的合影高兴地说:"鲁迅故居保护得很好,非常值得一看。"文化遗产日活动将知识普及与观众互动相结合,拉近了博物馆与观众的距离,提高了观众的参与度,弘扬了鲁迅文化。

2017年6月10日是第12个"中国文化遗产日",上海鲁迅故居结合今年中国文化遗产日的主题"非遗保护——传承发展的生动实践",文化遗产日当天鲁迅故居进行免费开放的同时,为前来参观的观众们准备了有奖知识竞答活动。虽然当天大雨如注,但观众们积极参与的热情不减,故居共接待观众191人次,获得优胜奖的观众123人,获得参与奖的观众68人。此次活动让观众们更进一步地走进鲁迅、了解鲁迅、弘扬鲁迅精神,提升市民对中国文化遗产的重视和保护,共享和传承中华民族优秀的文化。

第六,上海鲁迅故居是鲁迅生活和坚持战斗到生命最后一刻的地方。许多共产党人在斗争中与组织失去联系,他们深信只要找到鲁迅,就有可能与党接上组织关系。在故居三楼的客房里,鲁迅冒着生命危险,掩护过好几位共产党人。鲁迅故居对外开放后,接待了一批又一批慕名前来瞻仰学习的观众。鲁迅故居保存完好,感染力强,具有区域特色,贴近群众,是红色教育的现场版教材。近年来,故居管理部积极协助市、区各级党校、单位党组织、学校等开展红色教育现场教学,通过实物、实景、实例、实事等载体,让观众穿越时空界限,近距离地触摸红色历史、感悟红色文化,克服传统教学中普遍存在的内容空洞、枯燥无味、针对性不强的不足,充分挖掘鲁迅文化时代价值,通过学习和重温历史,达到"用历史来审视现实,透视未来"的教育目的。

虹口区作为近现代中国文化名人的聚焦地有着浓墨重彩的一笔。多伦路的文化名人街、山阴路的文化名人故居,以及具有上海特色的新式里弄建筑等,让人迎面就感受到浓郁的文化气息。故居管理部携手稻草人旅行社,通过更加直观纯粹的实地参观,了解了鲁迅与左联、鲁迅与瞿秋白、鲁迅与萧红等这些文化名人的联系,上海鲁迅故居作为稻草人旅行社"红色旅游"线路中独具历史文化特色的一个参观学习点,给年轻人体验原汁原味的真实旅行体验。

根据调查,在上海地区与鲁迅有过交往的文化名人故居并对外开放的有六家。在鲁迅先生诞辰135周年、逝世80周年之际,故居管理部编写了《上海鲁迅相关文化名人故居简介》。工作人员走访与鲁迅相关的宋庆龄、陈云、蔡元培、巴金、邹韬奋、沈尹默六家名人故居,并将介绍材料汇总付印。其中既有名人本身的生平介绍、故居特点,又有他们与鲁迅交往的主要经历,为广大观众朋友打开一扇多角度的历史之窗,对这些名人故居的参观进行有机地结合,开辟出一条名人故居参观旅游的新思路,并以此为契机,加深彼此间的合作和交流,提高对名人故居的管理水平,进一步发挥名人故居的社会效应。

上海鲁迅故居成立至今已有七十周年了,在历代前辈辛勤积累的基础上,故居管理部全体同仁将在馆领导指导下,继往开来砥砺前行,把鲁迅故居的工作做得更好。

先有萌芽,茂林嘉卉
——浅谈上海鲁迅纪念馆人才培养机制

邹晏清

近年来,作为体现城市历史底蕴和人文内涵的重要载体,博物馆事业得到了长足发展。上海鲁迅纪念馆作为中华人民共和国成立后第一家人物类纪念馆、全国首批国家一级博物馆、全国爱国主义教育示范基地,其在上海市博物馆界可谓历史悠久,独具风格,在全国人物类纪念馆中亦名列前茅。自 2011 年上海鲁迅纪念馆建馆 60 周年至今的 10 年间,上海鲁迅纪念馆攻坚克难,稳中有进,逐步建立起一支年富力强的领导干部队伍和学术研究梯队。

一、十年前人才队伍的喜与忧

2011 年,上海鲁迅纪念馆在编职工共 53 人,其中正高级职称 3 人,副高级职称 5 人,中级职称 18 人,当时的纪念馆已经拥有了良好的金字塔形人才梯队。干部队伍坚强有力是事业发展的基石。伴随着纪念馆良好的人才队伍建设,随之而来的是文博事业的突飞猛进。纪念馆的事业也在此前后得到了良好的发展,全国首批国家一级博物馆、全国爱国主义教育示范基地、上海市爱国主义教育基地、上海市文明单位、全国十大陈列展览推介精品奖等荣誉接踵而来。

但透过荣誉背后,如果仔细分析当时的干部队伍年龄结构,其中还是有些许隐忧。在所有在编的 53 位职工中,5 年内即将面临退休的同志达到全馆在编人数的 1/4，其中不乏在鲁迅研究领域数一数二的领军人才、馆级领导和众多中层干部。如果将统计年份拉长至近 10 年，即 2011 年初至 2020 年底的整整 10 年间，加之人才的正常流动、干部的调任等各种因素，离馆人员总和超过 2011 年初全馆在编人员数的 60%。人才的流失，特别是高级专家、中坚力量的流失，使得上海鲁迅纪念馆一度走入事业发展的瓶颈期。如何激活人才队伍活力，鼓励年轻同志钻研业务，巩固纪念馆来之不易的业内地位，同时为纪念馆进一步发展积累一定的人才储备，成为摆在上鲁人面前的一道无法回避的难题。

二、形成良性竞争的干部队伍

为缓解干部队伍新老更替带来的阵痛，馆领导班子连续多年谋定"内升品质，外树形象"的发展方针，其中的首要目标就是要练好内功、夯实基础。几年的蓄力，给馆内新进同志、年轻同志有了良好的学习实践、沉淀积累、谋划发展的时间和空间。一批敢于担当、甘于奉献、有勇有谋的年轻同志脱颖而出，成为馆内新生力量。

为了更好地助力年轻同志成长，给予年轻同志多岗位锻炼的机会，伴随着人事制度的不断改革，上海鲁迅纪念馆提出全员岗位竞聘制度，即每二至三年签订一次岗位聘用合同，区别于寻常简单的合同续聘，而是将全馆的岗位面向馆内职工统一进行一次内部招聘。秉承公开平等、双向选择、竞争上岗、择优聘用的原则，每位职工均可报名自己感兴趣、可胜任的工作岗位，由双方部门负责同志认可、馆聘用工作小组议定后，即可签署新岗位的聘用合同。这一做法的实施能更好地优化人员配置，激发职工工作积极性。自实施以来，每次均能有数位职工通过内部岗位竞聘，来到自己向往的新岗位任职。

当然，拥有一支可靠可信的中坚力量对于纪念馆的发展至关重要。在十余年前,当时的老领导张岚同志一改干部任命制,在干部管理权限内,创新性地引入了中层干部竞聘制度,力求打造一支"能上能下"的干部队伍。每两年一次的竞聘机制,对于所有中层干部都是一次考验。这打破了以往中层干部只能上不能下、只能提不能降的选拔任用机制,要求中层干部队伍素质始终过硬,广大群众始终认可,工作能力始终突出。同时,这对于普通职工也是一种激励。只要肯干、能干、会干、有想法、有能力、有担当,所有职工每两年即有一次走上部门负责人角色的机会。伴随着市委市政府、上级主管部门对于干部队伍要求的不断提高,中层干部竞聘制度在这十余年间也不断发展,逐步走向完善和全面。坚持党管干部,坚持公开、公平、竞争、择优,坚持任人唯贤、德才兼备、群众公认、注重实绩,上海鲁迅纪念馆也的确选拔一批政治思想过硬、业务能力突出、综合素质较强的职工到中层干部岗位,特别是遴选出一批各方面素质好、有发展潜力的优秀年轻干部,在中层干部岗位工作中磨炼意志,强化能力,提升素养,为文博和文旅事业发展作出了贡献。截至2020年底,全馆13位中层干部,35岁及以下人员比例达到近5成,45岁及以下人员比例近7成,全部具有中级及以上专业技术职称任职资格,高级职称人员比例超过一半。

三、打造全面发展的人才队伍

人员的轮岗锻炼在体制内单位屡见不鲜,上海鲁迅纪念馆也不例外。相较于有些单位将轮岗锻炼简单视为应付工作任务、临时工作救急措施,近年来上海鲁迅纪念馆内的人员轮岗锻炼已经逐步走向制度化和常态化:

一是针对新进职工,有意识地安排至鲁迅纪念馆、鲁迅故居一线开放岗位轮岗,让新进员工通过熟悉纪念馆和故居的基本陈列,与观众接触交流,更直观地了解馆的定位、研究重点、藏品类别、陈列特点和教育方向。

二是将业务部门专业人员与行政部门管理人员互换岗位,进行优势互补。2020年初,新冠肺炎疫情肆虐,馆内有意识地将行政部门管理人员补充到开放一线,一方面对一线开放工作人员进行了有益的补充,另一方面对全面系统梳理新常态下的开放规范和流程起到了至关重要的作用。而业务部门工作人员到行政部门轮岗,全面提升了专业人员的制度规范意识,提升了其公文写作能力,对管理人员创新工作思路、提升业务能力和水平亦有帮助。

三是将高级专家下沉至宣传教育部门。除了"体验生活",更多地是丰富宣传教育内容,拓展研究领域,拓宽学术视野,将学术研究成果运用于教育实践中。研究室年轻的业务骨干轮岗至鲁迅故居,仅数月时间,即对故居所在建筑特点作了梳理和研究,其通过寻访得到的建筑图纸、浅显易懂的研究成果,被制作成宣传展板,切实丰富了鲁迅故居对外教育的内容。

早在2008年,上海鲁迅纪念馆即推出"茂林计划",在保证业务工作和学术研究正常进行的前提下,创造条件,发挥专业技术人员的长处,挖掘学术潜力,激励专业技术人员在学术研究领域的积极性。在这计划中,对于专业技术人员归属的部门并未给予明确规定,对馆内支持研究的领域亦是相对广泛的。这就意味着,只要对于专业领域有兴趣,无论是研究室还是办公室,无论是专职鲁迅研究还是博物馆学探索,甚至是对于鲁迅、博物馆相关领域的译作,只要对馆内学术有益,通过专家评审、签订协议,均可以得到馆内专项资金的支持。通过这一计划,馆内完成了四大系列三十种左右研究项目的出版。也是通过这一计划,行政部门的普通专业技术人员利用自身专长,翻译鲁迅研究相关译作,成功出版书籍。

四、建立通力合作的课题项目

陈列部推行多年的"策展人制度"要求每一个独立策展人从陈列内容策划到形式设计、宣传推广,甚至展览讲解全面负责。这既是向现代展览制度的靠拢,更是向部门内年轻同志压担子。通过这一制度的推行和不断深化,几年时间,部门内年轻同志成长很快,迅速成为馆内年轻同志中的佼佼者。

而随着上海城市的繁荣、文化事业的不断发展,近年来,上海的博物馆事业已经从单纯的追求数量向追求质量靠拢,这就要求博物馆行业要向世界同类型先进博物馆对标对表。在这一大背景下,馆内近几年推出"课题项目"概念。相较于"策展人制度","课题项目"讲求通力协作,类比"茂林计划"中的课题概念,新的"课题项目"涵盖的人员更为广泛,内容更为全面,单一课题项目取得的成果也更为丰富。这样的课题项目形式,突破了体制机制的"束缚",跨越了行政部门与业务部门的"天堑",以高级专家带领年轻同志的形式,真正起到了业务研究领域传帮带的作用。

目前已经形成的两个课题项目分别是"鲁迅图传"课题组和"馆藏美术品选"课题组。课题组的名称均以拟出版图书的名称命名,但其实际包含的内容是非常丰富的。以已经接近结项的"馆藏美术品选"课题组为例,课题组工作的内容囊括了馆藏1 800余件美术品全面清理,甄选有代表性的美术品分门别类撰写专业文章汇编成书,以书籍为基础推出主题展览,开发文化衍生品,召开多馆红色美术品专题研讨等。课题组以馆领导和高级专家牵头,核心成员中80后年轻人成为绝对主力。而在"鲁迅图传"课题组中,成员更是囊括了馆内六个部门、全馆近半工作人员。众人参与、群策群力的良好氛围,带动馆内学术领域研究不断突破。年轻同志从学术研究的新芽,逐步成长为小树,最终馆内学术研究必将茂林嘉卉。

无论是"策展人制度"的"大包大揽",抑或是"课题项目"的全馆通力协作,其目的其实是殊途同归的,即通过不同方式和不同渠道,鼓励年轻同志钻研业务,助力年轻同志加速成长,在传承接力、比学赶超中,进一步巩固上海鲁迅纪念馆在鲁迅研究领域的学术地位。截至2020年底,馆内正高级职称人数有4人,副高级职称9人,中级职称22人。在9位副高级职称专家中,80后接近5成,85后超过2成;10年间,先后有2位专家获评专业技术二级岗位,成为行业领军。这些成绩在上海相似规模的博物馆中均处于领先地位。

上海鲁迅纪念馆通过近年来对于人才培养机制的摸索和完善,已逐步摆脱了馆内人员新老交替带来的阵痛期,逐步趋于稳定。面对全国蓬勃发展的博物馆事业、文旅融合后对于博物馆行业提出的新要求以及不断新建扩建的大型博物馆带来的发展压力,上海鲁迅纪念馆也将在不断深化改革和不断探索中,以人为本,以人才为基石,传承红色基因,弘扬鲁迅精神,走出一条富有特色的人物类纪念馆创新发展之路。

浅谈上海鲁迅纪念馆安全保卫工作

曹浩杰

安全保卫工作历来是博物馆工作的重中之重,是博物馆的底线、生命线,更是不能逾越的红线,细小的问题就有可能铸成大错,容不得半点纰漏。上海鲁迅纪念馆一直是属地虹口公安、消防部门的重点单位。除纪念馆本体外,同时负责管理位于鲁迅公园内的全国重点文物保护单位鲁迅墓以及山阴路大陆新村的上海市文物保护单位鲁迅故居。我馆安全保卫工作主要还是从人防、物防、技防传统的"三防"来展开。随着时代的变迁、科技的发展、安全防范级别的提升,近年来,对我馆安全保卫工作的要求也在不断提高。

一、基本理念

1. 人防

人防,是安全防范的基础,利用人体感官进行探测并做出反应,通过人体体能的发挥推迟和制止风险事件发生。传统意义上,保安队员的主要职责是维持参观秩序,确保参观观众的人身安全,展厅内陈列展品的藏品安全,场馆内的消防安全,通过人防对我馆展厅、出入口、门卫、监控室等重要区域进行管控、防范,确保安全对外开放。现代的人防是指执行安全防范任务的具有相应素质的人员或人员群体的一种有组织的防范行为,包括高素质人员的培养,先进自卫设备的配置,以及人员的组织与管理等。现阶段,除了重要区域外,对于人防管控的范围更为广泛,内容也更为细致。我馆微型消防站建立后,也配备组建了义务消防队和突发事件应急处置小组,队员都应具备扑救初期火灾以及各方面综合应急处置能力,通过定期的实操训练、演练,熟悉馆内消火栓的位置、疏散的线路等,掌握灭火器等消防设施设备的操作规程,将应急预案的执行、突发事件的处置,每个环节具体落实到位,落到实处。

在疫情常态化对外开放的大背景下,开放一线的队员完成本职工作的同时,如何有序地做好"测温、验码"工作,又是一个新的工作要求。面对岗位职能的改变,要及时适应调整,不断提高自身的岗位意识、责任意识、服务意识、安全意识。

2. 物防

物防,用于能延迟风险事件发生的各种实体防护手段(包括建筑物、屏障、器具、设备、系统等),为"反应"提供足够的时间。虽然现代的实体防范,已经不是单纯的纯物质屏障的被动防范,而是越来越多地依赖技防的手段,但在我馆的实际对外开放中,铁马护栏、"一米线"栏杆,这些物防还是发挥了极为重要的作用。

铁马护栏、"一米线"栏杆具有分隔、阻拦、警示等功能,更有灵活性的特点,可以根据现场环境的变化适时调整。作为一个人员密集场所,疫情常态化开放,适当利用物防更为合理的分隔线路,有助于进一步控制客流,避免人群的聚集。通过铁马的设置,划分开放区域、工作区域等。划分好的区域内再设置"一米线",进一步区分了正常参观通道、绿色通道等,有序引导观众进出馆的线路。

我馆为了进一步加强鲁迅墓的管理,恢复安装实体铁栅栏网片,及时应对公园内游客通过两侧绿化带误进入到鲁迅墓后侧非对外开放区域的情况。实体铁栅栏的物理防护,可以起到一个安全警示的作用,更可以有效地避免游客误入到非开放区域,为鲁迅墓安防系统设备控制柜区域多增设一道物理实体防护。

3. 技防

技防，是在近代科学技术用于安全防范领域并逐渐形成的一种独立防范手段的过程中所产生的一种新的防范概念。利用各种电子信息设备组成系统或网络以提高探测、延迟、反应能力和防护功能的安全防范手段，可以说是人防和物防功能的延伸和加强，是对人防和物防在技术手段上的补充和增强。作为一个文博系统的一级风险等级单位，我馆在技防上定期投入，不断提升全馆的技防水平，进一步满足相关规范和工作要求。

二、近十年来的实际运用

1. 馆内展陈区域加强

2011年，为配合我馆二层基本陈列展厅改建，进一步满足基本陈列展厅安全防范的要求，配套升级改造了视频监控、入侵报警、出入口控制、声音复核、电子巡查系统等子系统。监控系统运用了水平清晰度650线的模拟摄像机配合3×4拼接显示屏，全馆模拟摄像机的图像显示效果得到了提升。根据我馆日常开放的实际情况，将报警系统设置为12小时防区和24小时防区。12小时防区多为展厅区域、公共区域等，24小时防区多为展柜、文物柜等重要区域。通过安防系统分别从展厅出入口、展柜防护、目标防护等进行分层次的防护。

2014年，纪念馆朝华文库新增出入口控制系统，对每个专库增加单向刷卡的门禁系统，结合原先的门磁开关、双鉴探测器以及摄像机形成了3道防护，由一人负责专库门锁的开启，由另外一人负责刷卡开门，实行双人双锁的管理制度，同年，完成纪念馆公共广播系统升级改造。新的数字广播系统可以更为便捷地管理整个广播分区，定时定点地播放广播，更可以与入侵报警、消防报警系统实时联动。

2. 鲁迅墓安全防范工程提升、鲁迅故居联动

2015年，新建完成了鲁迅墓安全防范工程。整体方案设计之

初,考虑到鲁迅墓位于鲁迅公园内的特殊性以及周边环境等问题,秉承不能破坏原有风貌的原则进行设计布点,包括视频监控、入侵报警、声音复核、视频智能分析、电子巡查、公共广播、灯光控制系统7个子系统。随着数字监控系统的普遍运用,全高清1 080P的图像效果更为清晰,信号传输更为安全、便捷。利用摄像机智能分析技术,通过摄像机监控画面场景内设置警戒区域,利用视频行为对出现的目标物体进行分析,判断异常行为,实现视频监控系统的主动防范功能。整个数字化视频监控系统信号全部传输到了纪念馆的监控室之中,可在大屏上显示实时画面,便于日常对于鲁迅墓的管理,也为之后全馆监控系统数字化改造构建好了平台,打下了坚实的基础。整个安防系统在尽可能保持鲁迅墓整体风貌的前提下,达到一级风险等级标准,实现了视频、报警、广播、灯光、声音复核5个系统的联动,对鲁迅墓全方位的声像复核防护。同年,鲁迅故居的模拟监控系统也升级更新为1 080P全高清数字监控系统,所有图像信号同样传输到了纪念馆的监控室之中。真正意义上达成了纪念馆、鲁迅墓、鲁迅故居安防系统"三位一体"的管理。

3. 整体安防系统升级改造

2016年至2018年,分3个阶段全面完成了鲁迅纪念馆安防系统的升级改造。全馆视频监控统一纳入视频管理平台中。对所有摄像机点位重新进行了梳理,局部调整,进一步加强了重点区域摄像机的设置。出入口、展厅、库房等重要部位和重点目标基本实现了无盲区、无死角的监控。原有模拟摄像机全部更换为1 080P的全高清摄像机,图像清晰度高,画质得到显著提升,能有效分辨目标体态、记录特征。升级改造后的入侵报警系统,报警信息提示时间、系统联动时间、响应速度均有明显的提升。监控室内一旦有报警信息触发,大屏上会立刻对应显示报警区域附近摄像机的实时画面,自动回放30秒前的录像,值班队员可以更为便捷、高效地查看现场状况。新增加的时钟同步系统,实现时钟标准授时,并且将视频监控、入侵报警、出入口控制系统的各设备时间进行自动同步,提高各类信息基准精度,避免信息检索误差,提高交互检索和隐患排查效率,进一步发挥系统的整体防范功效。

4. 新形势下的客流管理出入状况

2019年,新增取票、客流统计系统。观众通过取票机进行取票,进一步提高进馆的效率,后台软件可以更为精确地统计观众人数等数据。

2020年,为更好地迎接建党100周年、鲁迅诞辰140周年,为在安全保障上有所提升,我们在原先的基础上,对纪念馆观众出入口优化空间布局,进行综合调整,将原安检区前移至纪念馆正门内侧,新增速通门,进一步细化进馆步骤,与馆内取票系统配套使用。观众取票后,通过刷二维码过速通门,进入安检区域。同时,我们升级更新安检设备以及测温安检门。新的安检设备可以更精确地识别物品、液体、管制刀具等违禁品。出入口的综合调整,全方位地提升了进馆安检力度。

三、"十四五"期间的设想

大数据时代的背景下,"十四五"期间博物馆安全保卫工作将更多地依托智慧安防。当前,视频智能分析、大数据分析、生物识别技术等智慧安防技术,已经在文博场馆得到普遍运用。根据纪念馆的日常管理特点,诸如智慧综合安防平台可以集成纪念馆、鲁迅墓、鲁迅故居三处的安防、消防、客流、票务等信息,在平台中集中显示,进行综合地数据分析。一旦出现突发紧急状况,纪念馆监控室可以立即响应,启动应急处置预案,发出指令。又譬如,智能出入口控制系统也可以在纪念馆库房、朝华文库等重点区域运用。智能系统可以更为精确、更为智能地对重点区域进行管控。采取人脸识别与刷卡、双人人脸识别等不同种类、不同方式的验证方法,对该区域出入人员进行管理、记录。智能电子巡查系统,通过

GPS智能定位,可以准确地定位到值班队员当前所巡视的位置等功能。

  智慧安防的发展,更多还是给基础的人防起到一个辅助作用,智能化应用程序最终还是需要人工进行处理、复核、响应。因此,人防还是"三防"之中最为核心、最为关键的。如果基础的人防不到位,遇到状况不能及时处置,没有警觉,不够重视的话,即使有再先进的技术手段、稳固的物理防范都是形同虚设。博物馆的安全保卫工作历来就是"一票否决"制,通过近些年来历历在目的案例,不断给予我们警示,敲响警钟。要做好安全保卫工作是永无止境的,时刻不能松懈,牢牢绷紧这根弦。

浅谈上海鲁迅纪念馆设施设备管理维护与更新改造

陈有祥

上海鲁迅纪念馆自从1998年改扩建后增加了高低压配电、智能控制系统、中央空调、电梯、专业照明等专业设备,但随着时间的推移,纪念馆设施设备已进入老化阶段,使用性能下降,不安全因素增高,设备维护与改造的工作逐年增加。为了保障纪念馆设备安全运行,展厅正常开放,为了更好为观众提供舒适的参观环境,为了展品文物提供良好的展览空间,近年来,综合业务部正逐步对纪念馆的设施设备进行更新改造。

一、设施设备更新改造

1. 变配电设备改造

变配电设备的安全稳定运行是保证空调、消防及安防等设备正常运行使用的基础。变配电设备一旦出现故障或者不稳定,将直接影响到其他设备的运行使用。因此,保证变配电设备安全稳定运行尤为重要。

随着时代发展,安全技术规范的提高,我们在2015年对鲁迅故居的老旧木结构的配电箱进行改造,配备了标准的铁质配电箱,更换全部电气线路和控制断路器,后期又安装用电安全自动监测系统,全天候对故居电气线路的电流、温度进行监测,使鲁迅故居用电安全得到很大提升。

2017年,根据国家电网安全规范要求,我部对纪念馆高压配电柜进行了升级改造。高压配电柜由进线柜、计量柜及出线柜组成,而新改造的高压配电柜在机柜总数不能增加的情况下,增加了进线隔离开关,以防止高压配电柜在维护时突然外电路来电而发生安全事故。此外,新机柜还配备了高性能控制仪表及机电保护,并具有"防带负荷合闸""防带接地线合闸""防误入带电间隔""防带电合接地线""防带负荷拉闸"的五防安全要求,防止带负荷合(拉)闸等误操作而引发安全事故。

2020年,我部完成了对高低压配电间的4台低压配电总柜升级改造,将原有的固定式低压配电升级改造为ABB-MNS3.0封闭(抽屉)式户内成套配电柜。此配电柜为ABB最新配电柜系列,防护等级IP41,其最大特点为可免维护母线及框架结构,可从配电柜正面轻松进行维护,具有强大的网络通信及先进的温度测量,另与BA自控系统连接,可在BA自控系统上随时查看低压配电柜的电压电流情况,时刻掌握整个纪念馆用电负荷。抽屉柜内采用金属框架结构、铝锌面板电漆、抽屉式开关框架式断路器。此外,另一台进线柜包含了1个E2S2000断路器、2台馈电柜、1个E2S1250断路器及11抽屉回路,安全可靠且方便维护操作。而电容补偿柜内含1个电容补偿控制器及隔离开关,进行自动电容补偿提高功率因素,满足国家电网功率因素达到0.85以上的要求。

通过对高低压配电柜(箱)进行升级改造,纪念馆核心设备运行性能更为稳定,操作维护更为方便,也很大地提升了高低压配电柜(箱)运行操作安全系数,确保了纪念馆安全、可靠持续的用电需求。

2. 空调设备改造

2011年,为配合纪念馆二层基本陈列展厅改建,在基本陈列展厅布局调整对中央空调送回风有影响的情况下,我部对陈列展厅中央空调的部分风管、出风及回风口位置进行调整,从而满足基本陈列展厅的温湿度要求。操作同时,我们还一并更换了展厅中央空调机房的2台空调箱,更换改造了地下文物库房的精密空调。新的精密空调两次加热元件为PTC陶瓷发热,更安全可靠,有效确保了地下文物库房藏品安全。

2014年,我部更换改造了使用多年、故障率高、能耗大的两台热泵机组及四台冷媒水循环水泵。笔者通过市场调研,选择了能效比COP高、可宽幅无级卸载的新型单螺杆压缩热泵机组。根据以往的实际使用情况分析与判断,我部决定由原来的一台200冷吨与一台50冷吨改为两台130冷吨热泵机组。这样一来,在非极端天气的情况下,基本做到一用一备,确保纪念馆中央空调正常使用,从而为观众提供良好的参观环境,并满足陈列展厅展品温湿度要求。

2016年,我部完成了办公楼新风空调箱改造,2017年至2019年对陈列展厅及报告厅空调用的4台空调箱进行升级改造。改造的新空调箱为铝合金框架结构覆铝锌面板,美观且不宜生锈,独立电机更便于清理维护及保养。高效率热交换器制冷制热效果更好,湿膜加湿器可与BA系统连接实现自动加湿,操作简单、方便。此外,我们还对空调机房进行维修粉刷,更换风管保温,增加了新风过滤网。从而更进一步保证展厅温湿度的要求,在提高展厅空气质量的同时也降低了使用能耗。

3. 其他设施设备改造

2015年,我部根据国家《特种设备安全监察条例》,分别对馆内两部垂直电梯进行维修改造,更换了已有磨损的钢丝绳及发生故障的召唤系统,并增加光幕防夹人装置,从而提升了电梯整体运行安全系数,另对甜爱路200号开始生锈损坏的大铁门及纪念馆周围铁围栏进行维修翻新,延长其使用寿命。

2016年,我部按惯例对纪念馆外墙立面整体进行十年一次的维修粉刷。项目包括敲开墙体的空鼓并用水泥粉平、在开裂处绑贴网格布、铲除墙面"翘皮"等局部维修,以及整体批灰打磨、使用优质外墙耐候性涂料按照"一低二面"要求粉刷,接着对屋顶瓦片进行整理,更换已损坏的瓦片,对屋顶漏水处及整个天沟的防水层进行维修,并重新铺设 SBS 防水层,最后对外围钢窗进行敲铲油漆,使纪念馆外墙焕然一新。

2017 年,将设备老化、性能下降的电话程控交换机更换为性能可靠、便于使用维护操作的 AYAYA 品牌的最新系列程控交换系统。另将已经老化结垢、多次发生漏水的纪念馆外围地下自来水管,由建馆初期埋设的白铁管升级改造为不容易结垢、不会生锈的 PPR 水管。

2018 年,对因地面沉降及内外温差等因素已多次发生自爆的活动厅玻璃顶棚进行更换改造。考虑到原先钢结构的承重问题,我部通过工艺及技术比较,最终采用 Low-E 钢化夹胶中空玻璃及带副框式安装技术,再用结构(耐候)胶密封,确保无渗漏并便于日后的维护。

2019 年,为配合上海市垃圾分类工作,我部按照垃圾分类要求改造垃圾房并配备了一批垃圾分类的专用垃圾筒,另外,完成了职工入口处的吊顶以及走道的墙面维修粉刷,同时调整了空调回风口位置,并将吊顶老旧的筒灯更换为 LED 灯,最后对大厅、活动厅的玻璃顶棚周围及内花园长廊顶部进行维修,重新铺设 SBS 防水层。

2020 年,为更好地迎接建党 100 周年、鲁迅先生诞辰 140 周年,为观众创造一个良好参观环境,我部完成了办公楼一、二楼过道及会议室维修粉刷,报告厅吊顶及朝华文库吊顶墙面维修粉刷项目,更换会议室窗框,地板打磨并重新油漆,另将办公室楼道的老旧筒灯更换为 LED 灯,调整了空调回风口形式及位置,既能提高空调运行效果,还更加美观。

二、设施设备管理维护

设备的管理是对设备选择、正确使用、维护保养,以及更新改造的全过程的系统工作。设备若得不到良好的管理与及时维护就会常出故障,更缩短其使用年限甚至出现安全事故,对设备进行维护保养是为了保证设备正常运行,最大限度地发挥其功能。因此,笔者认为对设备进行维护保养要做到以预防为主,并坚持日常保养与计划维修相结合。

首先要不断提升管理人员的自身技术管理水平,建立且不断完善设备的技术档案,科学合理地安排维护更新计划。对重要的高低压配电、变压器、热泵机组、水泵、精密空调等设备做到了如指掌,对设备运行情况进行跟踪、检查、记录,及时消除设备存在的隐患。

笔者根据以上基础,再结合自己多年岗位经验总结了以下几点设施设备的管理心得:

1. 建立设备管理制度

(1)建立设备档案,保存设备技术资料、设备台账、设备运行和维修资料、验收交接的新设备档案资料,包括设备产品合格证、施工图、接线图、试验报告及说明书等。设备档案对制订维修计划和维修标准,以及选购备件度有很大意义,也为将来解决问题提供重要依据。

(2)建立完善设备运行管理与维护的各种岗位职责、技术标准、操作规范、维护保养规程。

(3)不断完善设备档案,定期对设备管理维护记录进行统计分析,掌握设备运行情况。

2. 展开技术和技能培训

设备是否能持续稳定运行、设备使用寿命的长短等问题,除了要做好设备维护外,与操作人员工作责任性及操作水平也息息相关,因此需要定期展开技术培训,严格要求操作维护人员按照规程和制度工作,不断提高技术水平和操作技能,真正做到"三会"(会使用,会检查,会排除故障)和"四懂"(懂原理,懂结构,懂性能,懂用途)。例如,中央空调系统的热泵机组懂原理就是指要知道热泵机组是怎样进行制冷与制热工作的,懂结构就要知道制冷机组最基本的四大部件等。按照操作规程进行中央空调系统开停机,通过"看、听、摸"等方法做好热泵机组的运行状态和参数检查并记录,从而判断设备是否运行正常。

3. 做好定期及不定期巡查

维护人员应定期对变配电、给排水、管路阀门等设备认真仔细巡查,及时发现问题,解决问题。确保水泵阀门等开启灵活,无明显的"跑、冒、滴、漏"现象。配电柜箱接线端无松动、无接触不良、无结尘,线路无异常发热现象。设备房保持清洁不得堆放杂物。

4. 专业和特种设备维护保养

智能控制系统、中央空调等技术性的专业设备委托有相应维保资质的维修或制造单位按技术规范及行业标准做好维护保养,而特种设备(电梯)维护保养必须按照国家《特种设备安全监察条例》规定委托取得许可的安装、改造、维修单位或电梯制造单位进行,须由取得《特种设备作业人员证》电梯安全管理人员进行确认。与此同时,高压配电设备、特种设备(电梯)还应按规定做好定期的安全检验工作。

随着科学技术发展,未来会有更多更先进的设备应用于博物馆行业。作为设备管理维护人员,要通过不断学习,提高自身技术管理水平,才能适应文博事业发展的需求。笔者认为,只有认真仔细巡查,科学合理安排,才能及时发现问题,解决问题。结合自身设备运行状况,总结设备管理维护经验,从而确保纪念馆设施设备安全正常运行,展厅正常开放。

上海鲁迅纪念馆展览衍生品的回顾与展望

张 健

展览是博物馆、纪念馆的核心竞争力,是保持博物馆、纪念馆持久力和生命力的关键,有着提高观众的思想认知和文化素养,传播博物馆、纪念馆文化的积极作用。博物馆、纪念馆可以有效利用馆藏文物结合展览陈列的多种方式,来提升展览的宣传力度及社会影响力。近几年来,配合展览陈列用的展览衍生品愈发受到欢迎,无论是通过新颖的造型或功能来吸引多方媒体的关注,还是利用其定制元素背后的文物背景、故事以及内涵来扩大展览陈列的知名度和影响力,同时激发观众参观兴趣,都凸显出展览衍生品对于博物馆、纪念馆的重要性。

因此,开发优质的展览衍生品已成为各大场馆的重中之重,我馆亦不例外。作为中华人民共和国成立以来第一家人物类纪念馆,笔者认为应该确立以鲁迅先生的文化特色作为创意设计点,结合其在上海留下的印迹以及鲁迅先生生前用过或遗留下来的物品,来进行富含我馆文化特色的创意设计与研发,强调展览衍生品的宣传教育性、审美性与实用性,从而使之有效融入人们的现代生活,不断满足人们对美好生活的向往。笔者将在下文中简单回顾我馆展览衍生品的发展过程并展望未来。

一、上鲁展览衍生品的历史

根据我馆前综合业务部主任匡攈和杜建国回忆,上海鲁迅纪念馆开始展览文物衍生品的设计开发早在1995年便已启动,可当时的设计开发思路仅建立在简单的文物复制上,例如鲁迅书法诗轴、书法扇面的折扇、书法诗歌集等仿制品。因成本控制以及市面上供应商的种种因素,产品的材质和制作工艺都相对比较粗糙。随着广大观众们的艺术鉴赏能力的日益提高,只是简单复制文物的展览衍生品已不足以满足大众需求。

2006年开始,我馆与馆外设计制作单位进行合作开发文化创意设计展览衍生品。这样一来,不但产品数量有了大幅提升,而且通过先销售后结算的模式令库存压力在当时的情况下降到了最低。而在产品质量的问题上,由于有第三方力量的介入,所以质量和品种数量相较之前有了一定的提升。不过问题也伴随而来,例如设计制作单位不够深入了解我们馆的文化底蕴以及文物背后的故事;设计款式不够符合大众需求;生产开发的产品类型偏向利益而非从文物本质出发等等,这样并不能让展览衍生品所展示出来的文物元素起到其应有的宣传效果。

二、上鲁展览衍生品的现在

笔者在2013年入职上海鲁迅纪念馆,通过实习期后开始接触展览衍生品的开发设计。2014年、2015年这起初的两年,由于是从"零"开始,无论是从设计理念、供应商积累以及选择、材料的认识和应用都处于一个摸索阶段。令笔者记忆犹新的一件事就是为了寻找具有一定加工能力且愿意为我们小批量订单定制设计开发的供应商。在分管领导、部门主任的带领下,我们风风火火地冲向了义乌国际商贸城。在这个备受世界瞩目、占地逾2 400亩、建筑面积超400万平方米、商位超过70 000家的"庞然大物"面前,我们是如此渺小。可我们凭借着惊人的效率以及超高的毅力在短短三天时间内分头完成了供应商初步筛选,收集了数十家符合我们要求的供应商名片,并通过与其中几家供应商合作,开发了第一批自主设计开发的展览衍生品——金属书签、金属钥匙扣、树人帆布包。在开发制作工程当中,由于缺乏经验,所以在很长一段时间里游弋在出稿、审稿、打样生产协调、改稿、再审稿、再打样,如此循环。不过常言道失败是成功之母,在多方面协调后,终于还是让设计稿落地到实物完成。至此,"上鲁"展览衍生品的自主设计开发打开的新的篇章。

得知之前设计开发的展览衍生品在销售环节取得较好的成绩后,笔者在2016—2017年间再接再厉。在郑亚馆长、分管领导、部门主任的大力支持下,通过自主设计加上与上海博物馆文创设计部合作开发了钢笔套装、水笔套装、毛笔套装、U盘套装、汉画像手拿包、滤茶杯、单双镇纸、木质杯垫等近十款展览衍生品。能够在短时间内设计开发出多种展览衍生品离不开笔者那段时间通过翻阅了大量产品设计相关资料、从网络上查看大师设计案例、参观拥有优秀展览衍生品设计能力的博物馆等渠道扩大视野、寻找灵感,为衍生品设计工作打下基础。除此之外,在工作之余主动去了解和熟悉各种材质、加工工艺、设计难点和如何攻克工艺难点等问题。这样一来,不仅有利于展览衍生品开发过程中对该类问题的认识更深入,还可以在今后设计思路上有更多的尝试。

2018年自主设计开发了提梁壶、盖碗杯、汉画像充电宝、竹笔筒这四款展览衍生品。在提梁壶、盖碗杯的开发之路上,笔者曾为了校准样品上的细节问题与分管领导、部门主任一同赶赴唐山,亲自坐在供应商设计师旁边进行色版排位、色彩调配(因色彩显示差异,颜色很难做到电子版与实物相同),并在供应商的安排下,赶赴花纸厂学习瓷器上色工艺步骤并现场把控质量关。通过此次造访,供应商终于交出了合格的样品,我们也算不虚此行。汉画像充电宝的设计开发也并非一帆风顺,初期为了寻找肯接我们小单的供应商就废了相当大的工夫,前前后后沟通了二十多家供应商,无一例外,全都因为订单数量太少而遭到婉拒。最终与我馆合作的厂商也是在经过笔者数次软磨硬泡后才勉强答应尝试一下。而后在选款式上也是做了相当多的"功课"的,比如:是否能够带上飞机、容量大小、产品尺寸大小、充电速度、接口扩展性等。为了更好地展现我馆的文物元素,笔者与供应商的产品设计师沟通了数十次,终于协调出一个既能展现笔者设计理念且能够符合工艺生产要求、最后还要做到把成本控制在我们预算内的方案。在含有凹凸几何纹理的塑料充电宝壳上喷涂文物元素的工艺问题上也是几经周折,笔者在颜色的色差问题、掉漆、喷涂不均等工艺问题上也投入了大量的精力,通过一次次的失败到最终校准成功可谓历经了千难万险,曾经供应商因为工艺难度大,几次想放弃合作,最后都被笔者苦口婆心地劝了回来。这次的开发成功不仅让我馆的展览衍生品实现了电子产品类"零"的突破,同时也开辟了一条新的设计思路和方向。产品问世后,取得了馆内同事和业界同人的好评。我们随即趁热打铁又开发了相同款式的白色款充电宝,形成一黑一白的反差组合。竹刻笔筒选用的材料是天然竹材,因此笔者凭借经验考虑到了其纯天然性必定带来的大小形状不一的特性,以及市场上大部分产品的缺点,比如:耐久性差、款式单一、质量欠佳等,采用了上等的井冈山老楠竹作为应对,从材料上根本解决了质量欠佳的问题。在款式设计上,笔者采用了正面激光蚀刻鲁迅先生书法"春兰兮秋菊,长无绝兮终古",反面则衬刻有《鲁迅藏笺》中的兰花图案来增加设计变化,使其更具有文化气息。最后经过工艺研究与经费计算,选用高温碳化处理使楠竹更加经久耐用,减少开裂的可能。

  2019年开始尝试与陈列部、宣教部合作开发展览衍生品的模式,即由合作部门提供开发资金,笔者负责设计开发具有我馆文物特色且符合经费用途的展览衍生品。与此同时,开发方向也由过去的单品开发向系列开发靠拢。为烘托我馆"有声的中国——1930年代的鲁迅与上海出版"展览主题,我们选用展品中《译文》

第三期第一卷的封面图片——车前草作为核心元素来设计开发展览衍生品。《译文》杂志是由鲁迅和茅盾发起的大型文学月刊，1934年9月16日创刊于上海，至1937年6月出到新三卷第四期停刊，前后共出29期，是20世纪30年代上海最有影响力的文学杂志之一。"译文—笔记本"套装的封面封底采用羊巴皮材质，柔软细致，封面压印近似拓片效果的车前草图案，内芯用100克黄道林纸制作，宜书写查阅，笔记背脊处镂空，可作笔插使用，配套签字笔笔杆印有鲁迅先生印章一枚，嵌装于烫银车前草图案黑色纸盒内。"译文—木质书签"套装采用紫光檀、花梨木，签身刻有车前草图案及鲁迅先生印章一枚，辅以流苏扣可用作书签，实木本身独有的香气结合其实用性更能增加文化气息。"译文—帆布袋"采用高支数棉，整体柔软，表面细腻，手感极佳。袋身正面印有车前草图案，反面印有另一同时期杂志《二月》底纹，辅以拉链、内衬、暗袋等增强其实用性。三款文创产品涵盖了办公、学习以及生活等方面，高度契合了"鲁迅与出版"展览的内在含义。除此之外，为了让宣教部的品牌活动"上鲁研学"更具影响力，笔者自告奋勇地为其进行LOGO设计。前后提案、比稿、改稿、定稿近20份。最终成功落地生产了三款不同风格含有"上鲁研学"LOGO的文化衫，文化衫采用95%棉、5%莱卡成分的组合，手感丝滑柔软且透气微弹，具有极佳的穿着舒适感。考虑到研学活动的参与者年龄跨度大，因此"上鲁研学"文化衫还有儿童款可供选择。

  本着展览衍生品源自展览文物、服务大众的宗旨，切合2020年"愿有英俊出中国——上海鲁迅纪念馆藏美术品展"的展览主题，笔者考虑设计开发以鲁迅相关的美术品为代表元素的展览衍生品。通过各方面因素的考量，笔者将题材元素定格在版画上。因为版画一直是艺术收藏的重要选择，饱受市场的欢迎，所以笔者最终从黄新波的版画——"怒向刀丛觅小诗"中提炼出红旗与初升的太阳等元素，通过艺术"加工"，简化成意在呈现出冲破思想牢笼,浴血奋斗,步向黎明的文化元素。产品有速写本、帆布袋两款,旨在文教结合、富有展品文物元素、可行性高、切合"四史"红色主题等。速写本采用铜版纸印花封面,铅画纸辅以双环圈,另添加厚垫板为封底。帆布袋则选用优质帆布,在袋身定制印刷定制元素,最大限度地在保证产品品质和美观的前提下降低制作成本。

三、上鲁展览衍生品的未来

回顾过去近10年来上海鲁迅纪念馆的展览衍生品历程,不难发现一步步走来都来之不易。虽然条件有限,但始终没有停下设计开发工作。围绕鲁迅先生,在文化创意这一块拥有极大的潜力亟待我们去发现,去挖掘。而未来的文化创意并不局限于展览衍生品、旅游纪念品、装饰摆设、数码3C、非遗传承等。可以是一段讲述历史的视频,一个创意场景,更可以是一种可触摸(模拟)的虚拟体验。如果有可能的话,笔者臆想未来的上海鲁迅纪念馆可能会是一座拥有现代化交互的数字体验的文化场馆。参观者们能够通过裸眼AR+VR的数字技术在特定场馆里进入文物的虚拟世界。在这个虚拟场景中,观众将拥有犹如身临其境般的沉浸式体验,全方位地了解文物的历史故事、鲁迅先生的生平、甚至可以虚拟触摸(模拟触觉即时可变形体)等等。当参观完以后对某个文物展品念念不忘时,可以通过高科技的3D打印技术抱得同款复制品回家。

社会在不断进步,科技和创意也日新月异,展览的展陈方式和表现手法也在不断的突破,展览衍生品势必也要开拓新的思路。笔者将从品类、材质、工艺、承载形式上加以学习积累,旨在设计开发出适应时代、被观众认可并喜爱的展览衍生品。

上海鲁迅纪念馆学术项目概要

施晓燕

1951年1月7日,上海鲁迅纪念馆建成并向公众开放。当时馆藏文物文献资料缺乏,为丰富馆藏文物、充实陈列展示,学术研究伴随着文物征集和丰富陈列内容而开展起来。经历70年间几代人的努力,形成了富有上海鲁迅纪念馆个性的学术体系,获得了丰富的学术成果。除了文物征集以及陈列之外,结集出版的学术成果简要如下。

一、《上海鲁迅研究》

1979年1月,经上海市文化局批复,上海鲁迅纪念馆试办鲁迅研究专刊,内部发行,不定期出版,定名为《纪念与研究》。到1987年,共出版9辑。1988年,《纪念与研究》更名为《上海鲁迅研究》,聘请丁景唐、王元化、方行、许杰、杜宣、陈沂、陈鸣树、罗竹风、赵家璧、夏征农、倪墨炎为顾问,正式出版发行,2005年起改版为一年四辑,2017年起改为专题形式(一年四辑)。

《上海鲁迅研究》自创刊以来,秉承"新发现、新观点、新方法"编辑方针,在馆藏文物史料的整理研究、鲁迅生平和作品研究等方面成果丰硕。在鲁迅文献上,有将1981年版《鲁迅全集》未收的鲁迅佚文、译文及其他收入的"鲁迅佚文特辑",有根据馆藏资料首次发表的"友人致鲁迅书信""馆藏鲁迅丧仪有关文献",有请上海第一医学院中山医院、肿瘤医院、上海第二医学院瑞金医院、新华医院等23位专家教授在上海市第一结核病防治院召开的鲁迅先生胸部X线读片和临床讨论会所形成"鲁迅胸部X线片资料"。在馆藏文物中，有许广平亲自记录的"鲁迅家用菜谱"，许羡苏记录的"鲁迅家用收支账"。在鲁迅与同时代人资料上，有"曹靖华同志谈话记录"、胡风"关于三十年代前期和鲁迅有关的二十二条提问"、"俞芳访问记"、袁殊"关于潘汉年的一些文化活动的回忆"等访谈录，始终坚持以史料为依据，比如《鲁迅在上海活动场所的调查》《大陆新村建造的年份及其他》《鲁迅先生的齿病》。较为固定的栏目有"鲁迅作品研究""鲁迅比较研究""鲁迅同时代人研究""海外鲁研"等，理论研究的文章也逐渐增加，颇受学术界好评。

《上海鲁迅研究》是面向国内外鲁迅研究界的刊物，其作者群英荟萃，有鲁迅同时代人如黄源、赵家璧、杜宣、袁雪芬、赖少其等各文化行业的名家，有李何林、王元化等文史大家，有陈漱渝、陈鸣树、张梦阳等老一辈鲁迅研究专家，有孙郁、郜元宝等长江学者，国外作者也是一个亮点，从《纪念与研究》开始，就有外国资料文章的刊载，更名之后，有日本学者竹内好、丸尾常喜、瑞士学者冯铁等人的研究，随着时代发展，发表鲁迅研究文章的学者来自韩国、澳大利亚、意大利、美国、瑞士、新加坡、西班牙、马来西亚、毛里塔尼亚等国家，遍及世界各地。

二、馆藏系列

上海鲁迅纪念馆藏近现代文物、文献资料近20万件，对馆藏文物进行整理、研究并将成果出版，是馆工作的重点之一。

《鲁迅小说集》（影印本）、《鲁迅散文集》（影印本）、《鲁迅杂文集》（影印本），为纪念鲁迅诞辰110周年和逝世55周年，上海鲁迅纪念馆与上海文艺出版社合作，依据馆藏鲁迅作品集初版影印出版，是1990年代后各种鲁迅作品初版影印的先河。

《版画纪程——鲁迅藏中国现代木刻全集》，上海鲁迅纪念馆为纪念鲁迅诞辰110周年而编辑出版。内收鲁迅收藏的《现代版画》18集,《木刻界》4集,是目前国内外极其罕见、最为完整的两套。其他还有胡其藻、野夫、刘岘、温涛、黄新波、赖少其、陈铁耕等版画家所作的14集连续画,刘岘、黄新波等作者所作12册合集,李桦、段干青、刘岘、陈烟桥等所作21册专集,以及散页作品300余幅,基本上涵盖了30年代的中国现代木刻作品。该书获得第六届中国图书奖一等奖。

《上海鲁迅纪念馆藏文物珍品集》,1996年为纪念鲁迅逝世60周年上海鲁迅纪念馆编辑出版。分为鲁迅手迹、文献、实物、艺术品、照片、纪念等六类文物珍品,包括有《故事新编》手稿、陈望道翻译的《共产党宣言》中译初版本、存世孤本左联油印秘密刊物《秘书处消息》、红军长征文稿《二万五千里》、鲁迅所用毛笔、鲁迅所藏的李桦等木刻家的版画作品、鲁迅在第二回全国木刻流动展览会上的留影等等,较全面地展示了鲁迅创作和生活的全貌。

《应修人日记》为应修人1917年、1919年、1922年、1923年四年日记的合集。由上海鲁迅纪念馆和上海图书馆专家联合整理,初刊《上海鲁迅研究》。

《二万五千里》影印本,为庆祝中国工农红军二万五千里长征胜利70周年,上海鲁迅纪念馆与上海人民出版社合作影印出版。作者有董必武、李富春、邓颖超、张云逸、谭政、徐特立、谢觉哉、陆定一等长征回忆录,是研究长征基础史料之一。据研究,当时结集誊写数部,其中一部被带到上海谋求出版,后由上海鲁迅纪念馆首任副馆长谢澹(旦)如捐赠上海鲁迅纪念馆。2018年上海人民出版社再版。

《鲁迅〈毁灭〉翻译手稿影印本》,上海鲁迅纪念馆编。《毁灭》是苏联作家法捷耶夫的著名作品,鲁迅根据1929年日本作家藏原惟人日译本翻译。本书所影印的手稿,为鲁迅出版《毁灭》单行本的誊写稿,留有朱笔批的排版格式说明,为馆藏国家一级文物。本书亦是国家社科基金重大招标项目"《鲁迅手稿全集》文献整理与研究"B 组的阶段性成果。

《上海鲁迅纪念馆藏中国现代作家手稿选》,上海鲁迅纪念馆业务人员从馆藏中遴选了约 50 位现代作家的手稿 50 余件。内容分为两类:一类是文稿和诗稿,一类是作家之间的通信。此书出版为研究者提供了中国现代作家研究的第一手资料。

《上海鲁迅纪念馆馆藏版画集影印丛书(壹)》,鲁迅收藏 20世纪 30 年代中国青年木刻家创作版画集有近 30 种 70 余册,这些版画集存世稀少,为使更多人能够观摩这些版画集,感受 1930 年代鲁迅所倡导的中国版画的艺术魅力。从 2016 年开始,上海鲁迅纪念馆少量影印仿制馆藏版画集。第一辑是野穗社编《木版画》(第一期第一辑)、鲁迅编《木刻纪程(壹)》、上海 MK 木刻研究会编《木刻画选集》(上海 MK 木刻研究会丛书 1)三种。《上海鲁迅纪念馆馆藏版画集影印丛书(贰)》,包括李桦个人木刻专集三种:《李桦木刻》《李桦色刷木刻十帧》和《李桦版画集》,其中《李桦色刷木刻十帧》为存世孤品。

《上海鲁迅纪念馆馆藏鲁迅手稿选》,2017 年上海鲁迅纪念馆从馆藏鲁迅手稿中遴选部分手稿加以影印出版。此书分为两部分,前半部分为手稿图片,包括诗歌、小说、文章、书信、零星墨迹 5部分。后半部分附馆内专家的专文,对手稿的来源及版本情况进行解读和考辨。

《鲁迅藏中国现代版画全集》,鲁迅藏中国现代版画全集编辑委员会编,是上海鲁迅纪念馆、北京鲁迅博物馆、湖南美术出版社合作项目。所收版画较绝版已久的《版画纪程——鲁迅藏中国现代木刻集》而广,收录了以上海鲁迅纪念馆馆藏为主的 1930 年代 154 位国内版画作者的 1 854 幅版画作品,且借助现代科技,色彩还原好,细节表现到位。

《上海鲁迅纪念馆藏品选》,上海鲁迅纪念馆编。内收馆藏鲁迅手迹、文献、实物、艺术品、照片等216件(套),体现了上海鲁迅纪念馆60多年来文物征集、保护、研究工作的成果。全书分鲁迅遗存、图书文献、美术作品三部分。所收每件(套)文物皆有简介并附参考文献,兼具学术性和普及性。

《华痕碎影——上海鲁迅纪念馆藏鲁迅先生手迹、藏品撷珍》,上海鲁迅纪念馆编。该书精选鲁迅收藏的版画、明信片、藏书、笺纸,以及鲁迅的手稿、题诗等墨迹,分门别类,共分五函,并由馆内研究者选编并加以说明。其中版画部分由乐融选编并撰文,明信片部分由李浩选编并撰文,藏书部分由施晓燕选编并撰文,笺纸部分由乔丽华选编并撰文,书法部分由顾音海选编并撰文。

《鲁迅藏中国现代版画珍赏》,李浩、仇志琴编著。该书收入李桦、赖少其、张望等17位木刻家近110幅优秀作品,均高清复制,并配文简要叙述评价。另附专文介绍鲁迅先生与中国现代版画,与早期木刻社团的联系及木刻社团的主要活动。

《上海鲁迅纪念馆藏美术品选》,上海鲁迅纪念馆编。共收录百余幅由蒋兆和、程十发、谢稚柳等当代知名艺术家创作的美术作品,体现了上海鲁迅纪念馆近70年来征集、展览、研究的成果。全书按照作品门类分为国画、油画、版画、藏书票、雕塑五个部分,并附馆内业务人员所撰解读文章。

三、"朝华文库"系列

在1997年筹备上海鲁迅纪念馆馆舍改扩建之际,基于长年的学术研究和文物征集的积累,上海鲁迅纪念馆首创专门宝藏鲁迅同时代人的文物文献资料专库——朝华文库,并请巴金题写库名。文库库主有陈望道、许广平、曹靖华、曹聚仁、巴人、汪静之、李霁野、黄源、陈学昭、赵家璧、吴朗西、唐弢、杜宣、钱君匋、张望、李桦、冯雪峰、许寿裳等,这些丰富的文化遗存成为近现代中国文化史的重要研究材料。为了开发利用文库藏品,从1998年建库伊始便展开系统的资料整理和学术研究工作。

1."朝华文库纪念丛书"

从1998年到2016年,上海鲁迅纪念馆相继出版了《赵家璧先生纪念集》《许广平纪念集》等20本纪念集,成为朝华文库库主的专门纪念丛书,这些纪念集,包括了库主师友、弟子、家属和研究学者为库主撰写的纪念文章或纪念文章,以及库主本人的一些遗著手稿,填补了库主相关研究资料的空白,如《许广平纪念集》中既有黄源等同时代人的纪念文章,又辑入了《许广平文集》中未收入的佚文20余篇,颇有史料价值。

2."朝华文库文集"

《李霁野文集》十一卷,上海鲁迅纪念馆编审并资助,内收作者创作、翻译、书信选、译文补遗等著译。《黄源文集》九卷。上海鲁迅纪念馆历时四年编撰而成,分"论著""翻译""日记""书信"四方面。《赵家璧文集》五卷,上海鲁迅纪念馆为纪念赵家璧诞辰100周年而编辑出版,分为"自选文集""集外文选·译著""译著"和"书信"等内容。《许寿裳遗稿》四卷,上海鲁迅纪念馆整理出版,分作者手迹和文字整理两部分,内收多篇未刊著作。《许寿裳家藏书信集》两卷,收录了许寿裳从1926年到1948年间来往书信530封。《汪刃锋文稿·书信集》,上海鲁迅纪念馆整理出版。此书是将汪刃锋1940年以来发表于各报刊的文章和其捐赠给上海鲁迅纪念馆的友人书信编订成册。《吴朗西文集》,上海鲁迅纪念馆整理出版。内收吴朗西译著《五年计划的故事》《里尔斯旅行记》(现通译为《尼尔斯骑鹅旅行记》)以及文学创作。《靳以日记书信集》,上海鲁迅纪念馆委托章靳以之女章洁思编。全书分为三辑。由日记、书信和序跋组成并附《靳以年谱》等。

3."朝华文库画传"

朝华文库库主都在是中国近现代各个领域中颇有贡献的人物,结合文库中文献资料撰写库主传记,既是纪念也是研究。目前出版有:乔丽华撰《吴朗西画传》、李浩撰《周文画传》和《许广平画传》、施晓燕撰《赵家璧画传》、秦海琦撰《唐弢画传》等。

4."朝华文库影像"

朝华文库库主捐赠了大量资料,有些库主的照片等材料足够多到可以覆盖库主的生平,因此编辑此丛书,目前出版有两种,即《曹靖华影像》和《巴人影像》。

5."朝华文库评传"系列

朝华文库库主皆为中国近现代文化名人,一生波澜壮阔,他们的传记不仅有纪念意义,也有史料价值。目前出版三种:吴长华著《冯雪峰评传》(1995年初版,2012年修订改名《冯雪峰的传奇人生》再版),上海鲁迅纪念馆资助出版两种:陈亚男著《我的母亲陈学昭》及包新旺著《黄源传》。

四、"鲁迅书法"系列

鲁迅致力于改造中国人的精神世界,一生笔耕不辍,留下很多手稿。他写字一笔不苟,复由其深邃宏阔的气度,使其书法造诣如郭沫若所言"远逾唐宋,直攀魏晋,世人宝之,非因人而贵也"。鲁迅的书法值得研究。《鲁迅诗稿》是上海鲁迅纪念馆长久以来所着力编订的书,该书由陈毅题签,郭沫若作序。其第一版由上海人民美术出版社于1961年出版,后几经增订、再版,日益完善,主要有1961年版、1981年版、1991年版、1998年版。该书收录鲁迅自1901年至1935年三十余年间所录诗稿40题45首。

五、文献整理

《鲁迅日文作品集》,为纪念鲁迅诞辰100周年,上海鲁迅纪念馆编选并在1981年出版。此书收集了鲁迅用日文写的文章十篇和用日文发表的鲁迅谈话记录三篇,后半部分附中译文。该书由宋庆龄题签,唐弢作序。

为纪念鲁迅诞辰 100 周年,上海鲁迅纪念馆将鲁迅编印的美术书十种,《艺苑朝华》五辑、《梅斐尔德木刻士敏土之图》《引玉集》、《木刻纪程》、《凯绥·珂勒惠支版画选集》和《死魂灵一百图》,由上海人民美术出版社根据初印版影印每种 850 部,逐部编号,并钤"鲁迅诞辰一百周年纪念"章。

为纪念鲁迅逝世 50 周年,上海鲁迅纪念馆与北京鲁迅博物馆合作出版了鲁迅整理古文献数种:《鲁迅重订〈寰宇贞石图〉》(1986 年)。1915 年鲁迅购得清末学者杨守敬编著的《寰宇贞石图》,对其重订,有鲁迅编辑的目录 16 页。《鲁迅辑校石刻手稿》收录鲁迅 1915—1919 年搜集两汉至隋唐的石刻拓本及校勘,第一函为碑铭,第二函为造像,第三函为墓志和校文。《鲁迅辑校古籍手稿》收鲁迅辑录古籍 58 种,有《嵇康集》《唐宋传奇集》《岭表录异》《谢承后汉事》等,共 6 函 49 册。《鲁迅藏汉画像》(一)(二),第一册收入鲁迅所藏河南南阳汉画像 200 幅,第二册收入鲁迅所藏山东、江苏、甘肃、四川汉画像 278 幅。

为纪念鲁迅诞辰 110 周年,上海鲁迅纪念馆在北京鲁迅博物馆和周海婴的大力支持下,编辑出版《鲁迅遗印》(原印手拓文献本),收鲁迅遗印 58 方。赵朴初题签,钱君匋序。

为展现鲁迅作品初刊原貌,便利鲁迅作品文本研究而编辑《鲁迅小说散文初刊集》,收鲁迅小说三种《呐喊》《彷徨》《故事新编》及散文二种《野草》《朝花夕拾》,并附馆内专家所撰解读文字。出版过程中得到北京鲁迅博物馆的大力支持,得以收录罕见之《长明灯》初刊。

六、学术会议论文集

上海鲁迅纪念馆作为南方的鲁迅研究中心,学术研究也是工作重心之一,配合名人纪念和学术动态召开学术研讨会,配套出版学术论文集,至今已经出版《浩气千秋民族魂——纪念鲁迅先生逝世60周年论文集》《鲁迅与汉画像学术研讨会论文集》等十几本论文集,包括鲁迅纪念与研究、博物馆研究、名人纪念及学术研究、专题学术研究等几方面。

七、"奔流丛书"

"奔流丛书"是上海鲁迅纪念馆的中长期学术计划中的一部分,该计划旨在保证本馆业务工作正常进行的前提下,鼓励在职研究人员多进行学术研究,出版学术著作,扩展本馆学术研究视野,遵循细水长流、积少成多的原则进行学术积累,最终形成有本馆特色的研究体系。

《我也是鲁迅的遗物——朱安传》,乔丽华著。作者通过走访朱氏后人,实地勘查采访,钩沉相关史料,搜集各方回忆录,撰写了鲁迅原配夫人朱安的传记,探讨了她对鲁迅的影响。该书是无著述的历史人物研究的典范之作。

《东京"左联"重建后留日学生文艺活动》,〔日〕小谷一郎著,王建华译。该书考辨了1933年东京"左联"重建后,中国留日学生在日本的文艺活动,包括创办文学、社会科学类杂志,美术尤其是版画艺术的交流,戏剧演出活动等。

《永恒的缅怀:鲁迅逝世前后追踪》,乐融著。该书是有关鲁迅逝世原因、经过、丧仪文物、新闻报道等资料的研究著作。

《旧迹拾遗——鲁迅相关的人和事》,李浩著。此书主要围绕着上海时期的鲁迅而展开,作者着重历史事实的考察,以小见大,以彰显鲁迅及其战友们的历史功绩。

《博物视野里的鲁迅》,顾音海著。此书主要从鲁迅纪念馆收藏和展示的物品、文献等"博物"当中,择取兼具代表性、可读性、趣味性的内容,以学术随笔的形式娓娓道来,涉及鲁迅和同时代文化人事迹、事业、生活等多方面内容。

《鲁迅面面观》,乐融著。此书围绕鲁迅的文学创作、艺术倡导、中外文化交流、同时代人物交往、对优秀传统文化的保存和发展等方面,立体地展示了这位中国现代文学巨匠的成长、创作、成就等,并以不同角度展现鲁迅的精神思想、言谈举止及其中外的影响力。

《鲁迅研究杂集》,李浩著。此书收集了作者自1990年代以来鲁迅相关杂述,依照文章主题,分"鲁迅文化""鲁迅著译""时代同仁""文史偶得""史志回顾"5个部分,是作者鲁迅相关研究回顾之一种。

《鲁迅与左翼文坛》,乔丽华著。此书为鲁迅及现代文学研究的精选成果集,分为"鲁迅著译研究""左翼文艺研究""同时代人研究"等三部分,约30万字。本书注重史料钩沉和梳理,史论结合,在此基础上澄清以往的一些偏颇,或对有些观点予以补正。

《鲁迅及同时代人研究》,施晓燕著。此书为鲁迅及同时代人研究论文集,分为鲁迅与手稿、文本及出版,朝花夕拾·茂林嘉卉,敌与友,鲁迅与上海等四个板块,涉及鲁迅与文本,鲁迅的学生,鲁迅与师友及论敌,鲁迅与上海等方面的研究论文。

八、"鲁迅在上海"资料丛书

上海鲁迅纪念馆作为南方鲁迅研究的一个重要基地,在鲁迅与上海研究方面积累了相当的文献资料并进行了初步的研究,"鲁迅在上海资料丛书"便是在此基础上形成的学术成果,目前计有:

《旧影寻踪——鲁迅在上海》,缪君奇编撰,内收1927年10月—1936年10月间与鲁迅相关的建筑文献照片,分寓所、学校、书店、木刻社团、饭店茶室、影剧院、医院等专题。

《回忆鲁迅在上海》,上海鲁迅纪念馆编,是为第一次专题结集的回忆录,是研究上海时期鲁迅的基本参考书。

《鲁迅与电影——鲁迅观影电影资料简编》,李浩、丁佳园合著。此书以《鲁迅日记》为主要线索,以《申报》电影广告为主要资料源,重新梳理了 1927 年 9 月鲁迅到上海后直至逝世前所看的电影,首次较全面地展现了鲁迅在上海所看电影的基本风貌。

《鲁迅与左翼美术运动资料选编》,乔丽华著。此书是鲁迅与左翼美术运动的专门的资料集,涉及"美联"的成立及活动、新兴木刻社团的活动等资料,并整理了上世纪 30 年代重要的左翼美术理论文章,并附鲁迅与左翼美术运动大事记。

《鲁迅在上海的居住与饮食》,施晓燕著。此书分上下两编。上编考察鲁迅所租住的景云里、拉摩斯公寓、大陆新村的生活设施和水电煤等公用事业等。下编考察鲁迅的饮食情况,在外主要是饭店酬酢的日常交游人际关系,鲁迅饮食嗜好,及其对其身体状况的影响。

九、资料与研究专题

上海鲁迅纪念馆的一批专业研究人员,在潜心研究鲁迅的过程中,整理馆内外相关资料,获得了相当的成果。

《鲁迅著译系年目录》,上海鲁迅纪念馆编。本书内容基于 1962 年在《中国现代文艺资料丛刊》发表的《鲁迅著译系年目录》。为纪念鲁迅诞辰一百周年,上海鲁迅纪念馆将此文重新修订,增补《鲁迅笔名索引》和《鲁迅著译篇名索引》,作为《中国现代文学史资料丛书》(甲种)单独出版,是鲁迅研究工具书。

《鲁迅在上海——活动旧址图集》,上海鲁迅纪念馆编。上海是鲁迅最后九年多战斗和生活的城市,此书主要选辑鲁迅在上海的寓所和从事社会与文化活动的部分照片及有关鲁迅殡葬的一些资料,约 130 幅图片。

《中日友好的先驱:鲁迅与内山完造图集》,为纪念内山完造诞辰 110 周年,鲁迅诞辰 115 周年,上海鲁迅纪念馆与上海国际友人研究会合编此书。该书辑入图片 250 多幅,分五部分讲述内山书店历史及鲁迅与内山等人的交往。

《鲁迅生平疑案》《周作人生平疑案》是王锡荣两部重要著作，以丰富的文献史料为基础，科学而严谨地对鲁迅和周作人相关史实进行了辩证，是鲁迅周作人生平史实相关的重要学术成果。王锡荣著《鲁迅学发微》收入其鲁迅史料相关文章及涉及鲁迅生平的论文数十篇。

《鲁迅著译版本研究编目》，周国伟编著。作者经过长期的史料搜集、调查研究和编撰整理，对鲁迅著译作品的编著过程、出版年月、版次等相关史料一一著录，该书是了解鲁迅作品出版的历史背景和版本演变情况的基本参考书籍。

《寻访鲁迅在上海的足迹》，周国伟、柳尚彭合著。以寓所·避居处、鲁迅友人寓所、鲁迅的社会文化活动等类别，分述鲁迅在上海约90处活动遗迹及相关史实。

《鲁迅与日本友人》，周国伟著。据不完全统计，鲁迅与日本友人的交往有160人之多，著者选取了具有代表性的50余人加以叙述。

《鲁迅画传》两种，都是2001年出版，分别由王锡荣和缪君奇撰文，前者以连环画的形式展现鲁迅的一生，后者则以文献照片为主，是为将学术研究成果融会到普及读物中的成功尝试。

《沈尹默画传》，乐融著，2016年出版。此书以图文并茂的形式，对沈尹默的成长、事业、思想和人格做了比较全面的介绍，形象地讲述了这位书法宗师一生的主要经历和专业成就。

中共上海市委党史研究室与上海鲁迅纪念馆合作教育部人文社会科学重点研究基地项目"中国革命与文化宣传——以上海左翼文化运动为中心的研究"两种（共5种），王锡荣著《"左联"与左翼文学运动》重新梳理了左联的总体历史及其面貌，乔丽华著《"美联"与左翼美术运动》全面梳理了中国共产党领导下的左翼美术家联盟的历史。

十、文选及画册

《鲁迅文萃》(四卷),上海鲁迅纪念馆编,64开,正文字典纸。是为上海鲁迅纪念馆版"鲁迅文集",由馆内十余位研究人员参与撰写所收鲁迅作品的题注,既体现了上海鲁迅纪念馆职工对鲁迅作品的理解,同时又是比较全面地普及鲁迅作品的尝试。《鲁迅小说合集》,上海鲁迅纪念馆编,内收鲁迅小说集三种,每篇小说后附有馆内研究人员所撰解读文字。

《上海鲁迅纪念馆》(画册)两种,2001年版,着重介绍了1999年改扩建后的馆舍以及鲁迅生平基本陈列。2013年版,着重介绍了2011年版鲁迅生平基本陈列。两种皆有纪念馆历史概要,以便读者通过画册对上海鲁迅纪念馆有一个基本的了解和大体完整鲜明的印象。

(本文由李浩补充并修正)

附表:上海鲁迅纪念馆学术成果概览

项目名	署名	出版社	出版年份
上海鲁迅研究(辑刊)	上海鲁迅纪念馆 编	上海社会科学院出版社	1979至今
馆藏系列(部分)			
鲁迅小说集、鲁迅散文集、鲁迅杂文集(影印本)	上海鲁迅纪念馆 编	上海文艺出版社	1991
版画纪程——鲁迅藏中国现代木刻全集(五卷)	上海鲁迅纪念馆、江苏古籍出版社 编	江苏古籍出版社	1991
上海鲁迅纪念馆藏文物珍品集	上海鲁迅纪念馆 编	上海古籍出版社	1996
应修人日记	上海鲁迅纪念馆 编	上海书画出版社	2003
二万五千里(影印本)	上海鲁迅纪念馆 编	上海人民出版社	2006

续表

项 目 名	署 名	出版社	出版年份
鲁迅《毁灭》翻译手稿影印本	上海鲁迅纪念馆 编	世界图书出版社	2014
上海鲁迅纪念馆藏中国现代作家手稿选	上海鲁迅纪念馆 编	上海人民美术出版社	2016
上海鲁迅纪念馆馆藏版画集影印丛书(壹)	上海鲁迅纪念馆 编	上海交通大学出版社	2016
上海鲁迅纪念馆馆藏版画集影印丛书(贰)	上海鲁迅纪念馆 编	上海交通大学出版社	2017
上海鲁迅纪念馆藏鲁迅手稿选	上海鲁迅纪念馆 编	上海人民美术出版社	2017
鲁迅藏中国现代版画全集	鲁迅藏中国现代版画全集编辑委员会	湖南美术出版社	2018
上海鲁迅纪念馆藏品选	上海鲁迅纪念馆 编	上海辞书出版社	2018
华痕碎影——上海鲁迅纪念馆藏鲁迅先生手迹、藏品撷珍	上海鲁迅纪念馆 编	上海文化出版社	2019
鲁迅藏中国现代版画珍赏	李浩、仇志琴 编著	辽宁美术出版社	2020
上海鲁迅纪念馆藏美术品选	上海鲁迅纪念馆 编	上海辞书出版社	2020
鲁迅致赵家璧信札	李浩 编	辽宁美术出版社	2021
朝华文库系列			
1. 朝华文库纪念丛书			
赵家璧先生纪念集	上海鲁迅纪念馆 编	上海文艺出版社	1998
许广平纪念集	上海鲁迅纪念馆 编	百家出版社	2000
吴朗西先生纪念集	上海鲁迅纪念馆 编	上海文艺出版社	2000
曹聚仁先生纪念集	上海市政协文史资料委员会、上海鲁迅纪念馆 编	上海文史资料选辑总第九十六辑	2000
巴人先生纪念集	上海鲁迅纪念馆 编	人民文学出版社	2001

续表

项 目 名	署 名	出版社	出版年份
周文纪念集	上海鲁迅纪念馆 编	上海文艺出版社	2002
汪静之先生纪念集	上海鲁迅纪念馆 编	上海书画出版社	2002
李霁野纪念集	上海鲁迅纪念馆 编	上海文艺出版社	2004
楼适夷同志纪念集	上海鲁迅纪念馆 编	人民文学出版社	2005
陈学昭纪念集	上海鲁迅纪念馆 编	上海文艺出版社	2006
黄源纪念集	上海鲁迅纪念馆 编	中国福利会出版社	2006
陈望道先生纪念集	上海鲁迅纪念馆 编	复旦大学出版社	2006
曹靖华纪念集	上海鲁迅纪念馆 编	中国福利会出版社	2007
李桦纪念集	上海鲁迅纪念馆 编	东方出版中心	2007
钱君匋纪念集	上海鲁迅纪念馆 编	中国福利会出版社	2007
郑振铎纪念集	上海鲁迅纪念馆 编	上海社会科学出版社	2008
内山完造纪念集	上海鲁迅纪念馆 编	上海文化出版社	2009
杜宣纪念集	上海鲁迅纪念馆 编	上海社会科学出版社	2014
百年可扬——杨可扬诞辰100周年纪念集	上海鲁迅纪念馆 编	上海人民美术出版社	2014
明月在天——邵克萍诞辰100周年纪念文集	上海鲁迅纪念馆 编	上海人民美术出版社	2016

2. 朝华文库文集

项 目 名	署 名	出版社	出版年份
李霁野文集(十一卷)	上海鲁迅纪念馆 编	百花文艺出版社	2004—2014
黄源文集(九卷)	上海鲁迅纪念馆 编	上海文艺出版社	2005—2010
赵家璧文集(五卷)	上海鲁迅纪念馆 编	上海文艺出版社	2008—2012
许寿裳遗稿(四卷)	上海鲁迅纪念馆 编	福建教育出版社	2011
汪刃锋文稿·书信集	上海鲁迅纪念馆 编	东方出版中心	2011
吴朗西文集	上海鲁迅纪念馆 编	上海书店	2014
许寿裳家藏书信集(二卷)	上海鲁迅纪念馆 编	福建教育出版社	2016

续表

项 目 名	署 名	出版社	出版年份
靳以日记书信集	上海鲁迅纪念馆、章洁思 编	上海辞书出版社	2019
3. 朝华文库画传			
吴朗西画传	乔丽华 著	中国福利会出版社	2004
周文画传	李浩 著	上海社会科学院出版社	2007
许广平画传	李浩 著	上海社会科学院出版社	2008
赵家璧画传	施晓燕 著	上海文艺出版社	2008
唐弢画传	秦海琦 著	上海社会科学院出版社	2013
4. 朝华文库影像			
曹靖华影像	上海鲁迅纪念馆 编	上海文化出版社	2007
巴人影像	上海鲁迅纪念馆 编	上海文化出版社	2011
5. 朝华文库评传系列			
冯雪峰评传	吴长华 著	上海书店	1995
我的母亲陈学昭	陈亚男 著(上海鲁迅纪念馆资助)	文汇出版社	2006
黄源传	包新旺 著(上海鲁迅纪念馆资助)	上海文化出版社	2016
鲁迅书法系列			
鲁迅诗稿	上海鲁迅纪念馆 编	上海人民美术出版社	1961—1998
鲁迅诗摭	王锡荣 编译	百家出版社	1999
鲁迅书法珍品集	上海鲁迅纪念馆 编	上海文化出版社	2010
文献整理			
鲁迅日文作品集	上海鲁迅纪念馆 编	上海文艺出版社	1981
艺苑朝华(五辑,影印本)	上海鲁迅纪念馆 编	上海人民美术出版社	1981

续表

项 目 名	署 名	出版社	出版年份
梅斐尔德木刻士敏土之图（影印本）	上海鲁迅纪念馆 编	上海人民美术出版社	1981
引玉集（影印本）	上海鲁迅纪念馆 编	上海人民美术出版社	1981
木刻纪程（影印本）	上海鲁迅纪念馆 编	上海人民美术出版社	1981
凯绥·珂勒惠支版画选集（影印本）	上海鲁迅纪念馆 编	上海人民美术出版社	1981
死魂灵一百图（影印本）	上海鲁迅纪念馆 编	上海人民美术出版社	1981
鲁迅重订《寰宇贞石图》（影印本）	北京鲁迅博物馆、上海鲁迅纪念馆 合编	上海书画出版社	1986
鲁迅辑校石刻手稿（3函18册）	北京鲁迅博物馆、上海鲁迅纪念馆 合编	上海书画出版社	1987
鲁迅辑校古籍手稿（6函49册）	北京鲁迅博物馆、上海鲁迅纪念馆 合编	上海古籍出版社	1986—1993
鲁迅藏汉画像（一）（二）	北京鲁迅博物馆、上海鲁迅纪念馆 合编	上海人民美术出版社	1986—1991
鲁迅遗印	上海鲁迅纪念馆 编	江苏古籍出版社	1991
鲁迅小说散文初刊集	上海鲁迅纪念馆 编	上海书店	2016
学术会议论文集			
浩气千秋民族魂——纪念鲁迅先生逝世60周年论文集	上海鲁迅纪念馆 编	百家出版社	1998
人物类博物馆、纪念馆现状与发展前瞻学术研讨会论文集	上海鲁迅纪念馆 编	百家出版社	2002
回望雪峰——第三届冯雪峰学术研讨会论文集	上海鲁迅纪念馆 编	上海文艺出版社	2005
鲁迅——跨文化对话	绍兴文理学院、北京鲁迅博物馆、上海鲁迅纪念馆、绍兴鲁迅纪念馆 编	大象出版社	2006

续表

项目名	署名	出版社	出版年份
纪念鲁迅定居上海80周年学术研讨会论文集	上海鲁迅纪念馆 编	上海社会科学院出版社	2008
中国博物馆学会纪念馆专业委员会第三次年会暨城市建设与文化遗产保护论坛论文集	上海鲁迅纪念馆 编	上海社会科学院出版社	2010
新中国人物博物馆60年学术研讨会论文集	上海鲁迅纪念馆 编	上海社会科学院出版社	2011
2013年中国人物类博物馆、纪念馆陈列艺术学术研讨会论文集	上海鲁迅纪念馆 编	上海社会科学院出版社	2013
周文研究论文集	上海鲁迅纪念馆 编	上海社会科学院出版社	2013
中国现代作家手稿及文献国际学术研讨会论文集	上海鲁迅纪念馆 编	上海文化出版社	2016
纪念《新青年》创刊100周年学术研讨会论文集	上海鲁迅纪念馆 编	上海社会科学院出版社	2016
纪念鲁迅诞辰135周年、逝世80周年学术研讨会论文集	上海鲁迅纪念馆 编	上海文化出版社	2017
纪念鲁迅定居上海90周年学术研讨会论文集	上海鲁迅纪念馆 编	上海书店	2018
鲁迅与汉画像学术研讨会论文集	上海鲁迅纪念馆 编	上海社会科学院出版社	2019
奔流丛书			
我也是鲁迅的遗物——朱安传	乔丽华 著	上海社会科学院出版社	2009
东京"左联"重建后留日学生文艺活动	王建华 译	上海社会科学院出版社	2012
永恒的缅怀:鲁迅逝世前后追踪	乐融 著	上海文化出版社	2016

续表

项 目 名	署 名	出版社	出版年份
旧迹拾遗——鲁迅相关的人和事	李浩 著	上海社会科学院出版社	2018
博物视野里的鲁迅	顾音海 著	上海辞书出版社	2019
鲁迅研究杂集	李浩 著	上海社会科学院出版社	2019
鲁迅与左翼文坛	乔丽华 著	上海文化出版社	2019
鲁迅及同时代人研究	施晓燕 著	上海文化出版社	2019
鲁迅面面观	乐融 著	上海文化出版社	2019
鲁迅在上海资料丛书			
旧影寻踪——鲁迅在上海	缪君奇 著	上海文化出版社	2010
回忆鲁迅在上海	上海鲁迅纪念馆 编	上海书店	2017
鲁迅与电影——鲁迅观影电影资料简编	李浩、丁佳园 编著	上海书店	2019
鲁迅与左翼美术运动资料选编	乔丽华 编著	上海书店	2019
鲁迅在上海的居住与饮食	施晓燕 著	上海书店	2019
资料与研究			
鲁迅著译系年目录	上海鲁迅纪念馆 编	上海文艺出版社	1981
鲁迅在上海——活动旧址图集	上海鲁迅纪念馆 编	上海教育出版社	1981
寻访鲁迅在上海的足迹	周国伟、柳尚彭 著	上海教育出版社、上海书店	1987、2003
鲁迅学发微	王锡荣 著	百家出版社	1994
中日友好的先驱鲁迅与内山完造图集	上海鲁迅纪念馆、上海国际友人研究会 编	上海人民美术出版社	1995
鲁迅著译版本研究编目	周国伟 编著	上海文艺出版社	1996
鲁迅画传	王锡荣 撰,罗希贤 绘	上海辞书出版社	2001

续表

项 目 名	署 名	出版社	出版年份
鲁迅画传	缪君奇 执笔	上海书店出版社	2001
鲁迅生平疑案	王锡荣 著	上海辞书出版社	2002
周作人生平疑案	王锡荣 著	广西师范大学出版社	2005
画者鲁迅	王锡荣 选编	上海文化出版社	2006
鲁迅与日本友人	周国伟 著	上海书店	2006
鲁迅和他的绍兴	王锡荣、乔丽华 选编,董建成 摄影	上海文化出版社	2007
鲁迅的艺术世界	王锡荣 著	江苏文艺出版社	2009
藏家鲁迅	王锡荣、乔丽华 选编	上海文化出版社	2009
沈尹默画传	乐融 著	上海文化出版社	2016
"左联"与左翼文学运动	王锡荣 著	上海人民出版社	2016
"美联"与左翼美术运动	乔丽华 著	上海人民出版社	2016
其他			
鲁迅小说合集	上海鲁迅纪念馆 编	百家出版社	1998
鲁迅文萃(四卷)	上海鲁迅纪念馆 编	百家出版社	2001
上海鲁迅纪念馆(画册)	上海鲁迅纪念馆 编	上海人民美术出版社	2001
浮世绘版画精品	山东省博物馆、上海鲁迅纪念馆 编	上海人民美术出版社	2002
中国新兴版画75周年藏书票选集	上海鲁迅纪念馆 编	上海画报出版社	2006
第八届上海市版画展作品集	上海鲁迅纪念馆 编	上海书画出版社	2006
上海鲁迅纪念馆(画册)	上海鲁迅纪念馆 编	上海人民美术出版社	2013

注:本表含作者在职上海鲁迅纪念馆期间完成并由第三方资助出版的鲁迅相关研究项目。

上海鲁迅纪念馆历年宣传品概览

俞天然

博物馆宣传品是介绍博物馆的陈列、活动和服务的宣传材料，以使观众能更好地了解博物馆，以纸质材料为主。上海鲁迅纪念馆始建于1950年，于1951年1月7日正式对外开放，是中华人民共和国成立后的第一座人物类纪念馆，同时管理上海鲁迅故居和鲁迅墓。在举办展览和活动的同时，上海鲁迅纪念馆也非常重视配套的服务，其中重要的一项就是宣传品的制作和赠阅。本文对建馆七十年来仅笔者所见的上海鲁迅纪念馆参与设计的宣传品进行梳理，主要涉及说明书、明信片、书签三种纸质宣传品。

一、说明书

《鲁迅纪念馆》，朱沫编，顾廷康、李鹤龄绘图，上海青锋书店出版，连联书店发行，1951年12月第1次印刷，印数5 000册，定价2 000元，平装，48开，计42页。这是笔者目前所知的最早介绍上海鲁迅纪念馆的出版物。本书以绘画形式详细记录了上海鲁迅纪念馆的两个陈列：上海鲁迅故居陈列和鲁迅生平陈列，并穿插北京、绍兴鲁迅故居外景、上海鲁迅纪念馆所陈列的馆藏的介绍等内容。

《鲁迅纪念馆》(新中国画库)，晨光出版公司编辑出版，1952年5月第1次印刷，1952年10月订正三版，印数16 000册，定价2 000元，平装，64开，计42页。封底印有"上海鲁迅纪念馆印赠"，由此笔者推测本说明书是由上海鲁迅纪念馆定制,用于赠阅。

本说明书以照片和文字结合的形式,以鲁迅生平为时间线,介绍了绍兴鲁迅文化馆、北京鲁迅故居、上海鲁迅纪念馆和鲁迅墓。本说明书的照片由上海鲁迅纪念馆、绍兴鲁迅文化馆和北京新华通讯社供给,通篇为繁体字,前言为竖版。由前言可知,本说明书的编辑是根据孙伏园在《访问了鲁迅先生的故里》一文中的意见,将绍兴、北京、上海这三处纪念馆划分为三个时期,并将三处纪念馆中有关房屋、陈设、收藏的文物、作品等照片与鲁迅生平相结合,内容详实,可读性强,读者在读后仿佛亲身参观了分居三地的纪念馆。

《鲁迅纪念馆、鲁迅故居、鲁迅墓》,上海鲁迅纪念馆于1959年自印,为赠阅宣传品,平装,32开。本说明书主要以文字形式介绍了上海鲁迅纪念馆、鲁迅故居、鲁迅墓的概况,配以鲁迅故居照片、陈列室照片、鲁迅手迹、鲁迅照片等图。

《上海鲁迅纪念馆陈列资料选编》,上海鲁迅纪念馆自印,为赠阅宣传品,1974年5月第1次印刷,1976年3月第2次印刷,1979年5月第3次印刷,平装,32开,计26页。根据上海鲁迅纪念馆编写的《六十纪程》:"1970年8月15日,本馆陈列大纲编成后,到23个单位征求意见,为时近一月。""1973年12月17日,编就《上海鲁迅纪念馆陈列资料汇编》。1974年1月印成。"

本说明书内容包括:毛主席语录、鲁迅生平、鲁迅文摘、鲁迅诗选、鲁迅部分书名介绍、鲁迅笔名录。1976年3月第2次印刷中添加了"陈列说明"。1979年5月第3次印刷时封面添加了镀膜工艺,封面图案由鲁迅头像改为上海鲁迅纪念馆外貌,封底由馆建筑门头装饰画改为上海鲁迅纪念馆特制的印章,内容则是添加了"鲁迅书信署名录"。

《上海鲁迅故居 鲁迅墓》(革命文物丛书),郭凤珍、朱嘉栋编,文物出版社出版,外文印刷厂印刷,新华书店北京发行所发行,

1982年3月第1版第1次印刷,平装,定价0.44元,计46页。本说明书以两篇完整文章的形式详细介绍了上海鲁迅故居和鲁迅墓,配以相关照片加以说明。其中,《上海鲁迅故居》一文由郭凤珍编写,《鲁迅墓》一文由朱嘉栋编写。封底添加了上海鲁迅故居外貌的简笔画。将鲁迅生平与展出文物相结合,并以完整文章的形式向读者介绍纪念馆的情况,这种形式在20世纪80年代的上海鲁迅纪念馆说明书中较为常见。

图1

《鲁迅纪念馆 鲁迅故居 鲁迅墓》(上海导游小丛书),周国伟编,上海文化出版社出版,新华书店上海发行所发行,上海新华印刷厂印刷,1983年2月第1版第1次印刷,印数20 000册,定价0.13元,平装,计26页。本说明书内容包括:上海鲁迅纪念馆・故居・墓示意图、鲁迅纪念馆、内山书店、鲁迅墓介绍、参观办法、交通路线。内容较先前的说明书添加了示意图、参观办法、交通路线等指示性文字,方便观众来馆参观。

《上海鲁迅纪念馆》,上海鲁迅纪念馆编,李浩撰稿,上海人民美术出版社出版发行,上海市印刷十厂印刷,1993年5月第1版第1次印刷,印数5000册,平装,计24页。封面和封底为铜版纸材质,全彩色印刷,封面"上海鲁迅纪念馆"字样采用烫金工艺。本说明书包括上海鲁迅纪念馆基本陈列简介、上海鲁迅纪念馆方位示意图。其中,陈列简介部分以鲁迅生平为时间线,将鲁迅经历与文物结合,以完整文章的形式呈现给读者。

《上海鲁迅故居》,上海鲁迅纪念馆编,李玉英撰稿,文物出版社出版发行,1999年1月第1版第1次印刷,北京公大印刷厂印刷,新华书店分销,定价4.20元,平装,计24页。本说明书以《鲁迅生平简介》《鲁迅故居简介》两篇完整的文章形式介绍了上海鲁迅故居的情况。

另,上海鲁迅纪念馆还编写过本说明书的英文版和日文版,英文版由蔡敏翻译,日文版由瞿斌翻译,但笔者未发现出版社、定价等信息,推测这两版仅供来馆的海外观众取阅。本说明书是笔者目前找到的最早被完整翻译为英文版、日文版的说明书。

《上海鲁迅纪念馆》,上海鲁迅纪念馆编,王锡荣主编,20世纪90年代末印刷,为赠阅宣传品。本说明书包括:上海鲁迅纪念馆平面图、上海鲁迅纪念馆概况、鲁迅生平陈列、鲁迅生平年表。相较20世纪90年代的其他说明书,本说明书已不再以完整文章的形式向观众介绍上海鲁迅纪念馆,而是按基本陈列的顺序介绍,读者阅读后仿佛已亲身游览过上海鲁迅纪念馆。另,本说明书是笔者目前找到的最早纳入上海鲁迅纪念馆平面图的说明书。

《全国六家鲁迅博物馆、纪念馆简介》,上海鲁迅纪念馆汇编,2016年编,上海鲁迅纪念馆自印,赠阅宣传品,全彩色印刷。为纪念鲁迅诞辰135周年、逝世80周年,本说明书将全国六家鲁迅博物馆、纪念馆的宣传资料汇总付印,以向观众做整体宣传。

《上海鲁迅相关名人故居简介》,上海鲁迅纪念馆汇编,2016

年编,上海鲁迅纪念馆自印,全彩色印刷。本说明书将上海地区与鲁迅有过交往并对外开放的六家文化名人故居(宋庆龄故居、陈云故居、蔡元培故居、巴金故居、邹韬奋故居、沈尹默故居)与上海鲁迅故居的情况做了汇总,包括各名人本身的生平介绍、故居特点、他们与鲁迅交往的主要经历等。

《上海鲁迅纪念馆》,上海鲁迅纪念馆编,最初为五种颜色的宣传散页,2019年修订编为一册。说明书中介绍了上海鲁迅纪念馆和鲁迅生平,并结合陈列介绍了三味书屋、百草园、内山书店、朝华文库,同时介绍了鲁迅作为文学家在小说、散文、杂文方面的贡献和翻译方面的贡献。

二、明信片

《鲁迅》,上海人民美术出版社出版,新华书店上海发行所发行,上海市印刷三厂印刷,1955年2月第1次印刷,1961年10月第6次印刷,一版六印,印数44 500组,全套16张,定价0.64元。封套上的鲁迅像画作为当年上海人民美术出版社创作室主任古元于1954年所作。根据创作时间,笔者推测这幅鲁迅像可能专为本套明信片所作。明信片内容为各地的鲁迅故居、鲁迅各阶段的照片、鲁迅墓照片等。

《鲁迅纪念馆》,上海人民美术出版社出版,新华书店上海发行所发行,1955年4月第1次印刷,1956年8月第2次印刷,1957年1月第3次印刷,一版三印,印数27 000组,全套12张,定价0.60元,全彩色印刷。

封套画作"鲁迅纪念馆门口"为上海人民美术出版社的丁浩所作,明信片尺寸为14×9厘米,正面图片包括馆外景、鲁迅故居陈列照、陈列室照片、鲁迅手迹、各国译本、鲁迅像;背面印有中英文图片说明。根据明信片内容,笔者推测此组明信片是为当时纪念馆的新陈列所作。

图 2

《鲁迅纪念馆》，20 世纪 50—60 年代间印制，由封套"鲁迅纪念馆赠"字样，笔者推测此为上海鲁迅纪念馆定制，用于赠阅，全套 8 张。图片包括：鲁迅上海时期照片四张、鲁迅墓、上海鲁迅纪念馆外景及上海鲁迅故居外景和内景。

《鲁迅故居（上海）》，上海人民出版社出版，新华书店上海发行所发行，上海市印刷九厂印刷，1972 年 12 月第 1 版第 1 次印刷，定价 0.39 元，印数 30 000 册，全套 8 张。此后上海鲁迅纪念馆另行加印 5 张一套，用于赠阅。封套印有上海鲁迅故居简介，明信片正面为上海鲁迅故居内部陈设，背面印有正面图片的文字说明。

《鲁迅》，上海鲁迅纪念馆供稿，上海人民出版社出版，上海市美术印刷厂印刷，中国国际书店发行，1976 年 6 月第 1 版第 1 次印刷，定价 0.53 元，全套 12 张。封套"鲁迅"二字采用烫金和凸版印刷的工艺，明信片正面图为鲁迅各时期的照片和鲁迅墓照片，背面印有正面图片的文字说明。

《内山书店旧址勒石图片》，上海鲁迅纪念馆于 1981 年编印，全套 6 张。根据上海鲁迅纪念馆编写的《六十纪程》，"1981 年 9 月 28 日，内山书店旧址勒石揭幕仪式在山阴路四川北路中国人民银行上海分行山阴路储蓄银行门口举行。1981年9月,本馆所藏《内山书店旧址勒石图片》印成"。封套上"内山书店"四字采用烫金工艺,左下角的异形章"上海鲁迅纪念馆"为上海博物馆青铜器专家马承源设计、篆刻。明信片正面图片为内山书店的外观和内景、鲁迅与内山完造合影等。背面印有正面图片的文字说明。

《鲁迅》,杨志华、李浩编,上海鲁迅纪念馆于1992年编印,全套12张,铜版纸,全彩色印刷。封套"鲁迅"二字和马承源所刻的"上海鲁迅纪念馆"异形章均采用烫金工艺。明信片正面为鲁迅与家人和好友的合影,背面印有中英日三语的文字说明。

《鲁迅纪念馆》,杨志华、李浩编,上海鲁迅纪念馆于1992年编印,全套5张,无出版社和定价,铜版纸材质,全彩色印刷。封套"鲁迅纪念馆"五字采用烫金工艺。明信片正面包括:上海鲁迅故居工作室兼卧室照片、上海鲁迅故居外景、鲁迅铜像、鲁迅墓、上海鲁迅纪念馆陈列厅一隅,背面印有中英日三语的文字说明。

上海鲁迅纪念馆系列明信片《民族魂浮雕》,上海鲁迅纪念馆编,上海圣龙纸品有限公司印刷,上海市邮政局监制,2000年4月印刷,全套5张,铜版纸材质,全彩色印刷。1999年上海鲁迅纪念馆改扩建后新馆对外开放,新陈列的序厅添加了"民族魂"浮雕。浮雕由中央美术学院教授任世民创作,形象地表现了鲁迅的生平业绩和人们对他的崇敬之情。

《上海鲁迅故居文物珍品》,上海鲁迅纪念馆于2000年左右编印,全套12张,铜版纸材质,全彩色印刷。大陆新村9号为鲁迅在上海最后的寓所,收藏了大量鲁迅生前用过的物品和友人相赠的艺术品。这些珍贵的文物反映了鲁迅的生活和工作场景。明信片正面展示了其中部分的文物珍品,背面印有文字说明,还可以贴邮票和写邮编。封套印有中英日三语的上海鲁迅故居文物珍品明信片简介。

《鲁迅在上海活动的旧址》,上海鲁迅纪念馆为纪念鲁迅诞辰120周年所制,2001年编印,国家文物局发行,全套10张。封套印有明信片介绍,明信片正面为鲁迅从事文化活动和社会活动的历史遗址照片,背面印有说明文字和邮票。

《上海鲁迅纪念馆》,上海市邮政局发行,上海邮政广告商函局,上海鲁迅纪念馆监制,王崇华、王锡荣策划,2001年编印,全套12张。与其他明信片不同的是,该明信片为翻页式,每页明信片皆可按虚线撕下寄出,留下票根可成册收藏。内页照片为上海鲁迅纪念馆1999年改扩建后新馆基本陈列的照片。背面印有正面照片的中英文字说明,可贴邮票和写邮编。

《鲁迅在日本——纪念鲁迅留日百年》,上海鲁迅纪念馆为纪念鲁迅留日百年所制,2002年编印,全套10张。封套"鲁迅在日本"五字为烫金工艺。鲁迅于1902—1909年在日本留学,明信片正面为鲁迅在日本留学时期所摄照片,背面印有正面照片的文字说明,可贴邮票和写邮编。

图3 明信片

由于明信片除成套保存外,也可抽取其中单片保存,笔者也发现一些年代久远的单片明信片,这些明信片同样具有收藏和参考价值。如:左图明信片为20世纪50年代初位于万国公墓内的鲁迅墓;中图明信片为1956年迁墓后位于鲁迅公园内的鲁迅墓;右图为20世纪50年代上海建筑风景系列明信片,包括:上海大厦、外滩、上海龙华塔、鲁迅墓等景点照片。在20世纪50年代,鲁迅墓已是上海重要人文景点之一。

三、书　签

《鲁迅》书签,上海鲁迅纪念馆于1975年为赴日鲁迅展制作,上海人民出版社出版,全套8张,相纸材质,封套已镀膜,并采用压花烫金工艺。第1张为红底压花烫金,印有鲁迅半身像和烫金毛主席语录;后7张为白底压花烫金,每一张都印有鲁迅相片和烫金鲁迅语录。封套上的异形章为马承源所刻。

《鲁迅》书签,上海鲁迅纪念馆编,杨志华、李浩设计,20世纪90年代印。封套上的"鲁迅"二字采用烫金工艺,并凸膜压纹,内有白底书签7张,书签将馆藏版画和笺纸图案与鲁迅箴言手迹结合为一体,每张书签下部有凸版花纹。

四、其　他

1966年后,各地出版了多种鲁迅语录。1968年1月,上海鲁迅纪念馆主编《鲁迅文摘》,平装,64开,计214页。无出版社、定价信息。本文摘包括:鲁迅照片、鲁迅诗作手稿照片、毛泽东于1937年在《陕北公学》鲁迅逝世周年纪念大会上的讲话、毛泽东对鲁迅的评价等,内容具有鲜明的时代特色。

《鲁迅纪念馆》宣传彩页,上海鲁迅纪念馆1990年代自印,两折页,铜版纸,全彩色印刷,内页为全英文说明,内附上海鲁迅故居外景明信片一张。这是笔者目前发现的第一张介绍上海鲁迅纪念馆的宣传彩页。

《上海鲁迅纪念馆》宣传彩页,上海鲁迅纪念馆自印,为馆内免费发放的宣传品,五折页,铜版纸材质,全彩色印刷,分中英文、中日文两版。内容包括:上海鲁迅纪念馆简介、基本陈列照片、上海鲁迅纪念馆·鲁迅墓·鲁迅故居示意图、开放信息等内容。21世纪初第一次印刷,后随时代变化修订过多版,至今仍在发放,可以说是目前上海鲁迅纪念馆发行量最大的宣传彩页。

《鲁迅故居》系列宣传彩页,上海鲁迅纪念馆自印,为上海鲁迅故居免费发放的宣传品,全彩色印刷,内容包括上海鲁迅故居简介、鲁迅藏书室简介,分中文版、英文版,至今仍在使用。

《上海鲁迅纪念馆展览交流推介》,上海鲁迅纪念馆于2016年自印,为馆内免费发放的宣传品,全彩色印刷,介绍了上海鲁迅纪念馆历年的专题展览。

《上海鲁迅纪念馆学术研究出版介绍》,上海鲁迅纪念馆于2016年自印,全彩色印刷,为馆内免费发放的宣传品,介绍了上海鲁迅纪念馆在学术研究出版方面的成果。

《鲁迅箴言精选》,上海鲁迅纪念馆于2017年自印,全彩色印刷,为馆内免费发放的宣传品。上海鲁迅纪念馆于2014年开始在微博上开设"朝花夕拾"鲁迅箴言版块,每日定时推送鲁迅名言名句。为纪念鲁迅定居上海纪念90周年,编者特从中选出鲁迅在沪十年间作品中的经典章句,编订成册。

由此可以看出,虽已建馆七十年,但在新媒体发展迅速的21世纪,上海鲁迅纪念馆也在拓宽传播渠道,更新宣传方式,让更多观众了解上海鲁迅纪念馆。

建馆七十年来,上海鲁迅纪念馆的宣传品种类百花齐放,品类上除说明书、明信片、书签、宣传彩页外,还出现了宣传海报、不干胶贴纸、口袋本等;用途上,除宣传上海鲁迅纪念馆基本陈列、鲁迅墓、鲁迅故居外,还出现用来宣传上海鲁迅纪念馆的专题展览、大型活动的宣传品。宣传品的发展趋于多样化、细分化,从刚建馆时采取收费出版物的形式对外传播,发展到如今博物馆自印免费发放给观众,印量也较建馆时有所增加,传播渠道也更为广泛。在无线网络普及的今天,比起取阅纸质宣传品,年轻观众们更愿意通过新媒体了解博物馆信息。作为博物馆工作者,如何应对新的社会需求开发博物馆适应时代的宣传品,有待进一步探讨。

鲁迅生平与作品研究

《帮忙文学与帮闲文学》讲演的记录与修改
—— 兼论鲁迅提出"帮闲文学"的因由

乔丽华

一、从演讲记录稿到改定稿

1932年11月鲁迅回北京探望母亲期间,应邀在北京的几所大学做了公开演讲,即著名的"北平五讲"。《帮忙文学与帮闲文学》是11月22日鲁迅在北平大学二院所作的演讲,这次演讲有以下两份演讲记录:

《〈帮忙文学与帮闲文学〉——鲁迅昨日在北大之讲演》,载1932年11月23日北平《世界日报》;

《鲁迅的素描——北大讲演记录 帮忙与帮闲文学》,载1932年12月17日天津《电影与文艺》。

1933年1月1日上海出版的《论语》第8期转载了《电影与文艺》的记录稿,标题改为《帮忙文学与帮闲文学——鲁迅先生北大讲演纪录》,并删去了最后七自然段,即记录者对鲁迅的"素描"文字。(笔者比对了《电影与文艺》与《论语》转载的演讲正文,除排版格式有差别,个别字误排,如"消化"误排为"消北",两份记录稿基本一致。)

鲁迅对于采用发表在报刊上的演讲记录稿一向很慎重,除非发表前经他本人修订过(如《今春的两种感想》),否则收入文集前都要认真加以修订,若是离本意太远就索性弃用。从1934年底1935年初鲁迅致杨霁云的数封通信可知,鲁迅手头有《世界日报》上登载的《今春的两种感想》《帮忙文学与帮闲文学》《革命文学与遵命文学》三篇演讲记录稿,但他对后两篇记录稿不满意,决定不收入《集外集》。后杨霁云找来了《论语》转载的《帮忙文学与帮闲文学》讲演记录稿,鲁迅直接在这份刊印稿上面做了修订。但《帮忙文学与帮闲文学》等10篇文章送交当局审查时被抽去,故未能收入《集外集》。此后鲁迅曾打算自己编辑《集外集外集》,请杨霁云寄回了《帮忙文学与帮闲文学》的修改稿。1939年许广平编辑出版《集外集拾遗》,其中收入《帮忙文学与帮闲文学》,就是根据鲁迅的修订稿。

这份有鲁迅修改手迹的改正稿,已收入文物出版社《鲁迅手稿全集》文稿第8册,从这份改稿可以看到,鲁迅删去了开头说明此次演讲背景的3个自然段,以及最后4个自然段,仅保留演讲正文。正文有多处修改,并删去了后半部分。笔者据这份修改稿,与初刊、初版及人文社《鲁迅全集》所收录的版本做了汇校。为清晰说明鲁迅对记录稿做了哪些修改,以及与后来版本的细微差别,特列下表:

序号	页/行(《鲁迅全集》2005年版第7卷)	初刊(《电影与文艺》)	手稿(在《论语》转载文章上直接修改)	初版(《集外集拾遗》,1939年5月初版)	全集(人文社1981年版、2005年版)
1	标题	《电影与文艺》原为"帮忙与帮闲文学——北大讲演记录",《论语》改为"帮忙文学与帮闲文学——鲁迅先生北大讲演纪录"	副标题涂去"鲁迅先生",手写添加"在",标题改为:"帮忙文学与帮闲文学——在北大讲演纪录"	帮忙文学与帮闲文学——在北大讲演纪录	帮忙文学与帮闲文学——十一月二十二日在北京大学第二院讲

续表

序号	页/行（《鲁迅全集》2005年版第7卷）	初刊（《电影与文艺》）	手稿（在《论语》转载文章上直接修改）	初版（《集外集拾遗》,1939年5月初版）	全集（人文社1981年版、2005年版）
2	第404页第4行	这当什么讲？	涂去"什"，改作"怎"	这当怎么讲？	同手稿、初版
3	第404页第6—7行	但依我们看起来，	"我们"后面手写添加"中国的老眼睛"	但依我们中国的老眼睛看起来，	同手稿、初版
4	第404页倒数第7行	小说就做箋片的职务。	手写添加"着"字。	小说就做着箋片的职务。	同手稿、初版
5	第404页倒数第5行	至于反对皇帝是为卢布，	涂去"至于"，改为"倘说他"，"为"后面添加"了"	倘说他反对皇帝是为了卢布，	同手稿、初版
6	第405页第2行	廊庙文学，	涂去"廊"，改为"廊"	廊庙文学，	同手稿、初版
7	第405页第6行	身在山林，而"心实在朝"。故一出山林即入廊庙	手写添加"但"，涂去"实在朝"，改为"存魏阙"；涂去"故一出山林即入廊庙"	但身在山林，而"心存魏阙"。	同手稿、初版
8	第405页第6—7行	不能帮忙不能帮闲的时候，	手写添加"果""又"，涂去"的时候"，全句改为："果不能帮忙，又不能帮闲，"	如果既不能帮忙，又不能帮闲，	同初版
9	第405页第7行	心里甚是悲哀了。	手写添加"那么""就"	那么，心里就甚是悲哀了。	同手稿、初版
10	第405页第8行	中国隐士和官僚最接近。	手写添加"是""的"	中国是隐士和官僚最接近的。	同手稿、初版
11	第405页第8—9行	这时谓之征君。	手写添加"那时很有被聘的希望，一被聘"，"这时"涂去，改为"即"	那时很有被聘的希望，一被聘，即谓之征君，	同手稿、初版

续表

序号	页/行（《鲁迅全集》2005年版第7卷）	初刊（《电影与文艺》）	手稿（在《论语》转载文章上直接修改）	初版（《集外集拾遗》，1939年5月初版）	全集（人文社1981年版、2005年版）
12	第405页第9行	开当铺卖糖葫芦是不会做官的。如我教授没做得做，只好玩玩。	手写添加"，"；"做官"改为"被征"；删去"如我教授没做得做，只好玩玩。"	开当铺，卖糖葫芦是不会被征的。	同手稿、初版
13	第405页第9—10行	我前回听说有人做世界文学史，	涂去"前回"，改为"曾经"	我曾经听说有人做世界文学史，	同手稿、初版
14	第405页第10—11行	看起来实在是。	涂去"是"，改为"也不错"	看起来实在也不错。	同手稿、初版
15	第405页第11行	一方面固然由于文学难，	涂去"学"，改为"字"	一方面固然由于文字难，	同手稿、初版
16	第405页第11行	教育少不能做文章。	手写添加"一般人受""，"	一般人受教育少，不能做文章。	同手稿、初版
17	第405页第12行	中国文学和官僚实在接近。	手写添加"也"	中国文学和官僚也实在接近。	同手稿、初版
18	第405页第15行	因为当时是向"文以载道"革命的，	涂去"革命"，改为"说进攻"	因为当时是向"文以载道"说进攻的，	同手稿、初版
19	第405页倒数第9行	但是现在连反抗性都没有了。	手写添加"却"	但是现在却连反抗性都没有了。	同手稿、初版
20	第405页倒数第5行	这如现代评论派，	涂去"这"，改为"例"。全句改为："例如现代评论派，"	则如现代评论派，	1981年版同初版 2005年版同手稿
21	第405页倒数第4—3行	所以他们的任务是刽子手。	手写添加"他们骂骂人的人，正如杀杀人的一样——"；涂去"所以""的任务"	他们骂骂人的人，正如杀杀人的一样——他们是刽子手。	同手稿、初版

续表

序号	页/行 (《鲁迅全集》2005年版第7卷)	初刊 (《电影与文艺》)	手稿 (在《论语》转载文章上直接修改)	初版 (《集外集拾遗》,1939年5月初版)	全集 (人文社1981年版、2005年版)
22	第405页倒数第2行	这种帮忙和帮闲的趋势是长久的。	涂去"趋势",改为"情形"	这种帮忙和帮闲的情形是长久的。	同手稿、初版
23	第405页倒数第2—1行	我不劝人立刻把中国文物都抛了。	手写添加"并""的""弃"	我并不劝人立刻把中国的文物都抛弃了,	同手稿、初版
24	第405页倒数第2—1行	不看就没有东西看;不过如果以我的意思不错,对照着这个意思看起来,就可以明了多了。	手写添加"因为""这些"。删去"不过如果以我的意思不错,对照着这个意思看起来,就可以明了多了。"	因为不看这些,就没有东西看;	同手稿、初版
25	第406页第1行	不帮忙也不帮闲的文学不会多。	涂去"不会",改为"真也太不"	不帮忙也不帮闲的文学真也太不多	同手稿、初版
26	第406页第1—2行	现在做文章的人都是帮闲帮忙的人。	手写添加"们几乎""物"	现在做文章的人们几乎都是帮闲帮忙的人物。	同手稿、初版
27	第406页第2—3行	我不相信与吃饭问题无关。我肚饿了我要去借债去。	手写添加"却";涂去"我肚饿了我要去借债去。"	我却不相信与吃饭问题无关,	同手稿、初版
28	第406页第3行	我以为文学与吃饭问题有关,	手写添加"不过,""又""也不打紧"	不过,我又以为文学与吃饭问题有关也不打紧,	同手稿、初版
29	第406页第3—4行	能不帮忙不帮闲就行。	手写添加"只要能比较的";涂去"行",改为"好"	只要能比较的不帮忙不帮闲就好。	同手稿、初版

从以上表格中列出的29处修改可以看到,由于这是他人的记录稿,所以鲁迅在修改时主要是对演讲记录稿中口语化的、不够严密的表达,做了补充或更正。这可分为如下几种情况:

1. 添加实词,加以补充或限定说明,如序号3、11、14、15、16、18、21、23、28这几处,添写或改写后意思显然更加明晰。

2. 更换或增删虚词,如序号4、5、8、9、13、19、23、25、28、29这几处,对副词、连词等虚词做了增删修改。已有研究者指出:"鲁迅先生不仅注意修改自己手稿中的某些形容词、动词之类,而且很注意修改那些看似很不起眼的副词。"而他更换或增删副词的修辞目的,"一是为使句子语气表达得更确切,二是为使句子语气得到加强、使语感更为突出,三是为使句子的关系更加明确、语气更加连贯"①。

3. 改正个别误字,如序号6,"廊庙"改为"廊庙"。

4. 将原本比较随意的口语改得较为正规,如序号2、10、20、23、26这几处。

又,出于多种考虑,鲁迅对演讲记录稿做了较多的删改,大致可分为两种情况:

1. 删去了鲁迅演讲中谈到自己、调侃自己的语句,如序号12,"如我教授没得做,只好玩玩"。序号27,"我肚饿了我要去借债去"。这两句玩笑话也是实情,鲁迅到上海后不再教书,经济来源主要靠稿费。这两句话在现场能够得到师生的理解,但作为文章发表时,如没有进一步说明就显得有点突兀。另外,时过境迁,鲁迅或许也不想再提起这个话题。

2. 删去了记录稿中语义含混的句子,如序号7,原为"身在山林,而心实在朝。故一出山林即入廊",鲁迅删去了"故一出山林即入廊庙"。从修改稿可以看到,他原本想对这句话做解释说明,在这一句旁添写了"最得意的是""或一出廊庙便无山林"。但可能感觉这样还是无法说清自己本来的意思,就又把修改的笔迹涂去了,并删去了记录稿中这一句。

时隔两年后修改这篇演讲稿,当时演讲的有些内容已经淡忘,所以不如删去。鲁迅删去了记录稿正文的最后两节,也是出于这样的原因。原记录者在这篇讲演记录稿后面有一段话称:"二十三号的世界日报曾把他这次演词写了些下来,不过马裕藻当天在班上说:'错的太利害了。'我不信我不会错,但自信不会太多。他的绍兴话的官调我还懂。"但鲁迅不以为然,在给杨霁云的信里写道:"别一篇《帮忙文学……》,并不如记者所自言之可靠,到后半,简直连我自己也不懂了,因此删去,只留较好的上半篇,可以收入集里,有这一点,已足说明题目了。"鲁迅删去的后半篇原文如下:

我是中国人,但我很恨中国文字。一个一个方的,非到大学中学毕业不能运用。大学中学毕业,必是小资产阶级,这些人做起文章来就是假装普罗也是没有办法的。他们做起文章不是帮忙就是帮闲,帮忙是帮闲全弄成饭吃。小资产阶级意识也许可以消灭一些,帮闲帮忙关之也许可以减些。如前三四年,革命文学讲得很利害,这也革命,那个也革命,革命文学家多极了,政府怕起来,捉了几个,杀了几个,革命文学就少了。这就因为他们本来是帮帮闲帮帮忙的。因为革命文学方面忙不过来,所以过来帮帮,但旧的影响,并未脱掉。社会那方面看起来,这里面一定有卢布,因为没有卢布怎么会有革命文学。所以做文学史,如从社会方面看起来,应该是这人何以变化,那边拿了钱的。

文学不在这两范畴内的,也拿得出来。若以现在眼光看起来,固然没有什么,但用历史的眼光看起来是会有的。不用历史的眼光,则一切失了价值。有人做一篇文章讥笑诗经时代女人嫖男人是用钱的,这好像说庄子老子不懂唯物史观。无产阶级文学不在这两个范围中。要脱去掉这两个范围,在

> 知识阶级应从理想,应以为社会如此下去,非改革不成,故也会倾向无产阶级文学。但与无产阶级的苦心总是不同的。中国批评家国(因)帮忙帮闲也失了权威。这些批评家于中国历史不甚了解,他们不知道不能一个斛斗就翻得下来的。由旧文学变转过小资产阶级文学是不可能的,因为中国没有模型。北京有几位文学家说:"我是没落,就没落好了。"何必自暴自弃至于此地(。)但批评的人也不要太过分,手段还是应该向他人学的。文学是叫人看得下去,如战斗时,没有兵器,口咬必要时,也应该咬他一口的,以为狗用口咬,我便不咬,大可不必。如因其为帮闲文学,便不消北(化);就像我吃了牛肉就要变成牛似的。

经过这样的删改,如鲁迅所言,所保留下的内容"已足说明题目了"。但是,就演讲本身而言,则是一个丢失的过程。首先是失去了演讲的现场感。如前所述,鲁迅在修改时对演讲记录稿中口语化的、不够严密的表达,做了补充或更正。原本演讲是口语化的,记录稿也多少保存了口语的感觉,经过修改后变得书面语化,如"身在山林,而心实在朝",改为"但身在山林,而心存魏阙",意思不变,但行文变得古奥。包括虚词的修改,也起着同样的书面语化的作用。此外鲁迅删去了演讲中即兴的玩笑话,例如他谈到自身经济状况、自我调侃的语句:"如我教授没得做,只好玩玩。""我肚饿了我要去借债去。"这两句话在演讲中起到活跃气氛的作用,想必此处会有笑声。又如被删去的最后一节,末尾的比喻非常幽默:"以为狗用口咬,我便不咬,大可不必。如因其为帮闲文学,便不消化;就像我吃了牛肉就要变成牛似的。"鲁迅当时在北大的演讲就是在这个有趣的比喻中结束的。可以说,原记录稿更多地保留了现场的气氛。

另外还有内容的丢失。鲁迅删去的内容,是他在现场演讲中提到过的,尽管可能记录不准确或有违原意。例如最后两节,尽管记录得不够准确,确实有很多读不通的地方,但通过这个记录稿还是能了解鲁迅当初演讲的大致内容,从中可以知道他后面还谈到上海的普罗文学,指出有些革命文学家也是帮忙或帮闲的。此外还探讨了是否有不在帮闲文学和帮忙文学范畴内的文学,指出应该用历史的眼光来看。显然,鲁迅这篇演讲的后半部分,进一步针对现实,谈到了上海的革命文学形势,批评了上海某些投机的革命作家,也批评了甘于没落的北京的几位文学家,也试图回答什么样的文学既不是帮忙文学也不少帮闲文学,现在的文学家应该如何面对现实去创作和战斗。所以,删去这最后一部分内容,此次演讲显然是不完整的。毋庸置疑,鲁迅的修订使行文更紧凑严谨,但原记录稿相对完整地保留了演讲的内容,故也有其独立存在的价值。

二、鲁迅提出"帮闲文学"的因由

"帮闲"("帮闲文学")是鲁迅后期杂文中一个重要的概念。"帮闲"一词并不是鲁迅的发明,原是明清小说和戏曲中大量存在的一类人物,特指用各种手段侍奉寄主,主要陪寄主消费、消闲或取乐,并且从中获得一定好处的无业游民或文人,又称为"篾片""清客""闲人"等。宋元明清以来的小说里,"帮闲"的身影比比皆是:"尤其是在以'三言'、'二拍'、《豆棚闲话》为代表的拟话本小说和以《金瓶梅》为代表的世情小说中,帮闲更是随处可见。在小说语境中,帮闲又常常出没于青楼舞馆、勾栏瓦舍或富家豪门。其中,不论是出入西门庆家的应伯爵,还是在端王府内的高俅;不论是徘徊在谭绍闻家前厅后门的夏逢若,还是应对于贾府的单聘仁、卜固修;不论是《快心编》中的白子相,还是《绿野仙踪》中的苗秃子,都是名副其实的帮闲。晚清狭邪小说中帮闲人物之多甚至达到泛滥的程度……"[②]

在我们熟悉的古典名著如《水浒传》《金瓶梅》《红楼梦》《儒

林外史》里,都有"帮闲""清客""篾片"一类的人物,其中描写"帮闲"最入木三分的是《金瓶梅》,小说第一回就介绍西门庆结交的"十兄弟",都是些"帮闲抹嘴":

> 结识的朋友,也都是些帮闲抹嘴,不守本分的人。第一个最相契的,姓应名伯爵,表字光侯,原是开绸缎铺应员外的第二个儿子,落了本钱,跌落下来,专在本司三院帮嫖贴食,因此人都起他一个浑名叫做应花子。又会一腿好气球,双陆棋子,件件皆通。第二个姓谢名希大,字子纯,乃清河卫千户官儿应袭子孙,自幼父母双亡,游手好闲,把前程丢了,亦是帮闲勤儿,会一手好琵琶。自这两个与西门庆甚合得来。其余还有几个,都是些破落户,没名器的……(中略)说这一干共十数人,见西门庆手里有钱,又撒漫肯使,所以都乱撮哄着他耍钱饮酒,嫖赌齐行。③

鲁迅在《中国小说史略》等著作中对以上小说都有专门介绍,在介绍《金瓶梅》的故事内容时也提到:"《金瓶梅》全书假《水浒传》之西门庆为线索,谓庆号四泉,清河人,'不甚读书,终日闲游浪荡,'有一妻三妾,又交'帮闲抹嘴不守本分的人',结为十兄弟……"虽然他对《金瓶梅》等古典小说里的"帮闲"没有特别评说,但他对这一群体并不陌生,这是可以确定的。当然,《金瓶梅》中的"帮闲"主要指在豪富人家专事巧言奉承、插科打诨、揩油捞钱的人。鲁迅笔下的"帮闲"则主要指在富贵场中帮闲凑趣的知识分子,即所谓"学得文武艺,货与帝王家"。可以说,明清文学里大量形形色色的"帮闲"形象给了他启发,于是信手拈来,用"帮闲"一词给近现代的某一类文人雅士贴上标签,指出他们也不过是给主人捧场凑趣的角色。

"帮闲"这一概念的提出无疑体现了鲁迅杂文的现实性和战

斗性:当时文坛上充斥着在官场商场上帮闲凑趣的知识分子,如鲁迅讲演中提到的"现代评论派"、投机钻营的"革命作家",以及"第三种人""海派文人""幽默闲适派"等。基于这样一种现实,鲁迅后期杂文、书信中频繁出现"帮闲"一词,还写作了《二丑艺术》《帮闲法发隐》《从帮忙到扯淡》《"京派"和"海派"》等文章,揭露帮闲们的伎俩,痛斥不少知识分子已沦落为官商乃至大众的帮忙帮闲。

综上,鲁迅杂文中使用的"帮闲"一词,源于宋元明清以来文学中的"帮闲"形象,同时基于当时特定的现实背景。此外,一些迹象表明,他在1932年11月北上的这次讲演中首次提出"帮闲文学"这一概念,可能还有特别的指向,或与周作人有关。在这篇讲演之前,鲁迅没有用过"帮闲"这个词,仅在1926年发表的《有趣的消息》一文里提到"篾片",即豪门帮闲的俗称。反而是周作人,早在1921年就在《天足》这篇文章里提到"帮闲":"评头品足,本是中国恶少的恶习,只有帮闲文人像李笠翁那样的人,才将买女人时怎样看脚的法门,写到《闲情偶寄》里去。"④1921年正是"兄弟怡怡"的时期,周作人此文称李笠翁(李渔)为"帮闲文人",鲁迅应该是了解的。但鲁迅此次回到北平的第一场演讲大谈特谈"帮闲文学",则可能有暗讽周作人之意。

鲁迅此次回到北平,是为了探望生病的母亲。关于这次母亲生病的事,周作人1932年11月的日记里有如下几条记载:

六日 ……晚九时半西三条来叫,云母亲急病,信子催汽车去招今村诊,云系脑贫血,十一时半回来。

七日 ……往看母亲,午返。下午信子芳子又去。

八日 ……夜二时西三条来电话,令招医,信子去看,五时回家。

九日 晨为大嫂发电报致上海,上午十一时往看母亲,上午盐泽来诊病状,尚佳,四时返。

此后十日、十一日、十二日均有"往看母亲的记载"⑤。

11月13日鲁迅回到北平西三条家中,28日返回上海,这期间周作人一次也没有来西三条看望母亲,自然也就没有跟鲁迅见面。北大国文系的旧友邀请鲁迅,周作人自然也不会出席。总之他尽可能地回避与鲁迅碰面,丝毫没有与兄长缓和关系的意愿。

对此鲁迅显然感到不快。在11月20日给许广平的信里提到周作人:"周启明颇昏,不知外事,废名是他荐为大学讲师的,所以无怪攻击我,狗能不为其主人吠乎?刘复之笑话不少,大家都和他不对,因为他捧住李石曾之后,早不理大家了。"又写道:"现在是夜九点半,我从幼渔家吃饭回来了,同席还是昨天那些人,所讲的无非是笑话。现在这里是'现代'派拜帅了,刘博士已投入其麾下,闻彼一作校长,其夫人即不理二太太,因二老爷不过为一教员而已云。"二老爷指周作人,二太太指羽太信子。这次鲁迅回京探母,原本是兄弟二人改善关系的好机会,结果却是裂隙欲深。

鲁迅信中提到废名攻击一事,即1930年5月废名在《骆驼草》周刊第1期发表短评《"中国自由运动大同盟宣言"》,攻击鲁迅、郁达夫等人,署名丁武。此文开头写:"新近得见由郁达夫、鲁迅领衔的《中国自由运动大同盟宣言》,真是不图诸位之丧心病狂一至于此。"在抄了一段"宣言"后,他又用两个故事来讽刺鲁迅:

我现在也记起了一段故事:

据说武则天女皇帝看了骆宾王讨她的檄文,叹息道:"天下有如此人材不用,宰相之过也。"

只可惜封建时代已经过去了,现在连这一位"明主"也不遇了。

"坚决为自由而斗争!"

然而放心,秀才从来是不造反的,所以秦皇帝下逐客令。然而李斯有谏逐之书,文士立功,也由来久矣。

《骆驼草》第3期(1930年5月26日),这个丁武又发表了一篇《闲话》,文中坦言前文是刺鲁迅的:"不愉快的事,因了郁达夫鲁迅的《中国自由运动大同盟宣言》,我刺了鲁迅先生一下。"在此文中他肯定《呐喊》《彷徨》"这两个短篇小说集是足以代表辛亥革命这个时代的",以此对"趋时"的鲁迅表示惋惜和劝诫:

"阿Q时代已经过去了",大家都这样喊,那自然是最好不过的,但这没有关系,只是,"前驱"与"落伍"如果都成了群众给你的一个"楮冠",一则要戴,一则不乐意,那你的生命跑到那里去了?即是你丢掉了自己!这自然也算不了什么,但我总觉得是很可惋惜似的。《坟》这个杂文集,里面也有很好的文章,我一想起这个书名字我就很惆怅。凉风起天末,君子意如何?

这一个"争"字非同小可,是少数渐渐加入多数的一个原因,就是所谓利害的关系,不然,明若观火的事,一是一,二是二,何致于贤者都变成了愚人呢?做人须得要谨慎,有所戒惧。

鲁迅1930年5月24日致章廷谦的信里就指出"丁武"即"丙文":"《骆驼草》已见过,丁武当系丙文无疑,但那一篇短评,实在晦涩不过。以全体而论,也没有《语丝》开始时候那么活泼。"废名,原名冯文炳,故鲁迅用"丙文"来指称。但当时他未必清楚废名与周作人的关系。这次鲁迅来北平,与诸多旧友会面后,知道了废名和周作人之间特殊的关系,很自然地想到丁武那篇攻击文章其实表达的是周作人的想法,背后有周作人的授意。丁武短评里的"两个故事",一是骆宾王作讨武则天檄文,一是李斯作《谏逐客书》打动了秦王嬴政,都是暗讽文人参与政治,奚落鲁迅参加中国自由运动大同盟这样的组织是图官职名利,失了文人的立场和本分。对丁武的观点(确切地说是周作人的观点),鲁迅是不赞同的。而以鲁迅的个性,也是必定要做出反击的。两天后在北京大学国文系的演讲可以说是一个绝佳的机会,虽然他的攻击也跟丁武的文章一样,用了颇为晦涩的表述。

鲁迅在这篇讲演中对"帮闲文学"做了溯源和定义,认为中国文人的传统归根结底就是帮忙或帮闲。他把中国文学分为两大类:一是廊庙文学,二是山林文学,但这两类文学没有实质不同,区别只是"在朝"和"下野",二者都是帮忙帮闲或预备着帮忙帮闲。鲁迅特别讽刺后一种人,标榜自己是"隐士",其实只是"暂时无忙可帮,无闲可帮",他们"身在山林,而'心存魏阙'",渴望着出山为主子效劳。鲁迅在讲演里还特意指出:"中国是隐士和官僚最接近的。""隐士"一词,在鲁迅后期的文章里也经常出现,通常就是特指以周作人为代表的那一类知识分子,他们挂上"隐士"的招牌,只不过是一时没有帮闲帮忙的机会。对他们来说隐士是一种资本,做隐士容易出名,出名之后容易得到重用,求得官职和饭碗。

鲁迅后来还写了《隐士》一文,尖锐地指出,"归隐,也是哄饭之道。""肩出'隐士'的招牌来,挂在'城市山林'里,这就正是所谓'隐',也就是哄饭之道。"隐士们平日自诩清高、淡泊、隐逸,对于世间疾苦不闻不问,一涉及自身利益,自卫起来却格外用力:"虽'隐',也仍然要哄饭,所以招牌还是要油漆,要保护的。泰山崩,黄河溢,隐士们目无见,耳无闻,但苟有议及自己们或他的一伙的,则虽千里之外,半句之微,他便耳聪目明,奋袂而起,好像事件之大,远胜于宇宙之灭亡者,也就为了这缘故。"⑥如此,鲁迅的意思也很明确了:隐士们自命超然,其实是放弃了反抗、呐喊,真正沦为了帮闲——他们有什么资格来嘲讽积极参与政治的骆宾王、李斯呢?

11月22日下午鲁迅应邀在北京大学国文系第二讲堂做了题为"帮忙文学与帮闲文学"的讲演,而根据周作人日记,那天他"上午八时在北大上课,午返。……下午信子为理发,入浴,咽痛,咳嗽。"⑦这天的讲演他自然是不会参加的,但第二天北平《世界日报》的报道,以及当时北平报纸上关于鲁迅演讲的热烈报道,周作人应该能看到,起码事后也会有所耳闻。鲁迅这次讲演的言外之意,他当比旁人体会得深。

注释

① 李济中:《鲁迅手稿中副词修改举隅》,《当代修辞学》1985 年第 1 期。
② 张世飞:《明清小说中的"帮闲"形象研究》,硕士学位论文,2009 年。
③ 兰陵笑笑生著、王汝梅校注:《金瓶梅》(上),吉林大学出版社 1994 年版,第 13 页。
④ 周作人:《天足》,原载 1921 年 7 月 29 日刊《晨报》,署名子严,后收入《谈虎集》。
⑤ 周作人:《周作人日记》(下),第 330—332 页,大象出版社 1996 年版。
⑥ 鲁迅:《隐士》,收入《且介亭杂文二集》。
⑦ 周作人:《周作人日记》(下),第 338 页,大象出版社 1996 年版。

生而死,死而生
——鲁迅《为了忘却的记念》与珂勒惠支《牺牲》之比较

孙 仪

一、两个伟大民族的伟大融合

钱理群曾说:"珂勒惠支的版画与鲁迅的文字已经融为一体,这是东西方两个伟大民族的伟大融合,是世界上最强有力的男性与同样强有力的女性的融合,是真正具有震撼力的。"[①]善哉此言,鲁迅与珂勒惠支的融合表明在精神世界中,这两位有相当多的共通之处,这种强有力不仅是指两位精神上的刚强,对于压迫者、黑暗社会的憎恶与愤怒,而且还是指内心上的柔软,对于被侮辱被损害者的同情与爱。刚强与柔软共同构成了男性鲁迅与女性珂勒惠支强有力的精神力量。

正因为鲁迅与珂勒惠支精神世界的相通,所以鲁迅在版画中最为推崇珂勒惠支的版画,他也是最早将珂勒惠支介绍到中国的人。从 1929 年鲁迅托前往德国留学的徐梵澄购买版画作品和图册(其中就有五本珂勒惠支的画册),到 1936 年鲁迅扶病自费编印出版《珂勒惠支版画选集》,鲁迅持续为珂勒惠支在中国的传播增强影响力,挖掘珂勒惠支木刻艺术的强大精神力量。鲁迅倡导中国新兴木刻运动,一是因为从社会意义上来说,木刻的特质:易于欣赏、较为直接、创作即时、传播迅捷,对于更敏捷地启蒙民众、改造国民性大有裨益,这与鲁迅一直以来的创作观念是吻合的,其至在20世纪30年代鲁迅将其主要精力投注在杂文中,也正因这种文体的即时、迅猛;二是对于个人审美来说,与鲁迅的审美偏好有关,鲁迅对于木刻的格外钟情符合他个人的审美情趣。

鲁迅《为了忘却的记念》这篇杂文与珂勒惠支《牺牲》木刻有着不解之缘。早在1923年珂勒惠支完成了战争组画《战争》,《牺牲》是其中最为知名的一幅。1932年2月,鲁迅的学生和朋友胡也频、柔石、殷夫、冯铿、李伟森五位作家在上海被国民党龙华警备司令部秘密枪杀。鲁迅为了纪念左联五烈士,曾写信邀约珂勒惠支为牺牲的五位烈士作木刻。珂勒惠支回信因不了解中国具体情况而不能为之作木刻,但她在世界文化界人士联名抗议书签了名。于是鲁迅于1931年9月20日选取了珂勒惠支的黑白木刻《牺牲》刊登在《北斗》创刊号上以纪念逝去的年轻生命。这是鲁迅第一次将珂勒惠支的木刻展现在国人眼前。这时的鲁迅悲伤、愤慨、叹息,复杂的情绪充斥在他的心中,他还不能用文字去缅怀他们。时隔两年之久,所有情绪、所有伤痛、所有怒火、所有怀念都沉淀下来,在1933年4月,鲁迅在《现代》第2卷第6期发表了《为了忘却的记念》,同时再一次将珂勒惠支的《牺牲》附上。两次将《牺牲》这一木刻展现,绝不是一时一刻的心血来潮,体现了鲁迅心中愿意将《牺牲》作为左翼五烈士精神的象征,也影响了鲁迅对《为了忘却的记念》的创作。在此,视觉语言与文学语言有了彼此的影响,相互辉映,形成引人瞩目的艺术现象。下面笔者将从创作母题、表现手法、情感表达、哲学思考四方面对鲁迅的《为了忘却的记念》和珂勒惠支《牺牲》对比并试图梳理两种艺术的相同与不同。

二、创作母题:母与子,师与生

珂勒惠支木刻《牺牲》(见图1)用粗犷的线条搭配、鲜明的明暗对比勾勒一位全身赤裸的母亲用自己的手臂以一种尽力往上的力量将自己的婴儿托举起来,两臂环绕着婴儿,坚实有力,身后大

图 1　珂勒惠支木刻《牺牲》

片的暗凸显在中心两个人物环绕的白色光芒。这是一位母亲牺牲自己婴儿的时刻,发人深省。很明显,珂勒惠支这幅木刻的主题就是母与子。母亲脸上深深的皱纹,眼睛是闭着的,似乎不忍心看到孩子被牺牲的一幕,又像是肃穆的庄严的殉道者;身体是赤裸的沧桑的,表现一种生命的衰老,手臂肌肉结实,但环抱孩子的手臂姿态近乎不自然,寓意这样一种牺牲是生命中特殊的一刻;婴儿蜷缩着,身体柔软,眼睛紧紧闭着,对这个世界一无所知,似乎不知道这黑暗的世界可能吞没它。母与子有着一种天然原初的血肉联系,母亲的环抱预示着天然的庇佑,但矛盾的是她无可奈何向黑暗力量献祭自己的婴儿;婴儿天然在母亲手臂里感受到了安全感,但他即将牺牲。出生与牺牲,以一种对立的方式呈现。珂勒惠支创作这幅木刻时经历了小儿子在第一次世界大战服兵役中死亡,她体验到了常人难以体会到的失去自己孩子的痛苦,她将这一情感融入在这幅木刻中。鲁迅评价她"以深广的慈母之爱,为一切被侮辱和损害者悲哀,抗议,愤怒,斗争;所取的题材大抵是困苦,饥饿,流离,疾病,死亡,然而也有呼号,挣扎,联合和奋起"[②]。慈母之爱是珂勒惠支作品的底色,是创作的母题。

鲁迅《为了忘却的记念》也涉及了母与子的关系,文中提到的有三对:

第一对是柔石和他的母亲。文中说:"他悲愤的对我说,他的母亲双眼已经失明了,要他多住几天,他怎么能够就走呢? 我知道这失明的母亲的眷眷的心,柔石的拳拳的心。"[③]柔石失明的母亲与《牺牲》中闭着眼睛的母亲暗合。鲁迅在文中直接点明:"当《北斗》创刊时,我就想写一点关于柔石的文章,然而不能够,只得选了一幅珂勒惠支夫人的木刻,名曰《牺牲》,是一个母亲悲哀地献出她的儿子去的,算是只有我一个人心里知道的柔石的记念。"[④]《牺牲》不仅代表着作者对柔石兼及左联五烈士的纪念,还有一层意思是作者替柔石的母亲纪念她的孩子。

第二对是作者和他的母亲。当柔石等被捕后,鲁迅四处躲避当局的追捕,外界甚至传说他已经死亡,"而用函电来探问我的消息的也多起来,连母亲在北京也急得生病了,我只得一一发信去更正,这样的大约有二十天"[⑤]。作者母亲对自己孩子的深广的母爱可见一斑。这是革命年代一个普通母亲对孩子的担忧,在母亲眼中,长大成人的孩子依旧如同《牺牲》中的婴儿需要保护与庇佑,但她们只能焦急地等待。

第三对是作者妻子与孩子,前年在颠沛流离中,"我烧掉了朋友们的旧信札,就和女人抱着孩子走在一个客栈里"[⑥],"今年的今日,我才坐在旧寓里,人们都睡觉了,连我的女人和孩子"[⑦],都是侧面的一些零星叙述,体现一家人共患难共福祸的浓浓亲情,是30年代白色恐怖的腥风血雨下家庭的凝聚力,这是鲁迅能够度过艰难岁月的坚实后盾与情感基石。

这三组关系都是母与子,体现了与《牺牲》相同的母题,另外与《牺牲》有所不同的是,鲁迅在《为了忘却的记念》中还有一层关系可以类比"母与子"的关系,那就是师与生之间的关系。鲁迅与白莽、柔石来往较多,与冯铿、胡也频只有过一些来往,李伟森是完全没有见过。鲁迅可说是这些青年的精神导师,与他们是师生亦或者是朋友的关系。鲁迅一向对于青年力量支持与爱护,这次这些充满希望的青年却在黑暗世界里毁灭了,鲁迅怎能不痛心疾首。正如《牺牲》中悲哀的母亲一样,鲁迅其实有一种深广的对青年的大爱。这篇文章中的师生之情,既有拳拳爱护,也有善意担忧,既有保持一定距离的细心尊重,也有密切的谈笑接触,既有对翻译作品原则的坚守批评,也有一起扶植刚健质朴文艺的相同志向。这样的师生之情难能可贵,细腻,真诚,朴素,鲁迅的怀疑主义与青年的理想主义交织,是最美丽的画卷。

三、表现手法:静止与流动、刹那与永恒

珂勒惠支《牺牲》有现实主义作品的一面,具有写实的厚重感,作为木刻是静止的画面。珂勒惠支将母亲牺牲自己孩子的这样的场面凝固在母亲抱起孩子的那一刻,静止中孕育流动。读图者对于这一刻之前、这一刻以及这一刻之后的情景可以想象,形成流动的情感与故事。这是木刻的特殊效果,有着思想性与故事性。人们可以想象在这一刻之前,什么样的境遇会造成母亲献出自己的孩子,可以想象这一刻母亲的心情,可以继续想象在这一刻之后婴儿的遭遇。

在鲁迅《为了忘却的记念》中也用了现实主义手法,以一种平淡自然的口吻叙述描写几位青年的平常琐事,引发了作者对白莽、柔石等形象的想象,时间、空间、人物、事物都是在发展流动的,不同于《牺牲》的是,《为了忘却的记念》是流动中有静止,鲁迅将有血有肉的形象凝固在这篇文章中,完成了对牺牲者不能忘却的纪念。

珂勒惠支《牺牲》是表现主义作品的。表现主义是20世纪初的艺术思潮,注重抓住事物的内在本质,展现人的情感、意识、灵魂,主观性与偶然性表达。细细品味《牺牲》,可以发现木刻中背景的黑暗与光芒的象征性:黑暗是社会,是战争,更是悲剧感;光芒是庄严,是永恒,更是壮美感。婴儿年龄之幼小与牺牲之残酷,具有一种不合理的荒诞感,刹那的定格中变成永恒的丰碑。

鲁迅《为了忘却的记念》也有表现主义的手法,用主观精神进行内心体验,如"天气愈冷了,我不知道柔石在那里有被褥不?我们是有的。洋铁碗可曾收到了没有?……但忽然得到一个可靠的消息,说柔石和其他二十三人,已于二月七日夜或八日晨,在龙华警备司令部被枪毙了,他的身上中了十弹。原来如此!……"⑧作者对柔石等在监狱中的情况进行了主观想象,行文具有强烈的抒情性;文中三次提到《裴多菲诗集》,前两次是在鲁迅与白莽的交往中,第三次是在左翼五烈士牺牲之后又一次提到裴多菲,当鲁迅又一次翻阅白莽遗物时发现四行译文:"生命诚宝贵,爱情价更高;若为自由故,二者皆可抛!"⑨生命、爱情、自由,一项比一项珍贵,在此,《裴多菲诗集》具有象征意义,象征着个体追求自由的理性与信念。鲁迅在文章最后写道:"在这三十年中,却使我目睹许多青年的血,层层淤积起来,将我埋得不能呼吸,我只能用这样的笔墨,写几句文章,算是从泥土中挖一个小孔,自己延口残喘。这是怎样的世界呢。夜正长,路也正长,我不如忘却,不说的好罢。但我知道,即使不是我,将来总会有记起他们,再说他们的时候的。"⑩血、泥土、小孔、夜、路,在这些鲁迅式的意象背后,是鲁迅将历史中的事件转化为永恒的值得尊重、书写、思考的精神力量,正如《牺牲》一样,是刹那中的永恒光芒。

四、情感表达:柔与刚、爱与憎

珂勒惠支《牺牲》正如她其他的作品一样,是独特的矛盾体,兼具柔与刚。珂勒惠支充分运用木刻的特点,线条简洁中有着细腻,厚重粗犷中有着柔美,豪放果敢中有着婉约。在《牺牲》这幅木刻中,刚强主要体现在粗线条的使用,明与暗的大面积对比,人物形象的强烈对比。整幅作品在构成主体人物与背景的基本勾勒上都是粗线条的使用;母与子背后的大幅黑暗与光芒,人物的明与背后的暗,构成明与暗的对比;用刀有力,布局精炼,母亲的衰老沧桑与婴儿的稚嫩无辜强烈地冲击着观者的情感。柔美主要体现在人物面容、身体的细节处,母亲面部的细细皱纹,环抱婴儿手臂的肌肉线条,婴儿线条的圆润,婴儿柔软幼小的手指等,彰显了细腻柔美的细部。珂勒惠支将大气与细腻融合在一起,矛盾冲突中形成张力,能将情感表达准确并富有感染力,柔与刚的艺术风格彰显珂勒惠支爱与憎的情感。爱是指个人之爱,是一位母亲对自己孩子的爱;爱也是指社会之爱,是珂勒惠支作为一位具有社会责任感的艺术家以自己的经历体会着千千万万在战争中家庭破碎的悲剧,以悲悯之心关爱底层人民和下一代。憎是个人之憎,对孩子葬身于战争中的悲伤、愤怒;憎也是社会之憎,是千千万万德国人民甚至是全人类对国家、社会黑暗力量吞噬的憎恶,对战争泯灭人性的憎恶。爱与憎同样鲜明,同样深刻。

鲁迅《为了忘却的记念》同样具有柔与刚、爱与憎。行文上刚强雄健体现在布局的大气,抓取细节的准确性,用字的准确精练。文中也有柔和细腻的一面,在人物细节的描摹上,鲁迅敏感地体会这些文学青年的自尊、善良、质朴,对晚辈的关怀跃然纸上。

鲁迅的爱与憎鲜明,情感力度巨大。鲁迅对于富有理想的为社会为国家奋斗的青年学生是关爱的。如文中提到鲁迅发现白莽因自己的喜好将"国民诗人"改成"民众诗人",鲁迅教导他不应该由自己的爱憎,将原文改变。这体现了鲁迅对白莽的希冀,他对新生力量是保护、引导、循循善诱的,他深知青年身上的理想、信念、朝气、力量是未来中国的希望。鲁迅写柔石总是搀扶自己,担忧自己的危险,与此同时,担忧的是他近视还要照顾自己。鲁迅与柔石互相关怀着。鲁迅总是为被侮辱被损害者发声,与此相对,对于这社会的压迫力量是极端憎恶的,这与珂勒惠支有着相通性。如鲁迅在文中提到两次书落在了"三道头"手里,两次译稿或书被烧掉,语气愤怒,愤怒于黑暗力量对于思想与文学的扼杀,两次写"我沉重的感到我失掉了很好的朋友,中国失掉了很好的青年,我在悲愤中沉静下去了,然而积习却从沉静中抬起头来,凑成了这样的几句"⑪,"我又沉重的感到我失掉了很好的朋友,中国失掉了很好的青年,我在悲愤中沉静下去了,不料积习又从沉静中抬起头来,写下了以上那些字"⑫。鲁迅反复强调自己的愤怒不平。

鲁迅是个矛盾体,鲁迅的个人创作是希望与绝望并存的,《为了忘却的记念》也是如此,鲁迅相信青年的力量,但在当时中国这样的力量脆弱易碎,青年的莽撞幼稚也是鲁迅所担忧的。鲁迅的独特在于他有着超越的眼光和始终矛盾挣扎的心理。鲁迅知道光明的力量总是与社会的黑暗力量搏斗中的,这是永恒不变的。鲁迅的深刻在于他不仅指出了这些青年的价值,而且指出了人类的永恒命题:怎样建立美好的社会与世界以及这一命题的长期性。

五、哲学思考:生与死、为了忘却与不能忘却

海德格尔在《存在与时间》曾说:"死是人之最本己的,无所关联的,确知而不确定,超不过的可能性。"⑬人是向死而生的,所有人所面临的结局都是死亡,在走向死亡的过程中每个人有生命的可能性。

在珂勒惠支《牺牲》中,画面定格在母亲举起婴儿的一刹那,生与死都展现在了画面中,出生的婴儿是希望的象征,这是新生;但死亡笼罩在这幅木刻中,母亲紧闭双眼的严峻悲壮、婴儿闭着双眼的沉睡、画面大幅的黑暗都预示着死亡的迫近。死亡是婴儿最终的结局,是无奈的选择,当珂勒惠支以婴儿的形象来代表战场赴死的青年人们,揭示着这些青年的稚嫩、战争的残酷、一切的无意

义,青年人走向死亡是被动的,是悲怆的,他们丧失了主动选择的可能性,生之意义、死之意义都被消解了。在这些青年人背后是无数破碎的家庭、受伤的心灵、残破的社会,珂勒惠支更多的是叩问牺牲的意义。

鲁迅《为了忘却的记念》中生与死交织,以纪实笔调叙写这些青年是如此热烈地生活着:白莽在翻译书籍,柔石在创作、翻译、建立文学社、输入外国版画,在结交女性朋友等;同时写死亡的阴影,如柔石狱中的通信与凄惨,冯铿狱中的面目浮肿,狱中被秘密处死。作者心情沉重,悲痛,愤懑,藏汹涌澎湃、亟待喷涌而出的感情于纪实的细节中。

鲁迅写的是牺牲,是五位青年的牺牲,但通篇未出现"牺牲"二字。在描写柔石死亡时,他仅用了"他的身上中了十弹。原来如此"[14],惜墨如金,但字字见血,其中蕴含的情感力度是强烈的。他痛惜青年的死亡。鲁迅一向不渲染牺牲的意义,反而劝说青年人要珍惜自己的生命。鲁迅的慈悲在于他心中有大爱,痛惜生命的珍贵,叩问死亡的意义。鲁迅曾说:"肩住了黑暗的闸门,放他们到宽阔光明的地方去"[15]鲁迅悲悯于青年被杀害的死亡,洞见"绝望之为虚妄,正与希望相同"[16]。鲁迅迥异于中国人避讳谈及死亡的传统,他在《死》中曾在自己死后"让他们怨恨去,我也一个都不宽恕"[17]。鲁迅对于自己所憎恶的黑暗是如此决绝,但矛盾的是一个执着于世的人必也是一个热爱生命的人,恨的反面即是爱,鲁迅对于光明的力量是炽烈地爱的。

珂勒惠支的木刻《牺牲》从"母性"出发,走了"个人→社会"的路径,从个人所经历的丧子之痛走向关注社会在特殊历史状况下的痛苦,将自己个人的慈母之爱播撒给一切战争中逝去的生命与逝去孩子的父母们。而鲁迅杂文《为了忘却的记念》从"父性"出发,走了"社会→个人"的路径,鲁迅抛却以往改造国民性,为社会、国家与民族的创作意图,更多观照个人体验,将在历史语境里的"烈士"还原成为真正立体、普通的人：他们是别人的子女，他们的别人的友人，他们也是鲁迅的朋友、学生、同路人。《为了忘却的记念》更多将作家的个人情感置于社会意义之上，在文本里我们看到鲁迅作为个人的情感，这种情感是我们都曾体验到的，是朋友之情、舐犊之情、博爱之情。生命的意义在于什么？固然为社会、民族、国家重于泰山，但对于身边至亲之人来说，生命的逝去本身就有价值，甚至对于人类来说生命的逝去就有其意义，它代表一段岁月的印记、一段感情的深藏、一次永远的告别。情感可以深藏，爱是不可阻断的，就算这些生命已然逝去，对他们的爱与记念也不会断绝，这就是人生而为人的特殊之处，在文本里我们看到了这种永不消失的情感。鲁迅在两年沉淀下完成的文本更接近人性的本质，也更接近文学的本质。牺牲对于社会、民族、国家是有重大意义的，但同时对于至亲之人是永恒的痛苦与怀念，这种理性与感性的斗争使得鲁迅这篇杂文现在看来依然矛盾、复杂、深刻。鲁迅在感性上是难以接受五位的牺牲的。鲁迅的怀疑精神使他不能认同我们可以完全歌颂、完全弘扬牺牲。年轻生命消逝在历史长河里，再记起他们的我们，想到了什么？恐怕我们是因鲁迅的这篇杂文记住了作为子女、朋友、普通人的他们的音容相貌，这也是《为了忘却的记念》的价值所在，也是它发表87年后依然感动着我们的原因：它挖掘了个体的价值、人性的价值、生命的价值。

鲁迅与珂勒惠支在两个伟大民族的伟大融合、创作母题、表现手法、情感表达、哲学思考有共通之处，也有不同之处，他们的伟大在于他们将对真、善、美的深切追求与假、丑、恶的深恶痛绝融入在他们的精神境界中、他们的艺术作品中、他们的艺术生命里，这也是两位在不同的文化、国家、艺术领域里有精神共通的重要原因，鲁迅与珂勒惠支对于牺牲的纪念凝固成了《为了忘却的记念》和《牺牲》。

鲁迅痛感于他五位青年死之寂寞，所以鲁迅要书写他们的死亡，言说的力量如此强大，鲁迅做到了。五位青年在《为了忘却的记念》中"活"着,这"为了忘却的记念"终成了不能忘却的记忆。珂勒惠支也做到了,她将对牺牲的痛感化为《牺牲》这幅木刻,所有在战争中牺牲的人们在《牺牲》中"活"着。这痛苦的回忆终还是由作家和艺术家用爱与艺术抚慰了伤痛,也使得这"记念"不能被忘却。

[基金项目:国家社科基金重大项目"中国现代文学图像文献整理与研究"(16ZDA188)]

(上海师范大学人文与传播学院)

注释

① 沈栖:《鲁迅与珂勒惠支版画》,《社会科学报》2019年6月6日,第8版。
② 《鲁迅全集》,人民文学出版社2005年版,第六卷,第488页。
③ 《鲁迅全集》,人民文学出版社2005年版,第四卷,第501页。
④ 《鲁迅全集》,人民文学出版社2005年版,第四卷,第501页。
⑤ 《鲁迅全集》,人民文学出版社2005年版,第四卷,第500页。
⑥ 《鲁迅全集》,人民文学出版社2005年版,第四卷,第499页。
⑦ 《鲁迅全集》,人民文学出版社2005年版,第四卷,第502页。
⑧ 《鲁迅全集》,人民文学出版社2005年版,第四卷,第500页。
⑨ 《鲁迅全集》,人民文学出版社2005年版,第四卷,第501—502页。
⑩ 《鲁迅全集》,人民文学出版社2005年版,第四卷,第502页。
⑪ 《鲁迅全集》,人民文学出版社2005年版,第四卷,第501页。
⑫ 《鲁迅全集》,人民文学出版社2005年版,第四卷,第502页。
⑬ 海德格尔:《存在与时间》,生活·读书·新知三联书店1987年版,第310页。
⑭ 《鲁迅全集》,人民文学出版社2005年版,第四卷,第500页。
⑮ 《鲁迅全集》,人民文学出版社2005年版,第一卷,第135页。
⑯ 《鲁迅全集》,人民文学出版社2005年版,第二卷,第182页。
⑰ 《鲁迅全集》,人民文学出版社2005年版,第六卷,第635页。

"幻灯片事件"的多重叙述
——以《惜别》《上海的月亮》为例

赵 菁

一

"幻灯片事件"是鲁迅"弃医从文"的导火索,也是他仙台经验中最令人印象深刻的情节。他在作品中对"幻灯片事件"的叙述多达四次。第一次叙述见诸 1922 年的《呐喊·自序》。在这篇文章里,鲁迅事无巨细地描绘了幻灯片的画面内容,特别是中国人强壮的体格与麻木的神情,并且以冷静而坦诚的笔触讲述了"幻灯片事件"引发的思索和最终转变志向的心路历程。1925 年鲁迅在《俄文译本〈阿 Q 正传〉序及著者自叙传略》再次提及"幻灯片事件":"这时正值俄日战争,我偶然在电影上看见一个中国人因做侦探而将被斩,因此又觉得在中国还应该先提倡新文艺。"① 这次叙述更为简略,关于"看客"的细节及其带来的心理冲击未见诸笔端,因此"看见一个中国人因做侦探而将被斩"与"在中国还应该先提倡新文艺"之间出现了逻辑缺环,"幻灯片事件"对鲁迅走上文学之路的意义随之弱化。诞生于 1926 年的《藤野先生》是他对"幻灯片事件"最详尽的一次描述。它发生在"第二年"、"霉菌学"课堂上、日本同学拍掌欢呼"万岁",处决方式从斩首变为枪毙。鲁迅并未描述"围着看"的国人状态,但特别提出"在讲堂里的还有一个我"②。这里出现了鲁迅小说叙事中的经典模式"看与被看"模式,且嵌套了来自不同主体身份的凝视:幻灯片上,作为看客的国人在看即将被处决的国人,这一场景被照相机"看"到并加以记录;在仙台医专的教室里,日本青年在看幻灯片,中国留学生周树人身处其中,一边看着幻灯片,一边看着日本同学的欢呼,同时也处在日本同学的目光中。20年后,中年作家鲁迅在记忆中凝望当年的课堂情境,他的重述又呈现在自己以及读者眼中。各方目光看到的内容也不尽相同:日本同学看到了战争的胜利,鲁迅看到了麻木的国人看客,成年鲁迅看到了青年时期的自己,读者看到了鲁迅的人生。可以说《藤野先生》对"幻灯片事件"的描述比其他文章中的更为重要。1930年的《鲁迅自传》中基本沿用了1925年的叙述,将"因此又觉得在中国还应该先提倡新文艺"[3]改为"因此又觉得在中国医好几个人也无用,还应该有较为广大的运动"[4],让弃医从文的动机更具说服力。此后,幻灯片事件从鲁迅的创作中退场。

据日本研究者调查,图像元素均符合鲁迅描述的他在课堂上所见之幻灯片尚未出现[5],有研究者甚至将"幻灯片事件"视作文学虚构[6]。但1905年至1906年的仙台,日俄战争几乎是最重大的公共事件,反映日俄战争的纪实摄影常见于报刊并在剧场在演出前播放,处决战犯即是其中一大主题。有学者通过研究日俄战争时期仙台地区的档案并采访仙台医专当年的学生,认为鲁迅见过类似场景的照片,他对"幻灯片事件"的叙述是根据他当年日常所见所闻艺术加工而来[7]。另外,鲁迅对幻灯片事件的四次叙述都出现在自传性散文和作品集序言中,主要意图是解释为文学生涯的起点,但最早的一次叙述与事件发生之时相差16年,他已经实现了青年时期"提倡新文艺"的设想,因此即使在鲁迅的自我叙述中,幻灯片事件之于"弃医从文"的起点意义,在一定程度上也是被追加和构筑的。正如汪晖所言,这些追忆性质的文章,"无论它多么写实,我们都不能够把它当成写实来看待"[8]。从这个角度看,"幻灯片事件"乃至鲁迅的仙台经验⑨,已然成为鲁迅自己创造的文学原型,本身即成为一个可读的、可写的文本,为后人留下了巨大的阐释空间。

鲁迅的留学经历同样为日本作家所关注,其中最为我国读者熟悉的是太宰治的小说《惜别》与井上厦的舞台剧剧本《上海的月亮》。这两部作品取材于鲁迅不同的人生阶段,文体不同,诞生时间相差半个世纪,它们都反映出日本作家对于鲁迅的想象与阐释。尽管在我国读者看来,它们似乎更接近于对鲁迅的"误读"。

二

《惜别》是作家太宰治1943年应日本内阁情报局和文学报国会之邀,为响应日本政府"大东亚之和睦"主张而作的"御用小说"⑩。小说以鲁迅的回忆文章为蓝本,通过鲁迅当年的同学田中卓的叙述展现鲁迅在仙台医专的经历。《惜别》虽然是鲁迅传记小说的重要作品,但它自诞生之初便被打上了"失败"的烙印。作为政治宣传品,《惜别》在日本战败之后才出版,俨然无法实现"宣传"的初衷;而将它置于太宰治作品谱系,相较于《人间失格》和《斜阳》,它也并非典型的太宰治小说。

正如研究者所言,太宰治在《惜别》中加入了若干"对时局进行扭曲的小说式抵抗"⑪的构思与情节。小说开头田中卓接受采访后认为记者撰写的文章"怀有社会的以及政治性意图"、歪曲事实,于是他亲自动笔,"以一种怀念恩师旧友的心态来写","尽可能忠实地还原他们的面貌"⑫。小说第一人称叙述、手记式回忆录的文体和亲历者想要客观描述的强烈意愿,相对于记者预设立场的采访,在形式上更突显真实性,因此有研究者认为这种处理方式"显然包含着政治讽刺因素"⑬。但就艺术效果而言,"抵抗"和"讽刺"的力度非常虚弱,因为田中卓及隐身其后的作者太宰治,同样认为出于政治意图的写作"也是无可奈何的"⑭。此类言不由衷的抵抗在小说中屡见不鲜。田中卓、周树人与藤野先生的真挚友情，原本基于三人的日语皆不标准——在藤野和鲁迅的回忆文章中，他们的师生情最初源于藤野担心鲁迅的语言水平影响学习。尽管太宰治敏锐地发现语言是情谊的纽带，但并未由此生发出情节，而是安排田中卓空喊口号："我非常喜欢中国人"[15]，又将藤野先生作为传递和睦的传声筒，宣扬出官方需要的"大东亚之和睦"主旨："'支那之保全'成为我国对支那的国策"，"家乃不可思议之物……我想东洋整体是一个家庭"[16]。在"东洋一家"精神的感召下，"漏题事件"始作俑者主动向周树人忏悔，把周树人当作间谍防备的学生也在送别会上深感歉意。至于其他"各种各样的日本男女以及幼童"[17]，无一不对周树人尽显友善。太宰治试图聚焦普通民众，用个人化的体验将"东亚和睦"的官方命题改写为普通人之间的情谊，但由于他立意仍在"为让现代中国之年轻知识人阅读、使其产生'日本也有我们的理解者'之感怀，在日本与支那之和平方面发挥百发子弹以上之效果"[18]，即将文学作为武器进行精神上的感召与征服，这也让《惜别》无法突破图解政策的层面。

比起观念上的不认同，太宰治对"东亚和睦"主题的调整更多地表现在写作层面，即用私人写作抵抗官方命题作文的侵蚀——尽管这抵抗同样非常微弱。作为个性鲜明的创作者，太宰治并不甘于只是把《惜别》作为政策的传声筒，鲁迅的经历早已引发他的关注与兴趣："即使没有来自这两方的请求，我也依然会在某一天试着去将这部小说写出来。我花了很长时间去搜集小说的材料，考量小说的架构。"[19]他搜集资料的方式也倾向于立足鲁迅自身和史实：阅读《大鲁迅全集》和小田岳夫的《鲁迅传》，实地走访仙台搜集素材。小说中关于鲁迅的人生经历、对中国和中国国民的看法、弃医从文的心路历程都来自太宰治对他作品的复述，乃至对原文的直接引用，以至于有日本研究者称太宰治读鲁迅"读过了头"[20]。在阅读体验的层面上，太宰治对年轻的鲁迅有强烈的情感共鸣,"对鲁迅这位中国先驱性的文学家、隐含着知识分子的孤独和自我意识的含羞的文学家抱有特别的亲近感。而且,阅读了友人小田岳夫的《鲁迅传》,他感到了'和自己一样',这种更深一层的亲近感"[21]。与鲁迅的共情也让他以同为作家的敏感意识到鲁迅"他并不是看了那幻灯,才骤而决定投身文艺的。一言以蔽之,是因为他早就对文艺有所热衷了"[22]。

如果"只是想要描绘出那个单纯而又多愁善感的,作为中国留学生的'周君'"[23],仙台经验已然包含了太宰治式私小说的典型元素:敏感多思、与周围环境格格不入的零余者,他四处碰壁,倍感挫折和屈辱,痛苦而无望地挣扎……熟悉太宰治的读者在阅读《惜别》时,会发现很多人物似曾相识:小说开头采访老年田中卓的记者"脸色欠佳,胡须丛生"[24],叙述人田中卓在东北乡下长大,一嘴东北口音,自卑又敏感,班委会干事津田宪治出身名门……太宰治把自己的外貌、性格、经历乃至本名[25]分别给了小说中的不同人物,这些角色构成的"复调"性,也是太宰治私小说常用模式。令人遗憾的是,《惜别》宣传工具的定位和太宰治对官方口径的认同,让他无法将作家主体意识完整地贯穿整个创作过程,他笔下的周树人、藤野以及一干日本民众,仍然时时充当宣传政策的工具人。

对于"幻灯片事件",太宰治沿用了鲁迅在《藤野先生》中的素材,改写和补充了一些原创性的细节,这些细节突显了他在"公"与"私"之间的游移。他让被幻灯片刺激到的周树人从洋溢着欢呼声的教室夺门而出,躺在樱花树下微笑着向追随而来的田中卓说出弃医从文的决定[26],最令中国读者难以接受的是太宰治让刚刚体会到弱国子民耻感的青年周树人说出:"我国的民众,依然处于那种昏聩懒散的状态。日本正举全国之力英勇奋战,而他们却去给俄国做军事间谍。其想法我无从得知,多半是被重金收买了吧。而比起这位背叛者,更让我感到可悲的却是周围那些围观的民众。他们那一张张愚蠢的脸,简直让我难以忍受。那就是现今中国民众的表情。"[27]如前所述,《惜别》是"大东亚和睦"的命题作文,太宰治让鲁迅表达出中国因为软弱、丧失民族国家主权才招来列强的侵略虽然是为了点题,但这也造成了对鲁迅早期思想的严重扭曲。据鲁迅在弘文学院的同学沈瓞民回忆,日俄战争开始后,"日本统治满洲说""天授日本"等谬论甚嚣尘上,确实有一些留日中国学生被蛊惑,"同情日本、崇拜日本",但鲁迅"已认清沙俄和日本都是帝国主义,都是侵略中国的敌人","对日本侵略野心,非常愤怒……鲁迅说:'日本军阀野心勃勃,包藏祸心,而且日本和我国邻接,若沙俄失败后,日本独霸东亚,中国人受殃更毒。'"[28]鲁迅自述"幻灯片事件"带来的屈辱,也包含了他对侵略者的警惕、愤怒与反感,这正是"大东亚和睦"命题所要极力掩盖的。太宰治对此的处理方式是用"大东亚之和睦"命题掩盖鲁迅的个人体验和思考,把"幻灯片事件"带来的情感冲击归因于俄国的入侵与中国国民的麻木,刻意忽视另一侵略者日本,这就造成了人物形象的分裂和虚伪:太宰治式的孤独、落魄的青年与歌颂大东亚"互助友爱"的宣传傀儡共存于历史人物周树人身上,后者又消解了前者。

三

《上海月亮》是日本剧作家井上厦创作的以晚年鲁迅为题材的话剧。剧本发表于1991年并获得当年的谷崎润一郎文学奖。2018年,此剧再次被搬上舞台,日本国宝级狂言师野村万斋扮演鲁迅,许广平由著名演员广末凉子扮演,一时引起热议。

戏剧以鲁迅1934年8月至9月间的避难经历为蓝本,全剧共分为二幕六场。与太宰治创作《惜别》时广泛阅读鲁迅作品类似,井上厦也做了大量案头工作。井上厦自幼崇拜鲁迅,"写关于鲁迅的作品,是他多年的宿愿。《上海月亮》的完成,圆了他多年的梦"[29]。"鲁迅晚年身边有许多日本人"[30]这一事实也引发了井上厦的关注和思考。剧中人物除鲁迅和许广平，其他均为日本人。但井上厦显然无意于深入探讨"鲁迅与日本人"这一宏大命题，仅专注于展示他所理解的鲁迅与日本普通人的交往。

剧中的日本人原型为内山完造夫妇、为鲁迅治病的医生须藤五百三和制作鲁迅遗容石膏面膜的牙医奥田杏花[31]。井上厦用一系列对立的概念结构剧情，具体而言，在人物类型上，井上厦塑造了"中国人—日本人"两组概念，在情节上，以"生病—治病"和"负罪—宽恕"结构全剧。我国读者通过作品认识的鲁迅是一次次在"无物之阵"里"举起了投枪"[32]"一个都不宽恕"[33]的战士，井上厦则塑造了一个颠覆乃至挑战我国读者认知的鲁迅形象。

井上厦让鲁迅患上多种疾病，其中最有戏剧性的是"人物误认症"和"失语症"。鲁迅患了"人物误认症"之后，将内山夫人、须藤、奥田、许广平分别错认为秋瑾、藤野严九郎、青年作家洛文[34]、朱安。在井上厦看来，鲁迅对他们都怀有"一直在紧要关头逃掉"[35]的负罪感，"自杀意念"正根源于负罪感。井上厦用"负罪—忏悔—宽恕"的结构来支撑情节和人物形象，这些人物逐一出场，接受鲁迅的忏悔，并对他表示理解和宽容，将鲁迅的负罪感连同自杀意念一并消除。"失语症"则聚焦鲁迅人生的逃避与直面。鲁迅纠结于是否去日本避难时的紧要关头突然失语，但当他下决心留在上海"用杂文来揭露这个社会的黑暗面"[36]时，症状随即消失。

对于"幻灯片事件"井上厦通过"医学—文学"的对立来表现。须藤医生为劝说鲁迅治病，回忆起自己立志从医的经历：他原本学文学，因为看了一张"中国人被怀疑是俄国间谍，为儆惩众人而施了斩首刑"的幻灯片而决定改学医学。须藤看到的幻灯片内容与鲁迅看到的恰好相反：一群日本军官边看杀头边饮酒作乐，毫无"武士道精神"，只有一名年轻军官在为死者哀悼。后来须藤才得知这名军官是他已吐血而亡的堂兄。这令他感悟到"精神世界不管有多么高尚，承载精神世界的躯体如果贫弱的话，什么都干不了"㊲。鲁迅自我叙述的"幻灯片事件"暗含肉体与精神的割裂和对立,井上厦沿用了这个思路,以戏仿的手法反转了鲁迅对精神的强调,凸显身体的重要。实际上井上厦对肉体与精神关系的探讨与展现,并未突破鲁迅的思路,就表现手法而言,难免带着"做戏"的生硬。

贯穿全剧的"生病—治病"中包含着"负罪—宽恕"的结构,它来自井上厦的基督教信仰,但正如研究者所注意到的,井上厦用"宽恕"推动剧情,把竹内好所说的鲁迅的文学中的"宗教的原罪意识"代入鲁迅的现实人生,将一个"暧昧"的类比式表述㊳处理为鲁迅对具体人物和事件的"负罪—宽恕"。于是在一派和睦的氛围中,得到了宽恕的鲁迅焕发了斗志,决定与黑暗势力抗争到底。井上厦对于鲁迅的解读,虽然充满温情与善意,但是仍然让熟悉鲁迅的观众感到流于表面。如竹内好所言,鲁迅"拒绝幻想……忍受着'被叫醒'的痛苦状态,摸索着与黑暗斗争"㊴,鲁迅是"拒绝人道主义(一直所有的一切)的"㊵。井上厦着力表现鲁迅被宽恕和被宽恕的喜悦,也正是竹内好所批判的、日本人道主义作家常用的写法。

余论:想象"人间鲁迅"

《惜别》与《上海月亮》两部以鲁迅生平为题材的作品,分别用小说和戏剧这两种虚构文学体裁表现作者对鲁迅的研究和理解,可以视作对不同时期的日本"鲁迅论"。这两部作品有着相似的特征。

首先,太宰治和井上厦都将鲁迅作为普通人来表现。就主要情节而言,《惜别》表现敏感的异国青年的校园生活,《上海月亮》以喜剧的形式凸显了鲁迅的幽默感。两部作品的剧情也都围绕鲁迅的日常生活,特别是他和普通人的交往展开。可以说它们为读者理解伟人鲁迅提供了一个近乎"祛魅"意味的视角。鲁迅在文章中说:"待到伟大的人物成为化石,人们都称他伟人时,他已经变了傀儡了"[41],这句话几乎预兆性地概括了他在我国相当长的时间里被捧上神坛的境地。鲁迅是"20世纪中国不可回避的文化思想的遗产"[42],对于鲁迅的阐述乃至阅读或多或少带有政治行为的意味,加之鲁迅是一个宏大命题,因此根据他的生平进行文艺创作难免裹足不前。日本作家没有所谓的"历史包袱"和意识形态限制,对鲁迅的想象描绘能发挥更多的主动性,"普通人鲁迅"的形象虽然与我国读者理解的"伟人鲁迅"具有较大差距,但其视角堪称他山之石。

其次,两部作品均通过丰富的史料构筑鲁迅生平。太宰治和井上厦通过大量阅读鲁迅作品和鲁迅研究著作了解他的生平和思想,作品中也多次出现对鲁迅原文的直接引用。两位作家都关注到鲁迅生平里少为人知的细节,并将其运用在情节中。试举两例:太宰治注意到鲁迅对美术热情极高,但很少在文章中提到音乐,据此判断鲁迅"五音不全"并将其用在小说里。鲁迅在文章里提过若干次牙病,井上厦便用牙病推动情节,制造笑点。这些细节与两位作家立足于表现"普通人鲁迅"的意图密不可分,也让鲁迅的形象更加立体,饱满,鲜活。

最后,两部作品对鲁迅仙台经验的理解和表现都浮于表象。鲁迅的仙台经验主要由"漏题事件"和"幻灯片事件"所代表的屈辱和藤野先生带来的友好构成。太宰治将"友好"作为"屈辱"的补偿:鲁迅"确实受到了两三个日本医学生的恶意刁难。而另一方面,他又仿佛因此而获得了加倍的补偿,得以在日本结识难得的良师与益友。尤其是藤野严九郎那份深似大海的师恩"[43]。但是由于《惜别》立意始终难以突破"东亚之和睦"的官方命题,因此太宰治的补偿,乃至他渲染的"友好",其有效性也随之弱化。井上厦让鲁迅在幻觉中得知"藤野先生""为培养出一个可以医治人类思想的'医生'而骄傲"[44],背负了大半生的愧疚立刻消失。即便井上厦认为藤野先生与鲁迅之间"不存在原谅不原谅"⑮,他仍然把鲁迅对藤野先生放在普通师生情的框架中,未能表现藤野先生在精神层面对鲁迅追求真理的指引与激励。

鲁迅感受到的友好固然是仙台经验的组成部分,也是中日两国论及鲁迅的一个关键词。《惜别》与《上海月亮》这两部虚构作品也都试图着力表现藤野先生以及仙台人对鲁迅的善意,来抚慰和补偿他在现实中受到的屈辱与挫折。但对于"友好"的放大与强调,似乎也遮蔽了鲁迅仙台经验中不和谐的一面。仙台是他倍感耻辱的"漏题事件"和"幻灯片事件"发生现场,"弃医从文"的语境中包含了近乎结构性的不友好氛围,比如当时仙台庆祝战争胜利的氛围,日本学生对留学生的排斥等,这种不友好连现实中藤野先生的鼓励都无法化解。日本作家在虚构作品往往通过普通民众的善意来补偿,这种做法不仅削弱了鲁迅感受到的屈辱的多义性,也让民众的善意显得苍白单薄、禁不起推敲。

鲁迅是中日两国友好的象征,也成为仙台地区重要的文化符号之一。无论是通过仙台经验理解鲁迅早期经历和思想,抑或将其作为睦邻友好的支点,如果仅强调其中"友好"的一面,而对"屈辱"讳莫如深,未免失之偏颇。完整地认识鲁迅的仙台经验,不仅是创作、阅读鲁迅题材作品的前提,更是突破各方固有语境,进行深度对话的基础,也是为"友好"赋予更丰富意义的前提。

(北京鲁迅博物馆)

注释

① 《俄文译本〈阿Q正传〉序及著者自叙传略》,《鲁迅全集》第七卷,人民文学出版社1981年版,第83页。
② 《藤野先生》,《鲁迅全集》第二卷,人民文学出版社1981年版,第306页。
③ 《俄文译本〈阿Q正传〉序及著者自叙传略》,《鲁迅全集》第七卷,第83页。

④《鲁迅自传》,《鲁迅全集》第八卷,人民文学出版社1981年版,第304页。
⑤ 鲁迅描述的"幻灯片事件"在细节上同样存在差异。
⑥ 见竹内好著,孙歌编,李冬木、赵京华、孙歌译:《近代的超克》,生活·读书·新知三联书店2005年版;李欧梵著,尹慧珉译:《铁屋中的呐喊》,岳麓书社1999年版。
⑦ 渡边襄:《鲁迅与仙台》,《鲁迅与仙台:鲁迅东北大学留学100周年》,中国大百科全书出版社,2005年。
⑧ 汪晖:《鲁迅文学的诞生——读〈呐喊·自序〉》,《现代中文学刊》2012年第6期。
⑨ 有研究者称之为"仙台神话"——"神话"这一命名,本身即带有强烈的虚构色彩。见董炳月《"仙台神话"的背面》《鲁迅研究月刊》2002年10月。
⑩ 川村凑著,董炳月译:《〈惜别〉论——"大东亚之和睦"的幻影》,《鲁迅研究月刊》2004年第7期。
⑪ 同上。
⑫ 太宰治著,何青鹏译:《惜别》,现代出版社2017年版,第6页。
⑬ 董炳月:《自画像中的他者——太宰治〈惜别〉研究》,《鲁迅研究月刊》2004年12月。
⑭《藤野先生》,《鲁迅全集》第二卷,人民文学出版社1981年版,第306页。
⑮ 太宰治著,何青鹏译:《惜别》,现代出版社2017年版,第22页。
⑯ 太宰治著,于小植译:《惜别》,新星出版社2006年版。
⑰ 太宰治:《〈惜别〉之意图》,太宰治著,于小植译:《惜别》。
⑱ 同上。
⑲ 太宰治:《〈惜别〉后记》,太宰治著,何青鹏译:《惜别》,现代出版社2017年版,第131页。
⑳ 藤井省三著,董炳月译:《太宰治的〈惜别〉与竹内好的〈鲁迅〉》,《鲁迅研究月刊》2004年第6期。
㉑ 川村凑著,董炳月译:《〈惜别〉论——"大东亚之和睦"的幻影》,《鲁迅研究月刊》2004年第7期。
㉒ 太宰治著,何青鹏译:《惜别》,现代出版社2017年版,第115页。
㉓ 太宰治著,何青鹏译:《惜别》,现代出版社2017年版,第139页。

㉔ 同上。
㉕ 太宰治本命津岛修治,小说中的人物名为津田宪治。
㉖ 这一青春小说场景更适合出现在《潘多拉之匣》中。
㉗ 太宰治著,何青鹏译:《惜别》,现代出版社2017年版,第127页。
㉘ 沈飚民:《鲁迅早年的活动点滴》,《高山仰止——社会名流忆鲁迅》,河北教育出版社2000年版,第55页。
㉙ 张立波:"'缘'自鲁迅(〈上海月亮〉代译后记)》,《和爸爸在一起》,上海译文出版社2017年版。第270页。
㉚ 同上,第271页。
㉛ 据周海婴的回忆文章,许广平和周建人怀疑主治医生须藤五百三造成了鲁迅的死亡,对于奥田杏花制作鲁迅遗容石膏面膜的行为,周海婴亦颇有微词。见周海婴《鲁迅与我七十年》,文汇出版社2006年版。
㉜ 《这样的战士》,《鲁迅全集》第二卷,人民文学出版社1981年版,第215页。
㉝ 《死》,《鲁迅全集》第六卷,人民文学出版社1981年版,第612页。
㉞ 有研究者认为"洛文"得名于鲁迅笔名,人物形象取材于被鲁迅影响的青年作家,如左联的青年作家等。见孙歌《鲁迅脱掉的衣裳》,载《主体弥撒的空间》,江西教育出版社2002年版。鲁迅晚年目睹青年的死,也令他"觉得自己是在为旧社会的吃人宴席泡制'醉虾'"。见王彬彬《鲁迅晚年情怀》,上海人民出版社2015年版。这一细节足见井上厦研读鲁迅之细致深入。
㉟ 井上厦著,张立波译:《上海月亮》,《和爸爸在一起》,第262页。
㊱ 同上。
㊲ 同上。
㊳ 实际上竹内好认为鲁迅是"相当非宗教的",见竹内好著,孙歌编,李冬木、赵京华、孙歌译《近代的超克》,生活·读书·新知三联书店2005年版。
㊴ 竹内好著,孙歌编,李冬木、赵京华、孙歌译:《近代的超克》,生活·读书·新知三联书店2005年版,第207页。
㊵ 同上。
㊶ 鲁迅:《无花的蔷薇》,《鲁迅全集》第三卷,人民文学出版社1981年版,第256页。

㊷ 钱理群著:《与鲁迅相遇》,生活·读书·新知三联书店 2003 年版,第 27 页。

㊸ 太宰治著,何青鹏译:《惜别》,第 137 页。

㊹ 井上厦著,张立波译:《上海月亮》,《和爸爸在一起》,上海译文出版社 2017 年版,第 181 页。

㊺ 同上,第 181 页。

社会性别视域中的差异平等
——论鲁迅的性别平等观

房 存

晚清以来,中国的精英知识分子不断探索救国救民之路,摆在他们面前的道路不只一条,有社会改良、社会革命、伦理革命、文化革命和文学革命等,鲁迅最倾力的是文化伦理变革之路。他致力于通过现代伦理的建构,将国人从等级依附的牢笼中解放出来,通过自觉的具有主体性的个人的确立,实现现代民族国家主体的建构。而在中国传统伦理中,性别伦理具有起始和基础的意义,其地位和作用不容忽视。《周易》中基本二元是阴阳,"一阴一阳谓之道",男女两性总是对应于阴阳的首选,将男女与天地、日月、阴阳并提,可见古人将两性关系提高到极高的地位。《易经·序卦传》曰:"有天地然后有万物,有万物然后有男女,有男女然后有夫妇,有夫妇然后有父子,有父子然后有君臣,有君臣然后有上下,有上下然后礼义有所错。"儒家文化对夫妇之道的强调,根本目的在于将男女秩序推演至父子、君臣关系,进而实现整个等级社会的和谐运行,性别伦理可谓维护宗法等级制度的伦理基础。性别文化与鲁迅所关心的国民精神重建之间有着非同寻常的意义关系,这决定了鲁迅对性别平等问题的重视。虽然鲁迅所处的时代中国还没有自己的女权主义运动,但他对性别本质主义的犀利批判,对女性特殊性的尊重,都表明其性别观念具有女性主义立场,放在今天的文化语境与认识水平中,鲁迅的思想依旧闪烁着智性而温情的光芒。

一、突破性别界限

要想改变女性为第二性的劣势,首先要打破父权制的理论基础——性别本质主义。在中西文明中,性别本质主义都是父权制文化控制女性的最得力手段,它将女性的从属地位归结于她们劣于男性的生理特征,论证和固化了男尊女卑的天然合理性。尽管中国古代讲究"阴阳相济""阴阳平衡",两性对抗不像西方那样激烈,但两性"平衡"是以"男尊女卑"为前提的,对"平衡"的强调只是加固了男女正位,表面的中庸并不能改变实际上处处讲究"男女有别"的真相。西方社会性别理论旗帜鲜明地打破性别本质论,否认两性生理层面的差异是导致社会层面差异的根源,提出男女的生理差异仅仅证明两性不同,并不能构成两性等级差别的基础,性别的社会属性不是先天的,而是后天在社会生活中形成的。中国维新派也像西方早期女权主义者一样,极力破除妇女天生低劣于男性的谬论。比如梁启超根据西方科学研究的结果,论证男女智力的总体水平相当,并且各有所长;严复认为中国妇女的素质不及男子,并非天生如此,而是后天教育不平等的结果。鲁迅吸取了前辈知识分子的观念,他在《我之节烈观》中说道:"然而一到现在,人类的眼里,不免见到光明,晓得阴阳内外之说,荒谬绝伦;就令如此,也证不出阳比阴尊贵,外比内崇高的道理。"[①]同时,在突破性别本质主义的道路上,鲁迅表现得比前辈更为敏锐、彻底。

《我们现在怎样做父亲》虽然立足点是讨论亲子关系,但由于健康的夫妇关系是健康的亲子关系的前提,所以该文也论及夫妇关系。他说道:"夫妇是'人伦之中',却说是'人伦之始'。"[②]夫妇为"人伦之始"发源于古人的自然观,而儒家文化将夫妇关系涂上日渐浓厚的伦理色彩,男女关系被提到极高的位置,男女之别被本质化,试图将夫妇权力逻辑延续到社会其他关系与领域。就像康有为所揭示的:"夫以普天下人皆为男女,即皆为夫妇,是使普天下人惨状稽天,冤气遍地也。其所为抑女之大印,据以为义所自出者,则以为夫妇不别父子不亲,父子不亲则宗族不成,故欲亲父子,先谨夫妇。"③这也是为何在专制越强固的朝代,性别伦理也越保守,对女性的禁锢也越严苛。鲁迅则以进化论为理论依据,提出夫妇是"人伦之中"。他认为人类伦理应依据生物界的现象:"一,要保存生命;二,要延续这生命;三,要发展这生命(就是进化),生物都这样做,父亲也就是这样做。"④夫妇关系是自然的,夫妇的结合是继续生命的本能,是生命链条中的一个环节,既然如此,那么夫妇之间人为的伦理规范的合理性就值得怀疑。据此,鲁迅提出"夫妇是伴侣,是共同劳动者,又是新生命创造者的意义。"⑤也就是说,真正现代意义上的夫妻关系应该是平等的,自然的,不应该有等级差别。鲁迅将立论的出发点定位于进化论的生物学原理,指出夫妇关系、父子关系本身是建立在人的"自然经验"之上,以伦理道德阻碍生命自然发展为由,论证附着在夫妇、父子关系上的传统伦理道德的不合理,从而举重若轻地反驳了中国传统性别伦理的"性别本质"基础,从根本上动摇了千百年来的男女伦理秩序,达到对生命力的自然状态的尊重和维护。

在鲁迅的观念中,过分强调和利用女性的性别身份就是一种性别歧视,只有打破社会人为的性别界限,消除对女性性别的敏感,还原女性作为独立的"人"本身的意义,男性与女性才能真正平等。比如,鲁迅非常反感文坛对"女作家"的追捧。二三十年代女作家"物以稀为贵",不少报刊通过对女作家进行大肆商业包装和宣传盈利,"女作家"称号成为文坛的时尚。鲁迅说道:"在医学上,'妇人科'虽然设有专科,但在文艺上,'女作家'分为一类却未免滥用了体质的差别,令人觉得有些特别的。"⑥可见,他认同医学上的性别划分,因为医学面对的性别是生理意义上的性别,但反对文艺领域的性别划分,因为文艺面对的应该是社会化的人,而不应该是仅仅贴着生理标签的人。不过鲁迅并不是反对文艺界一切的男女划分,比如30年代姚明达和夫人黄心勉创办了民国第一家女子书店,鲁迅致友人信中提到:"见报知'女子书店'已开幕,足令男子失色,然而男子的'自传'却流行起。"⑦女子书店能够为女性提供发言与阅读的空间,对于提高妇女地位有推动作用,因此他对这一"女"字冠名的书店持褒扬的态度。鲁迅赞成的是文坛真正促进文艺发达、男女平等的严肃行为,而反感"女作家"头衔背后的商业心理,对文坛消费女性身份的行为深为不满:"仍然和先前的专讲妓女戏子的小报的人们同流,现在不过用男作家、女作家来替代了倡优,或捧或骂,算是在文坛上做工夫"⑧,"去年用'无产阶级'做招牌,今年也许要用女作家做招牌了,所等广告,简直像香烟广告一样。"⑨鲁迅看到,特意强调"女"作家,表面上女性得到更多的关注,实际上却无关女性地位的真正提高,女作家作为一种特殊群体被大众观看,她们的作品与才华堕为次要,夺人眼球的是其性别背后具有性意味的内容,女作家无异于被消费的客体。

鲁迅的反性别区隔意识在翻译观中也有所体现。鲁迅在《咬文嚼字》中批判翻译界的一个问题:主张男女平等的男人,却偏喜欢用清靓艳丽的文字来译外国女人的姓氏。固然,在翻译学研究中,人名翻译只是一个微小的理论问题,但是鲁迅由"小问题"见"大文化"。姓名是特殊的文化符号,它不是一个简单的区别个人的标志,更承载着丰富的社会文化内涵,包括信仰、习俗、审美观、民族心理等,符合性别气质的标准是起名的基本原则之一。有研究者指出中国妇女起名的特点:"多用阴柔的字眼,向闺阁之内的金玉器玩,花卉草木发挥,向妇德妇言妇容妇工发挥。"⑩可以说,名字本身就是女性"第二性"的标识,由于它使用、流传之日常和广泛,反而使其中的性别意味隐蔽起来,凝结为理所当然的习见,甚至自然而然地延续到翻译中。鲁迅指出,中国的姓氏没有男女之别,外国也如此,然而,有些译者为了突出人物的女性身份,刻意将外国女人的姓氏女性化,使她们与父兄的姓氏标识区分开来。

对此，潜源认为不过是寻常地想知道人物的性别，鲁迅回应道，独独将女性的名字进行再加工，如同独将女性缠足穿耳，暴露了中国人"性意识"强。以法国依利加蕾为代表的女权主义者受福柯话语理论的启迪，指出男性使用男性语言意味着男性对女性的歧视、贬斥和控制，提出语言解放对妇女解放的重要性。鲁迅敏锐地发觉男性语言对性别的操纵，他的发现与当代西方女权主义者不谋而合。

女性姓名翻译问题不免让人联系起二十年代初关于"她"字的讨论，潜源就以此质疑鲁迅既然不主张区分男女，当初为何不讽新文化运动者特创的"她"字。1917年针对"she"字的翻译问题，刘半农率先提出"她"字。1919年，周作人提出采用中国文字中固有的表示第三人称的"伊"字，得到钱玄同的响应，"伊"字在新文化圈更为流传。鲁迅也使用"伊"字。这期间，关于"她"与"伊"的讨论如火如荼，这场讨论主要集中在语言科学层面，也有从性别观念出发反对"她"字的声音。比如1920年4月壮甫致《民国日报》编辑邵力子的信指出"标出这样一个新式样的'她'字，把男女界限，分得这样清清楚楚，未免太不觉悟了"[11]。之后，"她"字在角逐中压倒"伊"，新文化阵营中的文人开始纷纷转向"她"字。不过，相比新文化阵营中的战友周作人、朱自清、叶圣陶等，鲁迅转向"她"字较晚，于1924年《娜拉走后怎样》中才开始使用。在整场讨论中，鲁迅没有撰文表达自己的观点，但从书写实践中可以看出鲁迅持审慎的态度，他回答潜源的质疑，称"她"字的创造是为了对应翻译"she"字，并非无风作浪。这说明鲁迅并非绝对地反对一切对性别的提及，而是反对将原本中性的语言赋予性别色彩，过度强调女性的性别。

在女子教育问题上，鲁迅也表达了反性别区隔意识。1927年梁实秋发表《卢梭论女子教育》一文评价卢梭《爱弥儿》，他认为卢梭只有"女子教育"一篇的主张很彻底，指出男女分途教育是尊重女子人格的做法。卢梭由男女具有先天生理特质的差别,推导出男女在社会中所承担的角色不同,男性是社会的一分子、家庭的主人,女性的使命是服从和取悦男人,那么两性所受的教育也应该不同,其所持的是生物决定论之上的性别本质主义观念。鲁迅在《卢梭与胃口》中反驳梁实秋的观点:其一,梁实秋的性别教育观误解了男女素质差异的根源,"即使知道说'自然的不平等',而不容易明白真'自然'和'因积渐的人为而似自然'之分"⑫,男女素质的差异不是"真自然",而是由后天教育的差异聚少成多累积而成,这种社会化的过程循序渐进,不易察觉,造成了男女"自然"优劣的假象。其二,梁实秋的性别教育观产生的结果是负面的,好比"使'弱不禁风者'成为完全的'弱不禁风','蠢笨如牛者'完全的'蠢笨如牛'"⑬,也就是强化了性别差异,限制了女子的自我发展和提升。鲁迅对女子教育的看法与西方早期自由主义女性主义达到高度的一致。沃斯通克拉夫特在著名的《女权辩护》中慷慨激昂地批判了卢梭的女性观,否认女子在理性和品德上先天低于男子,提倡女子接受与男子同等的理性教育。鲁迅虽然没有直接阅读西方女性主义著作,但已经具有明确的区分"自然性别"与"社会性别"的意识。他理想的教育是男女同等的教育,教育应该打破生物决定论的框架,突破传统性别偏见对男女两性的"因材施教",男女都可以通过教育实现生命之自我超越的要求,尤其是长期被"愚民政策"统治的女性,能够在同等的机会和空间之下重塑现代自我主体。

  以上种种表明,鲁迅认识到生理性别与社会性别的差异,认为文艺、教育、翻译等一切话语活动,都不应该强化、拉大两性之间形而上学的二元对立,而应该破除加固性别界限的社会意识、思维方式、价值观念。鲁迅曾谈及《镜花缘》的女性思想:"书中关于女子之论亦多,故胡适以为'是一部讨论妇女问题的小说,他对于这个问题的答案,是男女应该受平等的待遇,平等的教育,平等的选举制度'。"⑭其实这一设想也合乎鲁迅的观念,也就是反对以生理性别为依据的性别等级,肯定女子在公共领域作为平等的"人"的权利、机会和人格。

二、理想女性气质:刚柔并济

中国传统性别文化对男女性格气质作了区分与规定,《易经》中规定"男刚女柔",《女诫》提出"男以强为贵,女以弱为美",男性应当是支配性、坚强、勇敢、主动,女性则应从属性、温柔、示弱、被动。其实中国传统文化中存在"双性同体"的审美,但它仅就男子而言。传统君臣关系造就了士大夫文人的臣妾心态,表现为忠贞、恭顺、谦卑的品格,儒家文化又强调中庸之道,男子应该吸纳阴柔的特质形成君子美德,比如"君子知微知彰,知柔知刚,万夫之望"(《易传》),这就是古代"阴柔之美"的男性理想。相比男性,女性的理想气质则被规定为单一的阴柔。这种长期超稳定的性别气质规范,为男性统治女性提供了合理性认同,达到性别秩序的稳固。鲁迅理想中的女性则是刚柔并济的,呼唤女性突破传统刻板的规约,吸纳异性的优秀特质,熔铸兼具男女两性的丰富品质,挣脱柔弱、屈就的状态,发挥生命的伟力。

鲁迅不钟意于传统女子的柔美,而呼吁健康、英勇的"力之美",以此破除传统文人对女性的审美观。例如,他终生难忘的绍兴目连戏中的"女吊","带复仇性的,比别的一切鬼魂更美,更强"⑮。一般来说女性处于弱者地位,女吊能够勇于复仇,洋溢着抗争精神和阳刚之美,体现了鲁迅心目中的理想人格。再例如,鲁迅曾在课堂上向青年学生表示不喜欢林黛玉。周作人在《鲁迅的笑》中提到鲁迅不喜欢林黛玉的理由是"因为她老是哭哭啼啼",常惠在《回忆鲁迅先生》中提到鲁迅说过"她是痨病鬼"。可见鲁迅认为林黛玉的身心不健康,她代表了传统文人对女性的病态审美。鲁迅一贯排斥萎靡、娇柔的事物,他不喜欢"上流的风一般轻飘飘的女人",不屑于"削肩美人",讽刺梅兰芳变"高雅"之后"死板板,矜持得可怜"的表演,而欣赏那"漂亮活动的村女"的美。

在现实生活中,鲁迅最钦佩具有阳刚气质的女性。对鲁迅的人生影响最大的,非其母亲鲁瑞莫属。鲁瑞并不是完全意义上的传统女人,而是一个刚柔并济、初具解放意识的女性。她敢于表达自己的观点,周福清与蒋氏吵架时,她出头制止了他们,从此周福清很少在晚辈面前与妻子争吵;周伯升与鲁迅兄弟发生纠纷,祖父要惩罚孙子,她也起来理论,为孩子讨了公道。鲁瑞很有主见,在新学被轻视的年代敢于送鲁迅去新学堂,在天足运动兴起不久后就放了足,不理会家族中保守党的闲言碎语;北伐后,她从年轻女孩身上见识到短发的方便也剪了发,还劝说了佣工王鹤照、儿媳朱安剪发。鲁迅在母亲身上看到巾帼不让须眉的气度,他曾表达对母亲的钦佩之情:"我的母亲如果年轻二三十岁,也许要成为女英雄呢"⑯。德国版画家珂勒惠支可谓鲁迅心目中妇女的楷模,鲁迅在许多场合都表达了对她的赞赏,尤其热衷于向青年推介其人其作。萧红回忆:"珂勒惠支的画,鲁迅先生最佩服,同时也很佩服她的做人。"⑰柔石牺牲后,鲁迅念及柔石的母亲,将珂勒惠支的版画《牺牲》寄给《北斗》发表,之后鲁迅自费编印出版了《凯绥·珂勒惠支版画选集》。鲁迅这样评价珂勒惠支创造的人物:"虽然并非英雄,却可以亲近,同情,而且愈看,也愈觉得美,愈觉得有动人之力。"⑱珂勒惠支在世界大战中遭遇丧子之痛,但是这位"有丈夫气概的妇人",将悲痛转化为抗争的力量,慰藉与她有同样不幸的底层妇女,这是一种更深广的母爱,因此她的艺术能够震撼鲁迅,引起共鸣。鲁迅对史沫特莱也很是敬佩。史沫特莱与鲁迅是革命战友,她面对中国的黑暗现实,勇敢地发出正义之声,柔石等人遇害后,鲁迅与她一同起草了公布国民党暴行的宣言,还请她为珂勒惠支的版画集作序。

鲁迅在新女性身上看到了中国理想女性人格的萌芽,并将进化的期望倾注在青年一代身上,呼唤青年从闺阁中走出来,以坚强的战斗精神为女性的解放、民族国家的前途战斗。他赞赏萧红力透纸背的写作力量,称《生死场》可以"给你们以坚强和挣扎的力气"[19]。他为萧红与史沫特莱这两位同样有力的女作家牵线搭桥,向史沫特莱介绍《生死场》"是中国女作家所写的最有力的现代小说之一"[20],后来萧红还有幸在鲁迅家中结识史沫特莱,并为其作《大地的女儿》中女性勇敢抗争的精神所触动。此外,鲁迅也欣赏具有英雄气概的丁玲。1933年丁玲被捕,传说已遇害后,鲁迅作《悼丁君》,"瑶瑟凝尘清愿绝,可怜无女耀高丘",赞扬丁玲的文学才华与英勇。许寿裳在《鲁迅与屈原》中提到,鲁迅最喜欢的《离骚》中的诗句是:"朝吾将济于白水兮,登阆风而绁马。忽反顾以流涕兮,哀高丘之无女。""女"是理想的化身,鲁迅在民族危机的时刻一直在寻找理想的人,寄希望于理想的人去唤醒庸众,撑起民族的脊梁,但他深感中国出现这种英哲的艰难,他借用屈原的这句诗来形容丁玲,足见对丁玲的评价之高。鲁迅还借《记念刘和珍君》表达对爱国女青年之英雄气概的钦佩。该文并没有像许多其他英雄传记一样,为了渲染牺牲者的英雄主义光辉而将女英雄中性化,鲁迅描写刘和珍面对暴行时的干练、坚决、沉静,也没有回避她的"温和""天真",对她的描述没有抹杀她的性别,突出她是由女学生成长起来的英雄,展示了"女儿性"与"英雄性"可以在女性身上并存。

  鲁迅也将"刚柔并济"的女性理想融入小说中的女性形象。他笔下的女性以负面者居多,或多或少带有精神奴役创伤,正面的女性形象当属《补天》中的女娲和《铸剑》中的眉母。鲁迅在《补天》中,既以中性化的词汇描绘了女娲阳刚的一面,又以温柔的笔触展现了其母性的天性,塑造了一个"双性同体"的女神形象。眉母是鲁迅笔下最理想的母性人物。眉母虽然深爱儿子,却过滤了母性的依恋与脆弱,体现出坚毅、智慧、勇敢的新母性。小说的原型是《搜神记》中的《三王墓》,原文中,儿子成年后,自动产生了"寻父"的冲动,而《补天》增强了眉母在儿子复仇举动中的作用。眉母鼓舞儿子复仇的场景,让人联想到鲁迅在《斯巴达之魂》中塑造的怒斥丈夫怯懦的涅烈娜,她忍痛将儿子送上未知的复仇之路,让人不由得想到鲁迅所欣赏的珂勒惠支。她在儿子成长道路中同时充当慈爱的母亲和严厉的父亲,其英雄气概与天然的母性发生碰撞,在实现儿子的价值的同时,她也实现了自己反抗暴政、替夫报仇的"大理想",母性激荡着崇高之美。

鲁迅对女性阴柔气质与阳刚气质并重的期待具有现代性的价值意义:一方面,它带有女权主义的意味。刚柔并济的气质打破了男性气质和女性气质的二元对立,阳刚、勇敢不再是男性的专属,而内化为女性的美好品质,既动摇了男性统治的基础,又利于女性性别特征的丰富和发展,实现女性人格的丰富和完善。另一方面,它具有直接现实意义。鲁迅意识到中国现在是进向大时代的关键时期,传统女性气质与时代的需求相悖,锻造战斗精神的现代气质,是女性汇入时代潮流,争取自身解放和社会解放的必要前提。

三、尊重性别差异和女性特殊权益

值得注意的是,鲁迅突破性别本质主义的前提是尊重性别差异,他指出"自然,在生理和心理上,男女是有差别的;即在同性中,彼此也都不免有些差别,然而地位却应该同等"[21]。他所主张的"平等"是男女地位、权利、人格等社会属性的平等,这种平等并非以女性自然特征的牺牲为代价。五四时期,女性解放思潮的一大误区就是将女性同化在男性的标尺之下。正如周作人所言:"现在的大谬误是在一切以男子为标准,即妇女运动也逃不出这个圈子,故有女子以男性化为解放之现象。"[22]五四女性解放思潮之"女性的发现"是由"人的发现"推广而来,以获得与男子同样的人格和地位为解放的目标,但在此过程中忽略了女性品质的独特性,实际上要求女人以男性为标准,仍然没有脱离男性的价值规范标准。鲁迅清醒地绕开这一误区,他对女性经验有着细腻的洞察,尊重女性生理、心理上的独特性,进而注意到了两性不同的利益与诉求,在坚持男女公共性平等的同时,将以往被漠视的女性特殊权益纳入平等的范畴。

鲁迅理想中"刚柔并济"的女性气质,与"中性化"或"无性化"迥异,它不是抹杀女性性别特征,而是在吸收异性优秀品质的同时,保持女性的自然特质。比如,鲁迅尊重女性的母性品质,表示"贤母良妻主义"不一定是错的,因为"愚母恶妻是谁也不希望的"[23]。冯雪峰说过:"他对于女性的尊视,其中之一的理由是因为母性的爱的伟大罢,这从他常常攻击摩登妇女有乳不给儿子吃的事也可知道。"[24]鲁迅意识到母性是女性的美好特质,妇女解放应该尊重自然差异,而不是向自然宣战,与传统母性角色决裂的极端,女性特有的生育和抚养功能应当被珍视。可见,在现代性背景下,鲁迅注意引导女性从传统性别角色、气质规约中挣脱出来,但在挣脱的过程中保留与人性完满相融合的女性特质的积极因素。

基于对性别差异的肯定和尊重,鲁迅反对不顾妇女实际,妄想妇女与男性完全等同的现象。他在《新的"女将"》中批判画报中的女战士形象与现实不符,继而解释道:"但愿不要误解。我并不是说,'女士'们都得在绣房里关起来;我不过说,雄兵解甲而密斯托枪,是富于戏剧性的而已。"[25]鲁迅并非意在将女性排除在救国之外,而是强调两性毕竟存在客观的生理差异,女士托枪是超出女性生理负荷的不现实行为。鲁迅的眼光是敏锐的,性别歧视通常有两种表现:一种是将女性贬损过低,将女性生理化,沦为男性的附庸;一种是将女性捧得太高,夸大女性的能力和责任,以此掩盖男性的软弱。前者更容易辨识,而后者更为隐蔽。鲁迅坚信女性作为平等的人,她的权利和义务既不应该受到贬低,也不应该被过分夸大,否则对女性都是不公平的。鲁迅后来在《关于妇女解放》

中也阐释过相同的意思:"但我并非说,女人应该和男人一样的拿枪,或者只给自己的孩子吸一只奶,而使男子去负担那一半。"[26]真正的妇女解放并不是回避差异,一味追求两性形式上的平等,极力声明女性处处同男性一样,而是珍视、呵护女性的独特特质,允许男女双方各自发挥性别优势和价值。

基于对性别差异的肯定和尊重,鲁迅还认识到女性属于弱势群体,注意对女性作特殊保护。例如,在"天乳运动"展开之时,他设身处地地考虑女性的身体特征,贴近女子的生活实践,提出服装改良的建议。当权者大刀阔斧、急功近利地推行改革,按照一套价值观念强调女性的身体与国家利益相关的、公共性的一面,鲁迅对女性怀有理解之同情,站在女子的立场上理解女性迈出解放步伐的艰辛。再例如,他在《上海文艺之一瞥》中谈到《申报》上女人控诉丈夫殴打败诉的新闻,将法官的判词称为"压迫者的文艺"。受传统男尊女卑思想的影响,夫妻间的家庭暴力问题往往被视为寻常,没有进入法律范围,社会舆论倾向于保丈夫、舍妻子,鲁迅对此不公道的社会感到不满,体现了为女性代言的真诚。

鲁迅对女性特殊性的理解与同情,在《伤逝》中得到最典型的体现。身为新文化阵营中的男性知识分子,鲁迅却能够反身反思五四男性启蒙,以反讽的视点审视涓生启蒙话语中的性别话语奥秘。所谓的现代性的基本观念实际上具有双重的表现形式:在政治国家的层面,表现为最一般的、抽象的人的权利,即作为人拥有同样的权利,没有性别的差别;在大众日常生活的层面,所谓的人权是具有个性化特征的个体的实际需求,包括个体生理、心理上的独特需求,存在性别的差别。涓生以五四追赶现代性过程中确立的抽象的人作为基点,在此之上与子君组建了家庭,所纳入的"子君"正是一个过滤了世俗性的抽象、不完整的"新女性"。真实的子君无疑处于弱势地位,长期男尊女卑的环境铸就了男性特权和女性劣势,子君比涓生知识能力起点低,缺少谋生的可能,自信心不足,更加专注于世俗生活、爱情和婚姻。然而,涓生的启蒙现代性在面临女性具体的个体真实时,由于缺少了性别视角的关照,无法理解子君哀婉的心理,回避她的日常幸福和个体要求,忽略她在家务劳动等方面的贡献,无视其获得自我更新、自我超越能力的难度,从而一味以自身男性知识分子的标准要求子君,使子君的生存陷入了不可解决的矛盾之中。当他以启蒙的逻辑话语一次次发泄对子君的不满,并最终利用启蒙话语暗示子君离开时,男权话语不动声色地流动在启蒙的面具之下,这让男权话语更加难以辨识。可以说,在男女两性资源不对等的客观情况下,涓生凭着对人权的抽象理解,不分差别地同等要求自己和子君,表面上主张男女同样的平等,实际上是一种歧视,与女性解放的初衷相左。

结　语

　　女人是"人",具有与男性共性的一面,作为"女人",又具有独特的特征,因而专注两性"平等"而忽略"有别",或者专注"有别"而忽视"平等",都不是现代意义上的性别平等。鲁迅基于对女性人性的完整认识,区分自然性别与社会性别,在主张男女平等的前提下尊重性别差异,主张男女有差异的具体的平等,兼顾女性作为自然人和社会人的解放,实现女性"完整的人"的解放。鲁迅的社会性别观达到了自由主义女性主义的思想高度:人人生而平等理念上的性别公正、男女机会均等,同时,鲁迅突破了自由主义女性主义追求绝对平等的局限,前瞻地达到了与后现代女性主义的契合,提出了符合女性发展的现代意义的性别理念,具有超越时代的文化意义。

(泰山学院文学与传媒学院)

注释

① 鲁迅:《我之节烈观》,《鲁迅全集》第一卷,人民文学出版社 2005 年版,第 125 页。
② 鲁迅:《我们现在怎样做父亲》,《鲁迅全集》第一卷,人民文学出版社 2005 年版,第 136 页。
③ 康有为:《大同书》,中州古籍出版社 1998 年版,第 198 页。
④ 鲁迅:《我们现在怎样做父亲》,《鲁迅全集》第一卷,人民文学出版社 2005 年版,第 135 页。
⑤ 鲁迅:《我们现在怎样做父亲》,《鲁迅全集》第一卷,人民文学出版社 2005 年版,第 136 页。
⑥ 鲁迅:《书籍和财色》,《鲁迅全集》第四卷,人民文学出版社 2005 年版,第 166 页。
⑦ 鲁迅:《320514 致李小峰》,《鲁迅全集》第十二卷,人民文学出版社 2005 年版,第 303 页。
⑧ 鲁迅:《我和〈语丝〉的始终》,《鲁迅全集》第十二卷,人民文学出版社 2005 年版,第 304 页。
⑨ 鲁迅:《290708 致李霁野》,《鲁迅全集》第十二卷,人民文学出版社 2005 年版,第 194 页。
⑩ [马来西亚]萧遥天《中国人名的研究》,国际文化出版社 1987 年版,第 173—174 页。
⑪ 壮甫:《"她"字的疑问》,《民国日报·觉悟》第 4 卷 14 期。
⑫ 鲁迅:《卢梭和胃口》,《鲁迅全集》第三卷,人民文学出版社 2005 年版,第 577 页。
⑬ 鲁迅:《卢梭和胃口》,《鲁迅全集》第三卷,人民文学出版社 2005 年版,第 577 页。
⑭ 鲁迅:《中国小说史略》,《鲁迅全集》第九卷,人民文学出版社 2005 年版,第 258 页。
⑮ 鲁迅:《女吊》,《鲁迅全集》第九卷,人民文学出版社 2005 年版,第 637 页。
⑯ 许广平:《欣慰的纪念》,《鲁迅回忆录·专著(上)》,北京出版社 1999 年版,第 406 页。

⑰ 萧红:《回忆鲁迅先生》,《我记忆中的鲁迅先生——女性笔下的鲁迅》,河北教育出版社2000年版,第43页。
⑱ 鲁迅:《写于深夜里》,《鲁迅全集》第六卷,第519页。
⑲ 鲁迅:《萧红作〈生死场〉序》,《鲁迅全集》第六卷,第423页。
⑳ [美]艾格尼斯·史沫特莱著,江枫译:《中国的战歌》,作家出版社1986年版,第530页。
㉑ 鲁迅:《关于妇女解放》,《鲁迅全集》第一卷,人民文学出版社2005年版,第615页。
㉒ 周作人:《北沟沿通信》,《周作人文类编5》,湖南文艺出版社1998年版,第103页。
㉓ 鲁迅:《寡妇主义》,《鲁迅全集》第一卷,人民文学出版社2005年版,第278页。
㉔ 冯雪峰:《鲁迅先生计划而未完成的著作》,《一九二八至一九三六年的鲁迅:冯雪峰回忆鲁迅全编》,上海文化出版社2009年版,第189页。
㉕ 鲁迅:《新的"女将"》,《鲁迅全集》第四卷,人民文学出版社2005年版,第344页。
㉖ 鲁迅:《关于妇女解放》,《鲁迅全集》第五卷,人民文学出版社2005年版,第615页。

鲁迅同时代人研究

陈西滢日记、家信的文献史料价值

傅光明

陈小滢女士是陈西滢和凌叔华夫妇的独女,今年整90岁。我与她的交往始于1991年。那时,我刚翻译完凌叔华的英文自传体小说《古韵》,由恩师萧乾先生推荐给台北业强出版社,需小滢签署一份授权书。正值小滢和她的英国汉学家丈夫秦乃瑞来京,我前去拜望。自此,我与小滢持续交往,至今整整30个年头。

我曾跟小滢开玩笑,说我一定上辈子欠下他父母一笔巨债,否则,便不会在1990年以25岁韶华之年译完她母亲的《古韵》之后,又于2020年以55岁半老之身,来整理她父亲写给她的家信和日记。

从年初新冠疫情来袭之时,受小滢委托,开始整理西滢先生的家信、日记。过程中,我不时感叹,这批写于1943—1946年,连注释总篇幅达皇皇63万字的家信、日记,堪称弥足珍贵而又鲜活异常的"新"史料,是最富文采、妙趣的"西滢闲话"。透过它们,不仅可了解与鲁迅打过笔仗的西滢之真实为人,更可侧面了解与他密切交往的同时代中外各界人士:胡适、宋子文、宋美龄、晏阳初、费孝通、林语堂、李卓敏、蒋廷黻、顾维钧、王世杰、杭立武、李四光、熊式一、蒋彝、杨振声、萧乾、叶君健、李约瑟、罗素、汤因比,等等,亦有助于从中寻觅那个时代国际政治交往和中外文化交流的"萍踪侠影"。

在开始正文之前,请允许我向两位女士表达由衷谢意。一位是小滢,从开始整理这批家信、日记,我们俩(一老年,一中年)便开始了每天下午到晚上至少三四个小时的微信往来,这种如情侣般的密电交往一直持续了七个半月,以至于大功告成之后,没有了微信的热络往来,小滢觉得十分失落。在家信,尤其日记中,有大量的英文人名、地名、书名、电影名、机构名、广播剧名及专业术语,加之西滢先生的英文书写十分潦草,难以辨认,我经常给小滢发微信截屏,向她讨教,以便做出大量注释。但对有些英文书写,小滢也无可奈何,因此,必须向另一位女士致谢,她就是英国莱斯特大学"口笔译研究中心"主任应雁老师。我十分敬佩应老师的神奇本领,每次向她讨教问题,她都又快又准地迎刃解决。毋庸讳言,这些注释本身已经属于手稿学学术研究的范畴。

言归正传,今天的会议议题之一是"手稿研究新发现"。

西滢日记、家信是新发现的手稿。在作家研究中,手稿的珍贵及重要性自不待言。遗憾的是,因时间、精力有限,作为整理者,我今天只能以札记的方式呈现出八点想法,前四点关于如何看待西滢之为人,后四点关于如何评估这批日记、家信。

先说头四点。

1. 一个始终为女儿未来的教育及如何做人操心的父亲

西滢写给女儿的信,每一封都有编号,而且,他有时会在信里嗔怪为什么妻子和女儿的来信不编号。这是个心细如发、时刻惦记亲人的丈夫和父亲。甭管多忙,他总会记着给女儿写信。这些信并不是一般的闲话家常,他会写在莎翁故居参观的见闻,写观看秀兰·邓波儿电影的观感,介绍英国的教育,介绍适合女儿读书的学校的情况,还会写英国大选,分析国际形势,也会偶尔谈及自己的工作,但身为父亲,最让他记挂操心的是女儿的教育。

有两天的信给我留下深刻印象。1945 年 1 月 3 日信,西滢写听到女儿报名从军后的心情:"我听了这消息很惊奇,很受感动,也很自豪。你们这样小小年纪,便如此爱国,便这样的富于自我牺牲精神,真是可爱。要是中国青年都有这种精神,中国一定振兴。要是中国人都有这种精神,中国一定强盛。"

1946年5月24日信,有这样一句:"姆妈能告诉你,我因写文章骂过人以至吃了不知多少亏。"他后悔当年与鲁迅的论争吗?有意思的是,西滢在5月22日的日记里记:"到东方学校的小图书馆,想找几本鲁迅的小说史略之类的书。"5月23日的日记里记到:"赵德洁为我借了小说史略等书。"次日日记又记:"看鲁迅《中国小说史略》数十页。"5月25日记:"晚饭后看小说史略。"5月27日记:"看小说史略。"从中,我们能感受到西滢在回首1925年他对鲁迅《中国小说史略》"整大本的剽窃"的攻讦,但十分可惜,在此处西滢惜墨如金,没留下多余的话。

2. 一个酷爱看电影、听时事广播的读书人

西滢日记再好不过地呈现出一个读书人生活和工作的貌相,他几乎每天早晨起床后都要看报。早饭后去办公室,或出门办事。几乎没有一个中午没有饭局。当然不是他喜欢公款吃喝,实在因为饭店、餐厅是聊工作、谈事情的最佳地点。这也算英国的吃饭文化。几乎每个晚上,他都会读书、看杂志或听时事广播。他的阅读范围非常广,英美作家的小说、各类著作,英美两国著名的报纸、杂志,如纽约《时代周刊》、伦敦《泰晤士报》。同时,他经常利用白天的空闲去博物馆参观,去戏院、电影院看戏、看电影。他是莎士比亚戏迷,他在日记中对现场看过《哈姆雷特》《李尔王》《麦克白》《理查三世》《皆大欢喜》《亨利五世》《约翰王》等莎剧都有记载,他还看过萧伯纳的不少戏。同时,他是超级好莱坞影迷,20世纪20年代到1946年的好莱坞电影,他看得相当多,而且,对许多演员耳熟能详。整理过程中做的许多注释,都是关于好莱坞电影和演员的。无疑,西滢日记可以丰富我们对那个时代好莱坞电影和演员的知识。

3. 一个待人真诚、热情好客的绅士君子

西滢身上有典型的英国绅士风：富有学养、彬彬有礼、为人慷慨、关爱弱者、同情女性，等等。虽说他担任着民国政府在伦敦的"中英文化协会"主任一职，收入并不很高，何况家有妻、女，而且，当时国内货币狂贬，物件飞涨，但他一点不抠门，尽管自己买东西有时嫌贵舍不得花钱，请朋友吃饭却从不算计。除此之外，他还经常自掏腰包买戏票、电影票邀请朋友同看。日记中有大量篇幅记载他请了谁谁吃饭，临时见到谁，也一并请饭；有不少篇幅记载他提前买好戏票或电影票，在戏院或电影院门前等朋友，结果朋友偶有失约。似乎他喜欢凑热闹，实则极不情愿应酬，而只想独自静心读书。

西滢是个洁身自好的好男人，孤身海外，身居要职，从无绯闻，实属不易。这有"隐私"为证，1943 年 7 月 1 日西滢记："夜中梦遗，醒了起来洗抹。这年来梦遗较少，平均一月一次的模样。"

由此更可见出西滢与异性交往坦荡清正之难得，可以说，作为丈夫，他对妻子凌叔华之外的女性，脑子里从无非分之想。仅举一例。当时在伦敦孑然一身的民国才女王右嘉与著名的清华才子罗隆基的夫妻感情濒临破裂。从日记不难判断，右嘉一定把西滢当成了值得信赖，并能倾诉苦楚的朋友。西滢也一定表现出了十足倾听的耐心，故此，才能在日记里留下这样的描述，1944 年 4 月 15 日记："她（王右嘉）说她自己脾气不好，努生（罗隆基）来信她没有看便烧了，是她的不是。他们十年夫妇，她不愿说长道短，如说努生错，努生不能辩护，如不说他错，那为什么要分裂？说到后来，她还是免不了把罗的过错举了些。他们同居八年，没有名分。他出去与女人玩，她要说话，他便说'What right have you?'（你们有什么权利?）他在天津时与一人的太太来往。……这几年他说她可去北平。但她每次要去，他便吵闹，而且要动手打人。不是一星期一次两次，现在屋子小，多人同居，实在不像样。"这是怎样的一个

罗隆基？

然而，令西滢没想到的是，他与右嘉交往密切，常在一起吃饭，却引来闲言碎语。日记中对此也有记载：他忽然感觉右嘉故意躲着他，而他竟傻傻的不知何故。后来听说，是使馆的好事之人把闲话传回国内，国内遂把闲话造得仿佛真有其事，再传回伦敦。西滢没事人一样坦然面对。真君子也！

4. 一个尽心、尽力、尽责的中外文化交流的使者

一般读者对西滢曾作为民国政府任命的"中英文化协会"主任、国民党政府驻"联合国教科文组织"（UNESCO）首任代表这两个官职、两份差事，知之甚少。从日记可见出作为中外文化交流使者的西滢十分忙碌的身影。他经常要与英国文化委员会（British Council）协商各种事务，经常从伦敦乘火车去英国各地参加各种文化活动，经常跑牛津、剑桥与各个学院的学者们见面、交流，有机会也会登门拜访知名的作家、学者，还要组织国内的知名学者访英，促进文化交流与合作。他每晚很少12点以前睡觉，并常常失眠，要半夜起来吃安眠药才能继续入睡。他的日记时常于次日补记，甚至多日没空记，待有了时间一气补记好几天。

然而，工作并非一帆风顺，并非光鲜无比，需要耗费大量时间、精力。西滢是个自尊心极强的人，但许多时候，为了工作，不得不屈尊，耐足性子。仅举一例，1944年12月5日记，西滢记录他与著名的李约瑟第一次见面："四时与Martin打电话，仍未回。与Harvey打电话。上午我说去看他，他说Needham（李约瑟）下午去。我说我要约Needham谈一谈，请他代约。此次他说Needham说忙得很，约很多，忙不过来。又问我与他谈多久。最后又问'What do you want to talk to him about？'这使我生了气。我说'I am supposed to be Dr. Needham's equivalent in Britain.'他到英来，我是应当与他交谈的。他说明天四时他在Society of Visiting Scientists.我可以去一下。我说那里许多人，我去拉拉手说how do you do.不是我的意思。他说总得先认识了才谈话。我说我在重庆即见过他。他说 Needham 的约会,都由 Mrs. Bernal 管。我气急了,最后请 Miss Mote 电话去。Mrs. Bernal 果然不知道我是谁。说 Needham 很忙,他不知道他何时方有空。无论如何,可以请我到他的 reception to the Chinese.回寓时一路生气,半天都不能平息。"

生气的西滢先生是怎样的绅士模样!

接下来说后四点。

1. 一部妙趣横生、文采俊逸的《西滢闲话》

倘若有人质疑西滢仅凭一本 1926 年出版的、薄薄的《西滢闲话》便跻身现代散文名家之列,哪怕算上由子善兄搜集、编入了近 50 篇佚文、于 2000 年出版的《西滢文录》亦觉勉强。随着这批家信尤其日记的问世,质疑之声可就此终结。我甚至想说,《西滢日记》才是最具西滢笔调的"闲话"。因为写的是日记,意到笔随,行文无拘,更悠然,更从容,行于所当行,止于所不可不止,常于俊逸之中横生妙趣。作为整理者,每到此时,便倏忽间忘掉疲劳,一种释然的畅快感即刻取而代之。

因文体所限,《西滢日记》里自然少不了必备的日常事务之流水,但许多日记实在堪称自然天成的行云美文。且不论那些论及英美地域风貌和文化生活之类的日记,单以写拜谒莎翁故居、访约克古城、访剑桥、访牛津那几天的长篇日记来说,无一不是引人入胜的美文。以拜莎翁故居那天日记为例,1944 年 4 月 21 日记:"Stratford 是一个小城,人口只有不过一万一千人。有了一张图,到处都可以步行。到戏院去的路,一路都是别墅式的住宅,园子很大。马路上许多樱花盛开(与日本不同处是花开时叶已很盛,也是橙红色,掩去了花的颜色),白的梨花也盛开。各种颜色的花更是多了。……从此向南,不远到 Holy Trinity Church.这教堂也在水边,坟园很古老。这教堂莎士前便存在。莎氏于 1564 年 4 月 26 日在此行洗礼。他的生日,始终无明文证实,大家推测是 23 日。

他的死日也记在同一册中。1616年4月23日,据说生死同在一天。

"莎氏夫妇,女儿,女婿,孙女夫妇都葬在这教堂中。而且很奇怪的,葬在 Alter 的前面。这是很少见的。这教堂很古老,在莎氏前多年即建造。可是没有人想到去埋在神坛前。莎氏把这一片地都买下来了,全家葬在那里。Stratford 的大家,贵族,Chieftain 却葬在一边。也许因为要有石棺石像,不能利用神坛前的地位。"

这天的日记为我解决了一个始终存在的疑惑,即莎士比亚一家人为何都能葬在教堂主祭坛的前面?这违反常规啊!原来,是靠写戏挣了大钱的莎士比亚买下了那片土地,作为地主,如何安葬自己,全凭自己做主。

2. 一部关于国际政治和民国外交的侧记

《西滢日记》从一个侧面为当时的国际政治和民国外交留下了难得的私人记录。这里有对三四十年代英美文化政治与社会的一孔之见,也有对重要国际事件的纵论描述,比如关于联合国成立问题于1944年8月21日至9月28日在美国召开的敦巴顿橡树园会议,还有"对欧洲胜利日"(V.E Day)、"对日胜利日"(V.J Day)之时伦敦庆祝胜利的情形,有对英国议会辩论的情景再现,有对丘吉尔在议会演讲的白描,有对当时民国外交部长宋子文、驻英大使顾维钧方方面面的速记,都是珍贵的鲜活史料。

在此感受一下这样的鲜活。1945年8月15日记伦敦庆祝"对日胜利日"的情形:"我与三位中国女士同车。车走 Parl. Sq. St. James Park, The Mall, 由 St. James Court 出去。夹道都是人,立在街中,只容车辆通过。车慢慢过时,他们都从窗口内张见我们,有些人便嚷'中国人',有些叫'Hurrah'。我们也摇手招呼。

"到 Brown's Hotel. Brit. Council 请吃饭。Miss Parkinson 主席。坐我一侧的是一位 Paraguay 的作家,年很轻。饭后彼此在 Programme. 上签字。Parkinson 祝中国客人寿,说我们抗战最久,今天是我们最幸福的一天。有一人起谢 Brit. Council。

"饭后走 Charing X 路到 Trafalgar Sq.这一路都没有公共汽车。Traf. Sq.人山人海,走路都不容易。到处有人放花爆,流星爆。National Gallery 是 flood lit.远远的 Big Ben 也是 flood lit,很像大理石的钟。

"好容易走上 Mall.皇宫在远处,flood lit,显得很小。在此徐徐而行的人,一队向前,一队向后,彼此的挤过去。有时两股迎面来,彼此走不动了。好容易走近皇宫广场的大门。简直走不动了。我与云槐在一处,又与守和相失。只有退回去,居然找到守和。向边挤出,到了 Green Park.出去到 Green Park 站,门口挤了一长串人。因走到 Bond St.在这里分手。车很挤。但自 Oxford Circle 回去还可以。听说许多人狂欢彻夜,有许多人半夜后才走回去。"

3. 一部描绘"办公室故事"的官场小说

整理过程中,我不时领略到西滢笔头带针砭的一种尖酸、一种犀利,也许有人会觉得其中藏着不厚道的刻薄。事实上,即便刻薄,这也是西滢写给自己的。他写日记,从没想过公之于世。每到此时,我更觉出,这就是苏雪林笔下那个既喜欢"爱伦尼"(Irony)、俏皮起来不放过任何人,同时又"外冷内热"的西滢。诚如苏雪林所说:"陈氏的爱伦尼则有时犀利太过,叫人受不住而致使人怀憾莫释。……爱伦尼进一步便是'泼冷水',这又是陈氏的特长。……陈源教授因喜说俏皮话挖苦人,有时不免谑而近虐,得罪好多朋友,人家都以为他是一个尖酸刻薄的人,或口德不好,其实他的天性倒是忠厚笃实一路。他在英国留学多年,深受绅士教育的陶冶,喜怒哀乐不形于色,加之口才如此蹇涩,不善表达,而说起俏皮话来时,锋芒之锐利,却令人受不住,人家仅看到他'冷'的一面,却看不到他'热'的一面,所以对他的恶感就多于好感了。"(《陈源教授逸事》)

由此,便不难理解,《西滢日记》中的许多内容具有了官场小

说的味道,而且"艾伦尼"无处不在。举三个例子:

1944年5月24日,记:"他(S.先生)说宋、孔积不相能。T.V.(宋子文)的脾气大,拗强。他抗战后在香港,不到重庆,是大错误。许多中国人resent it,蒋亦resent it,他在重庆时,看孔宋不能同存,提议让宋出国。他说英美人不懂蒋处境之难,他如何对付龙云、盛世才一类人。他对龙云曾说了不少老实不客气的话。他与孙夫人谈过。他在港有一次与姊妹三人在一处。孔与孙二人正相反,一个是非常worldly,一个是恰好相反。孙夫人是非常的loveable。"

1944年5月30日,记:"公超说他与雪艇(王世杰)谈甚久,雪艇还不懂。大使馆的人,如看见人没有后台,不肯出力帮忙。"

1945年2月26日,记:"他(叶公超)讲起内政与人物来,都是不满意。他说T.V.一天花费得十万元,由中国银行支付。T.V.对于国际常识很缺乏。国共的不解决,他认为不重要。他劝公超到美去不要随口发言。他说他自己已经得了教训。他的每一句话都有秘密报告。孔的报告也很多。"

"他说胡政之为国共事很消极,血压很高。公超大为宣传。陈布雷去访他。政之说他没有病,只是心中闷不过。好像女人衣已脱了,他那东西硬不起来。"

4. 一部关于中外文人、学者的人物速写集

《西滢日记》的巨大价值之一,在于其为许多中外文人、学者画了像,在日记这一特殊文体的微聚镜头下,用苏雪林的话说,有的画像真实到了"近虐"。不管西滢是否属于"忠厚笃实一路",算聊备一格吧。在此不展开,依然仅举三个例子。

1944年9月12日,记:"与Lewis谈到九时。他对于十年来的文学,说并没有什么人或什么出品。他说小说在Twenties是有成绩的。那时有E.M.Forster, James Joyce, D.H. Lawrence, Virginia Woolf有些东西也写得很好。Thirties便没有什么可看的作品了,不论小说或诗。这时期中的最有才气的人是W. H. Auden.可是他

的见解，始终是中学五年级，没有长进。这时期的人都是为世界政治经济所惑，可是大都的见解，没有超出中学。

"现代文学中，T.S. Eliot 是了不得。他不断地在发展。他写了些东西，许多少年都模仿他，可是他已经到上面去了。一个诗人不断有进步的，英国找不到第二人，除了莎翁。

"至于戏剧，他说什么人也没有。他说如讲十七世纪以后的英国戏剧一概失去，也并不少了多少。Shaw 的东西是社会讨论，不是戏剧。他是 1914 年出中学，即加入欧战。他回来时，对于 Shaw, Wells, Bennett, Galsworthy 即觉得是两个时代的人。他们对于当代青年没有贡献了。"

1944 年 11 月 25 日，记："说起从文（沈从文）来长信。……对于冰心、老舍，挖苦特甚。说老舍'写诗过千行，唯给人印象更不如别人三五行小诗动人。'从文说'京油子'，花样多，即此一事业可知国内文坛大略矣。"

1945 年 6 月 4 日，记："到车站已十一时。车已在站。仲雅（蒋彝）看到我。找到了两个座位。与他一路谈到伦敦，他谈海粟、悲鸿、语堂、式一（熊式一）。他对于式一极不满意。说欧战初起，李亚夫、陈（真如子）Tan 等合资演《王宝钏》。式一是导演，一切由他调度。结果大失败。如一二周即收束，亏累当不太大。不意他们维持了二个月，每人亏累一二千镑。他们三人是年轻人，没有经验，而且陈是熊的 ward，以为式一自己也是一股。谁知式一非但没有担任损失，而且向他讨上演税。"

最后，以一句话来结束，陈西滢日记和家信的出版，十分值得期待！

2020 年 12 月 2 日

（首都师范大学外国语学院）

爱罗先珂的上海朋友圈（下）
——从读解日本官方档案谈起

吴念圣

五、在上海与爱氏有交往的人（下）

季悟虚　照片之注说此人为"该结社干部"，该结社即为上海世界语学会。尽管笔者竭力查寻，依然未能在他处见到这个名字。

另一份日方档案在分析中国无政府主义者时，把"苏爱南、景枚玖、李悟虚、黎世良等"看作一派［2211］。这里又出现了一个"李悟虚"。查此人亦无果。不过根据笔者的经验，将这个"李悟虚"与"季悟虚"看作一人无妨，因为日本人在写汉字时，经常是"李""季"不分的。日方档案中，关于中国人名或地名，错字、别字是相当多的。

笔者在调查张墨池时，看到《共产国际的早期密使：桂林张墨池》[①]一文附有的两张照片，觉得照片里的张墨池与欢送爱氏赴京的纪念合影里的季悟虚相貌极为相似。这个季悟虚会不会就是张墨池呢？日方档案中也出现过张墨池的名字。如上"景梅九"项中所述，1920年，由国会议员景梅九、张墨池等发起创立无政府党，发行机关刊物《自由》《新声》［2301］。看来，日方并未将张墨池与季悟虚当作一人。其实，关于张墨池此人，我们也不甚了解。据上述《桂林张墨池》说，他是保定人，夫人饶久英，桂林人，大革命失败后，被桂系军阀请去桂林了。

20世纪20年代初期,张墨池与景梅九关系比较亲密。这不仅表现在政治活动方面,在文学翻译方面也是,如二人合译了印度泰戈尔的《家庭与世界》(上海泰东图书局,1923年)、《人格》(光明书局,1924年)、《散雅士》(上海新民社,1924年)。

欢送爱氏赴京的纪念合影里,季悟虚傍景梅九而坐,似乎此二人关系也较相近。不过要证明季悟虚就是张墨池,还需确凿的材料。

王克绥　经北四川路青云里培德公学世界语教师王克绥等人四处奔走,棋盘街民智书局(世界语杂志《绿光》发行处)的后援下,1923年2月25日上海世界语大会②在静安寺路192号中华书局编辑部顺利召开。会议主持人王克绥致开会辞,然后,上海平民女学校教师顾少亭、爱罗先珂、印度人沙士陀利等相继演说,其他还有两三人用世界语谈了感想。下午4时15分闭会。干部们用了茶点,摄影留念后,一同参拜了世界语先驱者斯托帕尼之墓。自由解散。参会者约300名。日本人有"要注意人"大石士龙及3名新闻记者。[230226]

王克绥与斯托帕尼、陆式楷、胡愈之、苏爱南等同为1919年重建上海世界语学会时成员。1921年1月,他与陆式楷、斯托帕尼等在新华学校特设世界语寒假补习班,每日下午1时半至3时为教授时间,星期日亦不停课,并称"凡有志者,不论何人皆可来学,并不收费"[210126民国]。1921年春斯托帕尼自杀后,世界语学校一时中断,经川上喜光和陆式楷、王克绥等人的努力,恢复了教育,还为宣传赤化秘密制作中文小册子、中文传单。[2108]

当时王克绥的本职是培德公学教员。1920年5月8日,培德公学举行国耻纪念活动,教员们化装表演,教员王克绥饰医生,他向观众诉说:为国民医治,最根本的是普及教育,发展实力,力图自强,方可免受他人宰割。③

据查,培德公学(今粤东中学)始于培德小学,是1913年由广东籍教育家卢颂虔在上海北四川路青云里创办的。1919年,增设中学部及幼稚园,改称培德公学。1921年中学部停办。1922年,改名广肇公学,校址也迁至四川北路现址1702弄32号。所以1923年2月召开世界语大会时,培德公学已经更名了。

顾少亭 在1923年2月25日召开的世界语者大会上,先于爱罗先珂发言的是上海平民女学校教师顾少亭[230226]。

关于顾少亭,其他一无所知。不过这个平民女学校,可是我国历史上一个重要的学校。关于这个学校,日方也很加注意。1922年末的日方档案里有这样一条信息,题为"陈一派的平民女学校的设立",说:湖南人无政府主义者李达以教育支那妇人为目的,在女子联合会④(故黄兴的夫人领导的支那妇女团体)与陈独秀等一派的支持下,本年2月在上海共同租界设立了实行中等教育的平民女学校。李达自任校长,另有教师两三名。这条信息之后还附上长长篇幅的平民女学校成立纲领和规则。[2212]

陈兆瑛 (1900—1985)浙江定海人。从1920年跟斯托帕尼学习世界语开始,长期从事世界语运动。

1922年陈兆瑛为在法租界南阳桥附近开设世界语协会支部奔忙[2207]。1923年2月25日,在爱罗先珂也作了演说的世界语大会上,陈兆瑛作了关于世界语在中国传布情形的报告[230226民国]。陈兆瑛1923年是上海世界语学会书记,1928年至1934年任国际世界语协会驻沪代理员,1951年当选为中华全国世界语协会候补理事。

吴克刚 (1903—1999)字君毅,又名养浩。安徽寿州人。1923年2月6日中国公学世界语教师吴克刚与饭森正芳夫妇陪同爱氏去杭州旅行[230226]。吴克刚1922年毕业于中国公学中学部(学制四年),1923年当为上海大学英语科学生,是否同时在中国公学教授世界语,尚待考。

吴克刚中学期间经老师沈仲九引荐,与同学吴朗西跟从胡愈之学过世界语。据本人回忆,1922年2月,他是根据胡愈之的指示陪同爱罗先珂去北京的⑤。在北京,他随爱氏客居鲁迅家,给爱氏当助手。同年7月3日,爱氏作为北京世界语学会的代表去赫尔辛基参加第14届世界语大会,他就自京返沪了⑥。

  吴克刚以后的经历大致如下:1924年春协助沈仲九编辑出版无政府主义杂志《自由人》。1925年赴法留学,在巴黎与巴金、卫惠林研讨无政府主义。1927年秋陪同上海劳动大学邀请的法国人讲师杰克·邵可侣回到上海,本人也在该校教过法文。1930年到福建泉州任黎明高中校长,后又到河南百泉乡村师范学校任校长。1934年随沈仲九到福建,任省政府咨议。1936年到上海世界社从事百科全书编辑。1937年在文化生活出版社推出《战时经济丛书》。1938年到武汉与毕修勺参加《扫荡报》工作,并任设计委员。1945年去台湾,任行政长官公署参议,主编过公署办的第一份杂志《现代周刊》。1946年10月出任台湾省图书馆馆长。1948年9月,参加北平研究院在中南海怀仁堂举行的第二次学术会议大会,为社会科学组会员。1955年4月任台湾大学教授。1961年中兴大学成立,任该校合作经济系主任20余年。⑦

  吴荣堂 笔者以为,日方档案中说的与爱罗先珂有交往的吴荣堂就是浙江上虞出身的茶叶专家吴觉农(1897—1989)。吴觉农原名吴荣堂。他1919年至1922年留学日本,虽然赴日前已改名吴觉农,但在日本用的可能是原名。

  爱氏1923年再次来沪后的第三天即2月2日便去访问了在东有恒路源成煤号的吴荣堂[230204]。2月6日爱氏等四人去杭州,随后吴荣堂(日方称他是无政府主义者)也赶到杭州,直至2月17日陪同爱氏一同返沪[230228]。腊月六日(1923年1月21日),共产主义者在浙江上虞的春晖中学聚会,到会的有在江浙的共产党员刘大白、章育文、施存统等人以及吴荣堂、夏丏尊、郭琴堂、叶天底、刘叔琴、丰仁等。会上,吴荣堂(东京帝国大学农学部出身)发言说,当前赤化运动过于偏重产业界,应当重视农民运动。[2302]

笔者以为,日方把吴荣堂留学日本的场所搞错了。他留学日本进的不是东京帝大农学部,而是国立茶业试验场——试验场全称农商务省茶业试验场⑧,位于日本静冈县牧之原。该试验场从1920年至1947年3月的研修制度叫茶业练习生制度,修习者共99名。吴荣堂即吴觉农应当就是其中一个吧。

留日期间,吴不仅钻研茶业,发表过论文;而且非常关心妇女解放、农民运动、工人运动等社会问题,也翻译并撰写了许多这方面的文章。其中,大多用"Y.D."署名。而这正是他原名"荣堂"二字用上虞方言发音时威妥玛式拼音法的声母⑨。他的这些论评社会问题的进步言论自然逃不过日本警察的眼睛。所以也就难怪日本当局把他当作无政府共产主义者了。

吴关于妇女问题的文章多数发表在《妇女杂志》上,还有一些发表在《现代妇女》等杂志上。这些杂志均与他的同乡好友、在商务印书馆当编辑的胡愈之有关。他写的《中国的农民问题》和《日本农民运动中的趋势》一并发表在1922年8月《东方杂志》第19卷第16期(农业及农民运动号)上,肯定是得到该刊物主编胡愈之(任期1920—1927年)的首肯。而这两篇论文也就是他在1923年1月上虞聚会上关于农民问题发言的底稿吧。

吴用"觉农"之名翻译爱氏《松孩》发表在1922年第8卷第7期《妇女杂志》上⑩。而他与爱氏的结识很可能就是胡愈之从中穿线搭桥的结果。他春节不在家乡上虞过,而是到上海,并陪同爱氏游玩杭州,这或许也是受了胡愈之的托付吧。

清水一卫 日本山梨县人。合影中,"要视察人"的清水一卫紧挨爱氏,因为他们是在日本的旧相识了。⑪

1921年12月19日,晚上在四川路青年会讲堂举行世界语学会歌舞会,节目单里有爱罗先珂的俄罗斯民谣,日本人饭森清水的剑舞[211215 民国]。这里的清水就是清水一卫。

1922年1月15日下午2时,在上海南京路新世界对面的宁波同乡会5楼举行了悼念李普克内西(德国社会主义者)遇难3周年大会。主办单位为中国青年团及新文化研究社,主持人李启汉(《劳动者周报》⑫主笔,二十三四岁),发言的有陈独秀等数名中国人、一名朝鲜妇人,最后发言的是清水一卫(二十四五岁)。其他到会的日本人有高桥某、饭森某等共4名,朝鲜人约20名,到会者共约250名。爱罗先珂与世界语协会的一些中国人到了会,但未发言。最后又有一个以无政府共产主义者闻名的朝鲜青年作了发言。[2203]

这里的日本情报说清水二十四五岁,但一个月后所摄的欢送爱氏赴京的纪念合影中他看上去年龄要大得多。半年后,他在大连被警察扣押,据7月11日《晨报》报道,他先谎称自己叫奥山武次,年龄31岁,后经严厉审讯才说出自己的真实姓名。31岁这个年龄跟照片上的好像要近一些。

清水为什么会在大连被抓呢?2月22日,他与饭森正芳等到车站送爱氏离沪赴京[220222 民国][220224]。为了跟爱罗先珂一起去芬兰参加第14届世界语大会,清水7月1日也到了北京。二人同月3日离开北京,4日乘长平丸从天津出发,5日下午到大连,在此被日本警察扣留,爱氏半日获释,清水被囚禁了三天,7日夜里才获自由,被准许去哈尔滨⑬。

其后,清水一卫在西伯利亚曾以日本印刷工俱乐部"日本共产党上海支部"的名义进行活动⑭。经查,1922年3月3日的高警第707号文件中日本警方已把清水称作共产主义者,说他与青木宇外等会同日中朝三国的过激主义者准备在上海组建大同协会。

饭森正芳 (1880—1951)日本石川县人。日方给饭森正芳戴的帽子很多,有"思想要注意人"[211014]"爱罗先珂访问者中要注意邦人"[211021]"思想要注意人"[230204]等等。

饭森与爱氏相识于上海。中介者可能是饭森的同乡长田实。爱氏抵沪不久,日方就把饭森正芳和川上喜光看作是与爱氏交往最多的二人,并详细调查了"要注意人"饭森的现状,说他把自己做海军机关中佐(中校)的退职年金留给了在日本的妻子,自己在当地的春申社做文字工作,每月领取薪金 25 元,另加一些其他收入来维持生计。[211014][2112]

饭森正芳 1899 年毕业于日本海军机关(技术)学校,属 6 期生,毕业后在海军供职 14 年之久,当过多艘军舰的轮机长,衔至中佐。因受当时各种新思想影响,再也不愿打仗杀人,主动辞职,参与社会革新活动,他在思想上有无政府主义倾向,也是一个世界语者。为此,被列入内务省的黑名单。他 1921 年跑到上海,就是为了摆脱特务的无休止的追踪。⑮

1921 年 12 月 19 日,在世界语学会歌舞会上有日本人饭森清水的剑舞[211215 民国],1922 年 1 月 15 日悼念李普克内西遇难 3 周年大会的参加者里有"饭森某"[2203],这里的饭森均当为饭森正芳。饭森参加了 1922 年 2 月 19 日欢送爱氏赴京任教的聚会,并于 2 月 22 日到车站为爱氏送行。[220224、220308][2204][220222 民国]

之后不久,饭森乘外国船 PO 汽船回了日本[2208],回到日本后的他一直受到警方的严密监视,7 月 25 日"思想要注意人"预备役海军机关中佐饭森正芳携爱人春枝一起在横滨乘船再次来沪时,所带行李受到仔细检查,详细录下了清单——里面有大杉荣著书,还有给在上海的清水一卫带的衣服⑯。饭森 7 月末抵达上海。此际,在上海的山鹿泰治想法躲过盯踪的日本特务,与饭森取得联系,从饭森那里取得了一些金钱的援助⑰。

1923 年 1 月 31 日下午 3 时,"思想要注意人"饭森正芳携春枝到上海北站迎接从北京来的爱罗先珂,然后直接带他去法租界霞飞路宝康里 61 号⑱自己家居住,并策划下周陪同爱氏去杭州旅游。[230204]

2月6日下午2时,饭森正芳及春枝、吴淞中国公学世界语教师吴克刚以及稍后从北京赶来的北京大学朝鲜人学生柳友权陪同爱氏在上海北站乘车去杭州,抵达杭州后下榻日本领事馆附近的西湖旅馆。在杭期间,访问了罗夏天、梅生[19]等主持的世界语学校以及涌金门世界语函授学校,还访问了浙江一师校长何柏丞。同月17日返回上海。同月26日上午9时30分爱氏离沪返京,饭森夫妇及中国人同志到上海北站为其送行[230220 觉悟][230225 民国][230226]。

在杭州时饭森作了一首小诗,由汪馥泉译成中文发表。全文如下:那葛岭哪/那苏小小底湖畔哪/游客是空空地伫立着/山水底悲哀之情呀!/一切是黑暗/那西湖底梵钟/响彻天空![230220 觉悟]。

长田实 (1876—1946)日本石川县人,毕业于东京医学专门学校济生学舍。1901年在东京开业。受孙中山委托,1911年12月到上海共同租界开办医院。长田行医不图利,济弱扶倾,仗义好客,经常接待人住在他家。爱罗先珂第一次在上海时就住在长田家。

爱罗先珂1921年5月28日得到离境命令,6月1日离开东京,2日到敦贺,4日乘船过海于6日抵达海参崴,经乌苏里铁路到伯力,过海兰泡,7月19日抵达赤塔,在此他受到当地的远东共和国边防警察阻止,无法再往西行,只得回返。他到了哈尔滨以后,得到哈尔滨新闻主编中根弘[20]的援助,并认识了该报记者岩田文雄。岩田是一个社会主义者,很关心工人运动。岩田以前在东京时与长田实结识,交情不错。岩田给爱氏写了介绍信,让他到上海去找到在当地行医的长田。就这样,爱氏第一次在上海时得以寄居有恒路37号上海实费治疗院日本人医师长田实之处。[211014、211021、220708][2112]

爱氏第二次到上海,没住长田那里,但他抵沪后的第四天即1923年2月3日便去有恒路32号看望长田实[230204]。

川上喜光 (1895—1977)日本冲绳县人。川上是京都府伏见町的向岛日本制棉株式会社的社员,1921年被派到上海工作,本职工作之外,他在上海世界语学校充当主事[211021]。这个世界语学校原来主要靠俄国人过激派斯托帕尼经营,1921年春斯托帕尼自杀,学校曾一时中断,后由日本人川上喜光接手,加上陆有容(即陆式楷)、王克绥等中国人的努力,继续该校教育。该校还为宣传赤化秘密制作中文小册子、中文传单。日方把这个在世界语学校工作的川上喜光看作在上海必须警惕的日本人,还说已经照会了他工作单位所在地的京都府政府[2108]。

在上海与爱罗先珂交往最多的是原海军机关中佐饭森正芳和世界语学校职员川上喜光二名[211014]。尤其是川上,他是爱氏抵沪后最初最重要的朋友,尽管他们在沪相处不过一个月。

据川上本人回忆:当他收到东京的世界语协会发来的电报,要他关照到上海的爱罗先珂之时,爱氏已到上海。他很快找到了暂住美国水手宿舍的爱氏。而后,承蒙一位在上海开业甚久的日本医生的好意,爱氏便住到了他家。㉑这个医生就是长田实了。爱氏虽然手持介绍信,但抵沪后没有直奔长田家,而是先找一家客栈住下,然后经川上的从中联络,才去长田家的。

10月12日晚7时,爱氏在北四川路世界语学会用英语进行演讲,听众30余名。演讲前,川上喜光给大家介绍了爱氏[211013民国]。这大概是爱氏到沪后的首次公开亮相。10月14日,爱氏在北四川路世界语学校演讲,先仍由川上向中国的世界语者们介绍了爱氏,爱氏先用世界语讲,由川上喜光当翻译,因效果不佳,转用英语,由张某翻译[211014、211021][2112]。10月16日(周日)举行欢送川上喜光归国的大会,爱氏等参加,并摄影留念。㉒

爱氏加入上海世界语学会是川上介绍的[2208],爱氏成为世界语学校教员也是因为川上归国而由川上介绍的,同时川上请朝鲜人朴宪永接替他担当的学校事务工作。[211021][2204]

平田晋策 (1904—1936)日本兵库县人。他与爱氏在日本已经相识㉓。

1921年5月末,爱氏被勒令离开日本,平田跟随秋田雨雀、江口涣、有岛武郎等人想为爱氏开一个送别会,6月3日上访内务省,不予许可。

同年8月20日前后,平田因参加晓民共产党第一次会议,受到警察注意。同年12月平田被检举,媒体报道他24岁,实际上那年他才17岁。

平田在被检举之前,大约于同年10月中旬,化名"籾山真"跑到上海。其实他已被内务省定为"访问爱罗先珂者中要注意日本人""社会主义者",受到监视。[211021]10月18日,平田晋策与爱罗先珂,并由爱氏当翻译,访问了俄文报《上海生活 Shanghai Life》编辑麦林琴科。这一情况立即为日方所知,第三天便将此情汇成题为"关于俄国过激派的行动"一文[211020]上报。耐人寻味的是,该文件中说,以下信息是平田晋策透露的,如:谢麦施科㉔是受莫斯科政府派遣来主持俄文报《上海生活》的,在《上海生活》通信事务中,亟须加强注意其关于东亚尤其是关于日本的社会运动的情报爱罗先珂目前以"在赤旗下"为题撰写被日本驱逐出境后至今的旅行记,近日将刊登在《改造》上,他现在生活极其穷困,尽力获取一些稿费,等等。

就是这个平田晋策,到了20年代末摇身一变,以军事评论家的面孔著述通俗读物,颇受注目。最末,他在参加众议院竞选期间因车祸身亡。

大石士龙 在日方档案中见到两则有关信息。

1922年2月19日大石士龙出席了在世界语学校举行的欢送爱氏赴京任教的聚会,22日到车站送行。[220224]1923年2

月25日,大石士龙出席在静安寺路192号中华书局编辑部召开世界语者大会。他被日方定位"要注意人",与在沪中的爱氏有特殊交往,并说他在会议过程中的举动,似为此次会议主办方的干部之一。

朴宪永 （1900—1956）韩国忠清南道人,两班贵族出身。1919年毕业于京城高等普通学校。

1921年4月10日,上海世界语学会数十人在海宁路天宝里爱国女学校为斯托帕尼举行追悼会,主持者陆式楷,发言者有王克绥、胡愈之、苏爱南、黎世良,还有朴永宪。1921年10月爱氏到上海。11月,上海世界语学校主事川上喜光回日本,请爱罗先珂接任他的教学工作,请朴宪永接任他的事务工作[211021],朴宪永和爱氏成为同事。

朴宪永是1920年末到上海的,住法租界福助路爱仁里46号,自1921年1月起在上海基督青年会英语夜学部学习了约6个月,同年5月入高丽共产党首领安东瓒组织的上海社会主义研究所研究共产主义,9月得到安东瓒资助入上海商科大学(上海财经大学前身),因缺乏学费,1922年2月退学,1922年3月25日与金泰渊、林元根一起离开上海,4月1日夜侦探从安东进入朝鲜的办法,同月2日被安东警务署逮捕。㉕在1921年6月29日高丽共产青年团集会上,崔昌植被选为上海会执行委员长,朴宪永被选为秘书。㉖

沙士陀利 印度人。爱氏第二次到上海后的第四天即1923年2月3日,去看望住在四川路桥附近的沙士陀利[230204]。在2月25日举行的上海世界语大会上,爱氏发了言,沙士陀利也发了言[230226民国]。

朱知克夫 俄国人。这个大个子在欢送爱氏赴京任教的纪念合影中站在后排,被标号10,注释说他是世界语学校俄语教师。

上面(本文三)已经说过,日本驻上海内务事务官木下义介做

过一个题为"上海的过激派活动"的长篇报告,当他讲到在上海要注意的俄国人时,点了16个人的名字,第1个是俄文报《上海生活》负责人谢麦施科(见注24),第13个是"世界语协会俄语教员Chepochepoff";稍后又说"如セメシェコ(即谢麦施科)、チェポチェコフ在中国报刊上匿名投稿煽动思想界,而又以世界语教授出现"。[2208]

这里的"Chepochepoff"(朱波朱波夫?)和"チェポチェコフ"(朱波朱克夫?)是不是同一人物呢?与照片里的世界语学校俄语教师"朱知克夫"又是什么关系呢?

就是这个报告中的另一处,说:"如セメシェコ、チェニチェコフ那样,嘴上说是教授世界语,背地里则以此协会为中心进行宣传,这已经是无可置疑的事实。"[2208]

此处内容与上述引文相似,而且并列的二人的前者都是"セメシェコ",那么后者的"チェニチェコフ"(朱尼朱克夫?)是不是也是同一人物呢?这里涉及俄、英、日、汉四种语言的发音转换,目下无从稽考。

六、跋　语

本文是以读解日本官方档案为起点的,而起点之起点可以说是一张照片,那就是本文中欢送爱氏赴京任教的25人的纪念合影(见本文四)。1990年秋,东京大学藤井省三赠《东方》10月号(东方书店,1990年9月),其中刊登了同氏著《ある中国語教官の昭和史―若き巴金との出会い、別れ、そして忘却―》(第12回)一文,此文附照片一张,即为本文所用的这张。没过多久,笔者因为研究饭森正芳,到日本外务省外交史料馆复印到了这张照片及相关资料。

笔者一直想搞清这张照片里是些什么人。很惭愧,凝视这张照片三十年了,离目标依然甚远,只有饭森正芳这个人,搞得清楚了一点,并就此写过几篇文章。笔者觉得再等下去也不会有大的突破了,决定索性将获得的信息及私见作为一颗颗小小的石头一并扔出,但求能激起点点浪花。

注释

① 载 2016 年 9 月 3 日《桂林日报》,该报记者张弘、通讯员张建林文。该文的原材料许多来自李丹阳·刘建一《英伦航稿——早期来华的苏俄重要密使考》(《中共党史研究》1998 年第 5 期)。

② 关于此次世界语大会,世界语学会很是重视,会前特地在 2 月 23 日《民国日报》上发布"世界语会开会预志",说:本阜世界与运动近来渐形发展。唯同志分散各处,绝少联络之机会。现开上海世界语学会,定本月二十五日午后两点半,在静安寺路哈同路口中华书局印刷所内开会。借此以联络同志,拱策进行。并有俄国同志爱罗先珂、英国同志白朗夫妇及其他外国同志到会演说。会场公开,凡有志于世界语者皆可自由往听。其他,如 2 月 24 日、2 月 26 日《民国日报》都有相关报道,不过有意思的是标题里都有爱罗先珂的名字。

③ 据彭南生:《屈辱的记忆:以"廿一条"国耻纪念为讨论中心》,载《江苏社会科学》2010 年第 5 期。

④ 所谓女子联合会的中文的正式名称是上海中华女界联合会。

⑤ 据吴克刚:《一个合作主义者见闻录》,中国合作学社 1999 年(非卖品),第 50 页。

⑥ 据吴克刚:《忆鲁迅并及爱罗先珂》,载《中流》第 1 卷第 5 期,第 324—325 页。

⑦ 这里关于吴克刚经历的说明,基于吴念圣编《吴朗西年谱》《吴朗西文集》,上海书店出版社 2014 年版,第 469—470 页,内容略有增加。

⑧ 其前身为农务局制茶试验场 1896 年建于东京的西之原,1919 年改名农商务省茶业试验场迁至静冈县牧之原(不是牧之原市)。现为农业食品产业技术综合研究机构的野菜茶业研究所金谷茶业研究据点。

⑨ 这方面,首先建议参阅前山加奈子的《Y.D.とは誰か——日本の女性問題を紹介・論評した吳覚農について》(《中国女性史研究》2008 年第 17

号)和《1920年代初頭における日本と中国の女性定期刊行物—吳覚農が紹介・論争した女性運動論からみる》(《駿河台大学論叢》第42号,2011年),较新发表的有姜瑀的《谁是 Y.D.:作为妇女解放运动参与者的"新青年"吴觉农》(《妇女研究论丛》2018年第1期,1月)。

⑩ 该文后被收入夏丏尊等译《幸福的船》,开明书店1931年版。

⑪ 据爱罗先珂《落叶物语》。

⑫ 应为《劳动周报》。

⑬ 据周作人1922年7月14日著《爱罗先珂君》(一)。文中说,关于爱氏离京后的一些消息,他是从7月11日《晨报》的报道得知的。

⑭ 据黑川伊织《帝国に抗する社会運動——第一次日本共産党の思想と運動》,有志社,2014年。

⑮ 关于饭森正芳,可参阅吴朗西《忆饭森正芳先生及其他》(上海编辑学会《编辑学刊》1986年第2期,学林出版社,同年6月),其中讲到1923年2月初的一个周日,他在饭森正芳家看到爱罗先珂。另可参阅吴念圣《吴朗西和饭森正芳——近代中日知识分子交流一例》(《人物往来与东亚交流》pp.44—57,光明日报出版社,2010年/《东亚坐标中的跨国人物》pp.321—334,中国书籍出版社,2013年)、吴念聖《"思想遍歷屋"飯森正芳——ある明治知識人の弛まざる追求》(早稲田大学法学会《人文论集》第47号 pp.43—65,2009年2月。)

⑯ 参见1922年3月14日的中第1073号、7月10日的中第2537号、7月27日的中第2716号。

⑰ 据山鹿泰治《たそがれ日記》/转引自向井孝《山鹿泰治人とその生涯》pp.78—79(青蛾社,1974年)。

⑱ 吴朗西在《忆饭森正芳先生及其他》的文中说,饭森夫妇住在法租界打浦桥附近的一个里弄里——一家中国居民的二楼。

⑲ 罗夏天、梅生被日方称为杭州世界语学校经营者张民权的党徒。[2211]

⑳ 鲁迅用风声之名翻译的《盲诗人最近时的踪迹》(载《晨报副镌》1921年10月22日)原作者就是中根弘,原文发表在日本《读卖新闻》1921年10月9日上。

㉑ 见川上喜光《上海のエロシェンコ》。这里的"美国水手宿舍"的日语原

文为"アメリカ・マリン宿舍",到底是个什么样的地方不明。

㉒ 见川上喜光《上海のエロシェンコ》。

㉓ 据爱罗先珂《落叶物语》。

㉔ 谢麦施科(Semeshiko,セメシェコ)被日方视为在上海第一个要注意的俄国人,俄文报《上海生活》(The Shanghai Life)被日方视为在上海的第一个过激派机构。[2208]

㉕ 据1922年6月2日《高警第1666号》中朴宪永本人的自供。

㉖ 据1921年7月20日《高警第2355号之2》。

史料·辨证

中华艺术大学校门照片来历新探

何 瑛

上海曾经有所特殊的大学——中华艺术大学,它是党领导下的第一所艺术类大学,存在的时间并不长,却在中国左翼文艺运动史上产生深远影响。它是中国左翼美术家联盟(美联)、左翼作家联盟(左联)的摇篮,1930年2月和3月,相继在这所大学成立了时代美术社("它实际上是美联的前身"[①])和左翼作家联盟,以无产阶级戏剧为旗帜的上海艺术剧社也在这里举办过戏剧讲习班,一时之间中华艺术大学成为当时左翼文艺活动的中心,由此,拉开了左翼文艺运动的序幕。在这一时期,也形成和奠定了中国共产党的文化战略,涌现出一大批以鲁迅为旗手的左翼作家和艺术家,推动着左翼文艺运动的发展。如此重要的大学,对它的寻找,在30多年里却经历了"张冠李戴",它的纠正和发现与一张中华艺术大学校门照片的出现密切相关,而这张照片的来源被提供者又一时记错来历,以至以讹传讹。但在笔者一次偶然拜访中,才了解到这张照片真正的来历。

在中华人民共和国建立不久,百废待兴之时,党和政府就非常重视新文化建设、爱国主义教育工作。被毛泽东主席誉为代表"中华民族新文化的方向"的鲁迅,成为当时文化建设的重要标志人物之一。1950年7月,经政务院批准,新中国第一座人物类纪念馆——上海鲁迅纪念馆开始筹备,周恩来总理亲自为纪念馆题写馆名,批准许广平从北京来上海指导鲁迅故居的恢复布置及纪念馆的建立。当时,由于冯雪峰、唐弢等既是鲁迅的弟子和朋友,又是华东军政委员会成员,"对鲁迅都有深刻的了解"[②],筹备中遇到的许多具体问题都由他们想办法解决。为更好地宣传鲁迅,厘清史料,做好纪念馆的陈列,冯雪峰、唐弢等到各处鲁迅曾经活动过的地方,勘查现场,核对史料。据唐弢先生回忆:"大约1950年五六月间,我们(冯雪峰、唐弢)一起寻找和视察了大陆新村、拉摩斯公寓、花园庄、公啡咖啡馆、中华艺术大学、爵禄饭店、荷兰西菜室"[③],中华艺术大学就是在那一次寻访中被确定在多伦路145号,由于中国左翼作家成立大会是在中华艺术大学召开,冯雪峰是左联筹备小组成员之一,并参加了左联成立大会,曾到过中华艺术大学,唐弢解放前也经常在虹口一带活动,一直从事着左翼文学创作活动,因此他们俩的认定具有一定的可信度和权威性,这一结论占据了30多年。"从此之后,凡鲁迅纪念馆(博物馆)、现代革命史、文化史展览,包括现代文学史料的书刊,也均以多伦路145号作为左联成立大会的会址。"[④]这一说法影响广泛,直到新世纪后,一些学者、大学的老师在文章里引用的中华艺术大学照片还是多伦路145号。

进入20世纪80年代,在虹口区文化局张乐竺局长带领下,在全市率先开展革命遗址遗迹和文化名人调研,建设纪念场馆工作,开展宣传教育。像李白烈士故居、左联纪念馆(中华艺术大学旧址)、沈尹默故居等都是在那时相继建立。其中筹建左联纪念馆(中华艺术大学的恢复)最为曲折,因为,多伦路145号当时是上海市第四人民医院托儿所,为历史建筑旧址而动迁,在20世纪80年代还是非常少见,上海那时房子还很紧张,家庭人均面积在4平方米以下的困难户还比比皆是,给中华艺术大学旧址恢复、左联纪念馆的建设带来重重阻力,但市、区两级政府还是下了很大决心,批准立项、拨地置换、集资建馆。但是,当到了房屋修缮、陈列布展阶段,"为恢复左联成立大会会址原貌,急需查明大会会址在中华艺大二楼还是底层召开的异说"⑤,并需确定在哪一个房间召开,于是区文化局派员赴北京调查,拜访了当年中华艺大西画科主任许幸之。许老竟然说多伦路145号的中华艺术大学地址是搞错的,并有一张中华艺术大学校门口的老照片为证,照片上门牌号码为窦乐安路233号,即现在的多伦路201弄2号,照片上的中华艺术大学校门口与目前的这幢洋房门口完全一致,一时兴起轩然大波,导致十年后多伦路201弄2号房屋的动迁,真正的中华艺术大学、左联成立大会会址得到恢复,这是后话。这个过程请参见周国伟、史伯英撰写的《左联成立大会会址在何处》,这里也就不赘述了。关于这张照片的来源,文章说:"许幸之托他儿子把原中华艺大校门照片一帧带至上海,捐赠鲁迅纪念馆。这帧照片,摄自二十年末三十年代初。据许先生说,此照是吴步乃先生赠他的。为此,我们又去信向吴步乃请教。吴先生来信说:'照片也可能是从美籍华人何铁华那里翻拍的?何曾是中华艺大学生,现在夏威夷。'可见,这帧照片也远渡重洋来之不易。"⑥吴步乃是何许人也?他为什么会有这张照片,为何说"照片也可能是从美籍华人何铁华那里翻拍的?",口气似乎不是很肯定,那么,这张照片的真正来源于谁?

吴步乃,1929年2月出生,原名吴步鼐,笔名步及等,从小爱好美术,1946年参加中华全国木刻协会组织的木刻函授班,旋即又加入上海漫画工学团学习工作。上海漫画工学团是一个反对国民党反动独裁统治的进步文化团体,积极开展学生运动中的漫画宣传活动和举行漫画展览,揭露反动政权假民主、真独裁的本质。吴步乃是其中的骨干,他1949年至1955年加入中国人民解放军,从事美术工作,部队复员后担任中国美术家协会直属的《美术》杂志编辑部任编辑、副主编。

前年,2019年,在多伦路上的中华艺术大学成立90周年之际,虹口区文化局老局长张乐竺与笔者聊起在1989年中华艺术大学恢复工作过程中,得到北京吴步乃帮助很大,想写点回忆文章,做一些口述历史,有些情况时间长了,有点记不清楚,不知吴老现在怎么样了,希望能够联系到。笔者那时正好有到北京出差机会,于是通过有关朋友,打听到吴老的联系电话,预先打电话给吴老。吴老思路还很清晰。于是买好礼物,登门拜访。吴老住在底楼,屋里有点凌乱。90岁的吴老身体还很硬朗,尽管头发花白,也已不修边幅,但往后梳起的大背头,还能看得出画家的风度。吴老说:"我本来也是从上海来到北京的,在上海读书,读小学、中学,生活了十年,对上海还很有感情,后参军,复员后到北京中国美术家协会直属《美术》杂志工作。许幸之是中国美术家协会理事、中央美院教授,因此,在工作中我与许幸之相识。20世纪80年代与文史专家王观泉一起研究20世纪30年代上海的版画(曾一起编写《一八艺社纪念集》),了解到许幸之是20世纪30年代在上海的中国左翼美术家联盟主席,曾任中华艺术大学西画科主任,因此,平时多有与许先生请教和联系,我也想从他那里得到一些那个年代的史料。那时,恰好有沈阳鲁迅美术学院雕塑系教授来到北京办展览,那个教授知道我在研究1930年代上海的版画,就拿出一张当年他在中华艺术大学读书期间,在校门口的一张照片。"吴老想到许幸之先生那时是中华艺术大学教师,交给他更有意义,所以,就送给许幸之。恰好那时候,上海来人调查左联成立大会会址、中华艺术大学的事情,许幸之先生就把这张照片提供了出来。过了将近一年,上海方面来问吴老这张照片的来历,吴老早已经把这件事忘了,由于在这期间,美国华裔画家何铁华也曾到北京办过画展,而且也曾经是中华艺术大学的学生,吴老就推测是不是美国的那个学生送的,所以,当时问他照片出处时,回答的语气就不是那么的肯定,自己实际上也有点疑问。后来,在退休时,整理自己工作期间几千封信时发现了沈阳鲁迅美术学院雕塑系那位教授的一封信,才知道是那个教授所送,而非美国华裔画家所送。所以,提供这张照片的应该是沈阳鲁迅美术学院雕塑系的那位教授,但吴老由于年纪大了,事情又过去那么多年,现在实在记不起那个教授的名字,不过,这位教授名气很大,可以通过有关渠道,比如查《中国艺术家辞典》或询问沈阳鲁迅美术学院。查找这位教授,他有3个特征:1.出生年龄在1910年之前,因为,1929年在中华艺术大学学生至少20岁。2.履历中要有中华艺术大学的学习经历。3.是沈阳鲁迅美术学院搞雕塑的教授。根据这三个条件去找,应该是找得到的,也是找得准的。

于是,笔者回到上海,马上借来《中国艺术家人名辞典》查找。果然,一位沈阳鲁迅美术学院雕塑系教授的信息条目跳入眼帘:"黄心维:著名雕塑家,教授。1907年6月7日出生……1929年去上海,在中华艺术大学学习半年。同年夏考入杭州国立艺术学院雕塑系,参加进步组织一八艺社。1934年毕业,以优异成绩获全校雕塑创作比赛一等奖。为上海魏达洋行英国魏达教授聘为雕塑助手,工作三年,制作建筑装饰雕刻,钻研石雕、铸像技术。在魏达指导下合作完成了香港汇丰银行的两座大型铜狮……1958年任鲁迅美术学院雕塑系教授。1954年与刘荣夫、王照民创作四平解放纪念碑。1955年、1956年先后受聘指导协助铸造大连苏军烈士纪念碑大型铜像、锦州解放纪念碑铜像,得到大连、锦州市政府奖励……1959年参加建国十周年北京农展馆创作的大型雕塑受到好评。"[7]由此可见,黄心维教授完全符合吴老所说的3个条件,是一位享誉全国的著名雕塑家。遗憾的是黄心维教授已于1989年去世,享年82岁。于是,笔者马上把此情况向吴老电话报告,吴老连声说道:"没错,就是他。"

时光荏苒,中华艺术大学地址误记了30多年,又过了近30年,中华艺术大学校门口照片的真正来历才水落石出。从中可知文物征集工作（包括史料和历史照片的征集）的艰辛和曲折，同时，也体现文物征集工作的严谨和专业。

　　文物征集永远在路上，我们一起努力！

注释

① 许幸之：《左翼美术家联盟成立前后》，载《新兴版画运动五十周年》辽宁美术出版社1982年版，第124页。

② 唐弢：《草创之忆》，载《高山仰止——鲁迅逝世五十周年纪念集》，上海文艺出版社1986年版，第122页。

③ 同上，第122页。

④ 周国伟、史伯英：《左联成立大会会址在何处》，载《鲁迅研究动态》1989年第11期。

⑤ 周国伟、史伯英：《左联成立大会会址在何处》，载《鲁迅研究动态》1989年第11期。

⑥ 同上。

⑦《中国艺术家辞典》现代第五分册，湖南人民出版社1985年版，第492页。

解读上海鲁迅纪念馆 70 年前筹设工程之票据

王 煜

近期有机会看到了由上海市商业联合会及虹口区商业联合会合作申报的海派商业文化项目及有关票据附件,其中有 10 余张票据与上海山阴路大陆新村 9 号、10 号,即为 70 年前鲁迅故居旧址修缮工程相关。

此票据主要反映了上海商办闸北水电公司在 50 年代初,如何配合华东军管委员会文化部,做好鲁迅纪念馆修缮工程中的电力配套工作的印记。经解读上述票据,拟写本文,仅供参考,望读者不吝指教。

位于上海山阴路的鲁迅故居纪念馆,我有一种特殊的感情。我出生在上海四川北路上的第四人民医院(解放前曾称"福民医院")也算得上与鲁迅之子周海婴同在一家医院出生。上小学时就读于虹口区第三中心小学,离上海鲁迅故居大陆新村 9 号、10 号,也就是对路相隔咫尺之遥。空间上鲁迅故居、鲁迅公园等著名建筑耳濡目染的缘故,每当读到有关鲁迅的文章、小说或资料时,尤为关注。

鉴于工作的关系,我曾从事房地产开发的相关工作,深知房地产项目老建筑的修葺工程,特别是水电等配套工程的难度和重要性,在 50 年代初期,电力技术和供给水平低下的情况下,按时间、高质量地完工来之不易。

说起上海商办闸北水电公司,该公司创办于 1924 年 8 月,打破了原来"洋商"一家独占的局面,由官督商办的闸北水电公司、江苏省立上海闸北水电厂演变而来。20世纪30年代,它的发电装机容量达3.45万千瓦,是当时中国最大的民族电力企业。公司总办事处为上海四川北路1856弄阿瑞里1号(紧邻第四人民医院)。1952年12月,上海市人民政府批准闸北水电公司公私合营。1953年元旦,公司正式改名为公私合营闸北水电公司,成为全市第一批公私合营企业。①该公司在承接鲁迅纪念馆时,还是一家私营企业。但从票据的施工日期看,该公司对承接鲁迅纪念馆项目的配合度和施工效率还是较高的,按照当下的说法就是做到了"特事特办、慢事快办"。

作为当年鲁迅纪念馆的主管和筹建单位,华东军政委员会文化部(文物处)自1950年6—7月,在衡山路10号挂牌,从筹划鲁迅故居复原,到1951年1月7日鲁迅纪念馆正式诞生,②仅用了半年时间,就完成了上海大陆新村9号、10号的居民的迁让、文物的征集,到房屋改造及水电配套工程等事项。在50年代初,财政经济十分困难的年代,实属卓有成效。也是把为人民服务的核心价值观和鲁迅精神,通过该项目的实施,内化于心,外化于行。

一、70年前的上海百废待兴,但鲁迅纪念馆筹建未受影响

本文所涉及票据,主要反映50年代初期改建鲁迅纪念馆项目经历的实证,时间跨度大致为1950年下半至1951年元月。当时上海的电力系统正处于非军事管制向军事管制变动时期,1950年12月份和1951年1月份上海电力公司两份账单对照反映,上海电力由军管会军事管制是从1951年1月开始。军事管制委员会是中国在解放战争时期和新中国成立初期,为在新解放的城市或地区建立的新秩序,而由中国人民解放军对有关城市、局部地区或特定系统的单位进行接管,实行军事管制而设立的机构。在中华人民共和国成立初期,它对50年代初期社会经济的稳定起到了十分重要的作用。

在此年代的票据,除了具有很强的军管时代特征。主要还是该时期,上海电力设施处于很脆弱的状态,国民党于1950年连续多次对上海电力单位等重要设施进行空中攻击("二六"轰炸为最猛烈)。③再加上抗美援朝海上通道被美蒋封锁诸多原因,住宅正常供电被困扰和制约。但从该票据的信息中,并未发现"不利因素"而受到的影响。体现出上海社会各界,在新社会里的主人翁态度、高度责任感,以及排除困难解决实际问题的能力。

二、鲁迅纪念馆原址户主吴觉农(农林部副部长)让房,在票据中显现

我们可以在《继承前用户用电申请书》申请继承用电人(新用户)栏目中,看到旧用户姓名吴觉农。其邻居大陆新村9号便是鲁迅先生的故居,鲁迅在这里度过了他一生最险恶也最光辉的岁月。到1949年后,鲁迅故居已由他人居住,面目全非了。

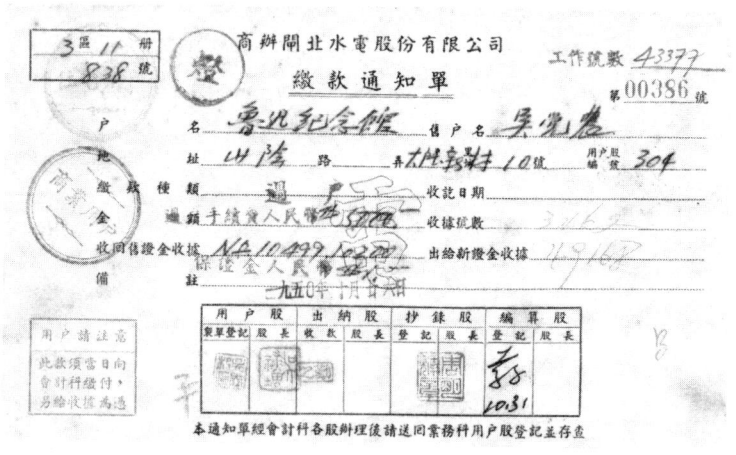

图1　商办闸北水电股份有限公司交款通知单,有吴觉农名

经查,1950年大陆新村10号居住的房主是著名茶叶专家、时任中央农林部副部长吴觉农和夫人陈宣昭,他们在得知鲁迅纪念

馆需迁址时,非常热情地表示即可迁让。④吴先生的表态,感化了大陆新村9号的住户。当时大陆新村9号已是上海太平洋轮船公司员工宿舍,由该公司投资的民生实业公司也协助迁让了此屋。在居住十分紧张的年代,顺利地解决了房屋迁让问题,真可谓"人同此心"。吴觉农与上海鲁迅纪念馆这一历史佳话,表现了他对鲁迅的景仰和对新社会公益事业建设的热忱之心。⑤

本文解读的票据大多数为上海山阴路大陆新村9号、10号相关。鲁迅在生命的最后三年是在上海山阴路大陆新村9号度过的。大陆新村建成于1932年,由大陆银行上海信托部投资(用当下的话就是,独门独院加铁门,餐厅、厨房有煤气、客厅、卫生间有浴缸及抽水马桶、主卧、客卧、阳台、储藏室、佣人房等功能分明,明显高于淮海路石库门住房)。鲁迅居住的9号则由内山完造书店店员的名义承租的,1936年10月19日鲁迅逝世后。由于经济等原因,许广平女士搬往法租界霞飞坊居住(淮海中路927弄64号)。鉴于上述情况,华东军管委员会文化处同志认真执行上海市、华东局和中央领导的要求,努力将大陆新村9号恢复到鲁迅原故居的状况,大陆新村10号辟为3个遗物和图书资料陈列室。

三、票据文件的书写形式、排版、印章大小等, 虽欠规范,但符合实际

1950年由于刚刚解放不久,华东军管委员会的文书工作,也处在逐步规范阶段,关于文件的纸形和格式问题,笔者猜想,"格式"的问题可能在议事日程中的不是大事,本着能用即可,在社会管理和适应交往中逐渐步入正轨。本文被解读的文件、票据等呈现多种格式,主要有以下几个现象:

1. 票据的用章、抬头纸自制和预印等格式多样。如鲁迅纪念馆筹设初期,无鲁迅纪念馆的抬头纸,在开馆之前抬头纸印制完毕,抬头纸已经开始使用(公章仍然用旧章),但未发觉新公章的印记。

2. 拟文以手写为主、也有手工刻蜡纸油墨印制。在打字机尚未普及的情况下，有以全手写、半手写竖版方式行文，也有半手写横版方式填表等，拟文方式和格式化文档呈多样性。

3. 纸张大小、质量、排版格式不统一。用纸大小不一，纸的质量好坏差异大。排版的方式，有横排，也有竖排，文件的落款和署名以及日期（有阿拉伯数字和中文也有中英文混用）。

4. 从华东军政委员会文化处发函的单据看，没有发文号或编号，但有发文单位蓝色公章、发文时间和联系电话，发文内容及要求清晰明了（见图2）。收文单位为便于查找，设立编号，自编了企业内部各类号码，回复时间较快，答复内容灵活机动，体现支持。收文单位在复函形式上虽简单，同时有几种内部编号，但实用简便。

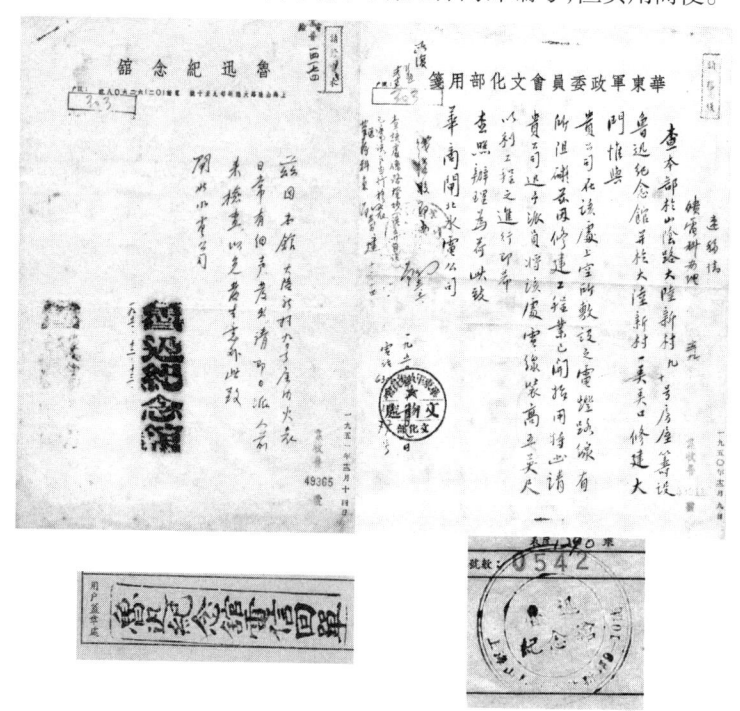

图2 公函两种及1950年代上海鲁迅纪念馆公章版本三种

从已搜集的票据看,发文、收文适应了社会或机关内部的各种需求,在鲁迅纪念馆筹设阶段的票据中充分显现,符合当年的实际状况。建设单位主体、施工单位客体或第三方均无异议和疑点,从当下的角度看,更显原版件的真实可信。

四、票据中能看出特事特办痕迹,继承前用户用电申请与用电契约同步办理

20世纪50年代初期,用电还未普及(照明还有煤油灯,电灯泡还靠进口)。大陆新村在上海属于较好的住宅区域,俗称"新式里弄"型。虽然原有用电、用水、用煤等设施,但申请或变更或扩容等手续还是较烦琐的事情。从《继承前用户用电申请书》和《电灯用电契约》两份合同来看,为了方便工程进度,变更手续与新申请手续同步办理,即大陆新村9号、10号系四份申请一起递交(其中电灯用电契约首页还贴上合同税票:1949年版人民币1 000元)。

从时间上分析(不知何因,四份契约、申请只写了具体1950年10月,而没有写具体的日期)笔者推测,大概是为加快推进速度,10月份内要完成的缘故?(笔者判断,不写日期,可能是让收文单位便于编号而留之)其中,较能说明支持项目推进工作的例子是:因前用户印鉴和当年用户支付的保证金收据,不在鲁迅纪念馆筹建人员手中,闸北水电公司破例在合同加盖说明章(蓝色印章文字一段),予以支持解决。为了便于读者理解,笔者将此段文字抄录如下:"此次过户无法取得旧用户印鉴及保证金收据,日后如旧用户提出异议时,愿听凭贵公司,款复旧用户户名。特将本户名所缴之保证金作废,特此声明。"

五、票据中体现出土建和电力两单位的支持,简化弄口电线迁移手续

项目在施工中,发现山阴路大陆新村9号、10号弄口有一电

线有碍大门施工,为此华东军政委员会文化处发函(见图2右上),内容为:"查本部于山阴路大陆新村九、十号房屋筹设鲁迅纪念馆并于大陆新村一弄弄口修建大门,惟与贵公司在该处上空所敷设之电灯线路有所阻碍,兹因修建工程业已开始。用特函请贵公司迅予派员,将该处电线装高五英尺,以利工程之进行。即希查照办理为荷。此致华商闸北水电公司。1950年12月8日华东军政委员会文化部文物处(盖章)电话:63063转77号"。

从上函看出,因弄口电线高度影响大门景观施工,按当年程序规定,因由华商闸北水电公司按流程需派人到现场勘察,制图,做出预算,再安排人员进场施工,周期较长。华商闸北水电公司打破常规,同意由现场原有施工单位代为迁移,节约了时间。为使读者了解,抄录如下:"如商办闸北水电股份有限公司于1950年12月9日立即复函华东军政委员会文化部。函 华东军政委员会文化部复知大陆新村系路灯线已嘱自行移装由。一、接十二月八日,大函祗悉。二、查山阴路大陆新村一弄弄口上空之电灯路线,系该弄自设之路灯线,除已面嘱该户自行移装外。三、专此布复,即请查照为荷。此致 华东军政委员会文化部文物处1950年12月8日"。

六、票据细微处见精神,鲁迅纪念馆红色抬头公文笺

1951年1月7日纪念馆建成开放,在运行了一个阶段后,从票据上反映,公文笺由华东军管委员会文化部的公函用笺改为鲁迅纪念馆用笺。从图2左上函件看,项目电力设施在运行了一个阶段后,鲁迅纪念馆工作人员在例行检查中发现了细微问题,于1951年12月13日函告闸北水电公司:"兹因本馆大陆新村九号屋内火表(当时上海称电度表为火表)日常有细声发出。请即日派人前来检查,以免发生意外。此致闸北水电公司。(鲁迅纪念馆盖章)"。闸北水电公司收文后,照例编号派单(户名303、业务编号14174和业务收文49365),估计解决顺利也未留下凭证。此

维修申请函,手写于"鲁迅纪念馆"公文笺上,馆名下印制了地址及电话,便于收函件人联系,继续保留特大公章。这是笔者首次见到鲁迅纪念馆公文用笺,是鲁迅纪念馆用于日常书面函件来往的早期凭证之一。

七、筹建人员待遇不高,但工作效率高

20世纪50年代初,各级党政机关工作人员一般实行供给制。在整理有关文档时,看到了一份1951年1月颁布的《华东军政委员会关于试行包干制的决定》。笔者认为有必要,让读者看到有关"待遇"。考虑原版文字不清晰,故打印部分摘录。

从下表中看到:决定自1951年起,供给制工作人员,个人生活费用实行包干制。包干内容:将标准规定,归纳以下七种实物:

食油　每人每年6.84斤

食盐　每人每年11.41斤

木柴　每人每年730斤

猪肉　每人每年51.5斤

布　　每人每年616.38市方尺

米　　每人每年138斤

香烟　每人每年60包

上表列出的七种实物标准,是吃"大灶"工作人员的"标配",按当下的眼光,生活水平属很低,但当年工作人员的干劲可不低啊!

从票据上反映,20世纪50年代初期的军管人员总体上呈现两个特点:一是军管人员素质普遍较高,在不断探索机关公文行文规范的同时,边工作,边规范,适应了建设项目行业管理的需求,积累了管理工作经验;二是专人、专项负责制,即在工作制度方面,既

有集体办公的制度,又有分工负责的要求,灵活高效。

供给制虽然有弊端,1955年被取消,但其在20世纪50年代初期,也发挥过积极的作用,主要是20世纪50年代初期,首先是生活水平普遍较低,供给制有效保障被供人员及其家庭的基本生活。其次,可有效减轻市场环境不稳给生活造成的压力,有利于工作人员集中精力,投入到工作中去。再次,可有效地防止收入过分悬殊而产生问题。在一定意义上,用好了收入分配中的积极因素,促进了工作效率的提高。

综上所述,鲁迅纪念馆筹设阶段虽是上海解放初期,但鲁迅的精神在社会主义现代化建设的进程中,仍然是凝聚和激励全民族的宝贵财富和有力思想武器,具有重要的现实意义。毛泽东主席曾评价:"鲁迅的方向,就是中华民族新文化的方向。"1950年周恩来为上海鲁迅纪念馆题写了馆名,1956年为鲁迅先生迁墓时,毛泽东题写了墓碑。在当下的历史条件下,鲁迅的精神仍有许多重要的历史启示,我们要发扬鲁迅"我以我血荐轩辕"的爱国主义精神和"俯首甘为孺子牛"的奉献精神,要学习鲁迅先生开拓、改革、创新、勇于追求真理的精神,把握机遇、奋发有为,为实现伟大的中国梦努力奋斗。

注释

① 苏小小:《王兼士的商业传奇》,《风流一代》2018年7月20日,第54—55页。

②④ 王稼冬:《追忆上海鲁迅纪念馆筹建经过》,《四十纪程》1990年版,第23页、第24页。

③ 臧志军、陈晓原、樊勇明等:《第四章 电力:从电灯照明到能源大网》,《奋发前行:新中国70年上海公用事业》,上海人民出版社2019年版,第226页。

⑤ 张自强:《吴觉农先生让房》,《中国茶叶》1987年1月31日,第35页。

读书杂谈

童谣民歌:越学和鲁迅学的一条纽带
——《中国童谣价值谱系研究》序

黄乔生

书桌上有一本同事到绍兴出差刚带回来的《越歌百曲(五编)》(绍兴鲁迅纪念馆前馆长裘士雄先生编注),收录绍兴民歌、童谣和谚语,我看了觉得有味,也感到亲切,因为从中感受到鲁迅兄弟生长的文化氛围。书中有些歌谣甚至出现在鲁迅的著作中,例如《群玉班》:"台上群玉班,台下都走散。连忙关庙门,两边墙壁都爬塌,连忙扯得牢,只剩下一担馄饨摊。"《准风月谈》的《偶成》引用过,还有《五怕》:"摇船怕风暴,讨饭怕狗咬,秀才怕岁考,厨司怕缸灶,裁缝怕雕破皮袄。"鲁迅在《〈阿Q正传〉的成因》中引用其中的两句,描述他作为连载小说作者每周被编辑催稿的窘态:"俗语说:'讨饭怕狗咬,秀才怕岁考。'我既非秀才,又要周考,真是为难……"书中有些歌谣是周作人亲手整理过的,收入他的《童谣研究》一书。《童谣研究》手稿本曾影印出版,释文刊登在《鲁迅研究月刊》2000年第9期上。裘先生编辑这套书,跟他长期从事鲁迅研究有关,收集、整理、研究民歌童谣,是"越学"的一部分,也是"鲁迅学"的一部分。

事情就是这么巧。不几天,我就收到韩丽梅博士寄来的《中国童谣价值谱系研究》书稿,从中看到这样一段:蔡元培长北大,提倡整理和研究歌谣,有前清进士嘲讽道:放着"大经大传"不讲,却要带着一班青年人,对着儿童信口胡喷:"风来啦,雨来啦,王八背着鼓来啦!"这段文字让我想起周作人和蔡元培交往的一段佳话。周作人写了五十自寿诗后,文坛名家纷纷和诗赞许,一时之间成为热议,自然也有非议他志气颓丧,态度消极,避世自保。周作人后来在纪念蔡元培的文章中说,和诗中给他印象最深的是蔡元培的《新年用知堂老人自寿韵》:

新年儿女便当家,不让沙弥袈了裟。(原注,吾乡小孩子留发一圈而剃其中边者,谓之沙弥。《癸巳存稿》《精其神》一条引"经了筵""阵了亡"等语,谓此自一种文理。)鬼脸遮颜徒吓狗,龙灯画足似添蛇。六么轮掷思赢豆,(吾乡小孩子选炒蚕豆六枚,于一面去壳少许,谓之黄,其完好一面谓之黑,二人以上轮掷之,黄多者赢,亦仍以豆为筹马。)数语蝉联号绩麻。(以成语首字与其他末字相同者联句,如甲说"大学之道",乙接说"道不远人",丙接说"人之初"等,谓之绩麻。)乐事追怀非苦话,容吾一样吃甜茶。(吾乡有"吃甜茶讲苦话"语。)

周作人感叹道:"署名则仍是蔡元培,并不用别号。此于游戏之中自有谨厚之气……蔡先生此时已年近古稀,而记叙新年儿戏情形,细加注解,犹有童心,我的年纪要差二十岁,却还没有记得那样清楚,读之但有怅惘,即在极小处前辈亦自不可及也。"年近古稀而犹有童心的"老小孩",是周作人对蔡元培的礼赞,这赞扬堪与他对安徒生的赞美相比:安徒生从民间传说中选取题材加以改造,其作品"短于常识而富于神思,所著童话,即以小儿之目观察万物,而以诗人之笔写之,故美妙自然,可称神品","他是个诗人,又是个老孩子,所以他有用诗人的观察,小儿的言语,写出原人——文明国的小儿,便是系统发生学上的小野蛮——的思想"。

周作人童谣研究的很多精妙论述在丽梅的著作中都有回响。

研究童谣,当然要追溯其悠久的历史,探检其在民间的丰富宝藏,而现代学者自觉的理论建设更不容忽视,因为这些理论思考中体现着"价值论"。其中,周作人的相关论著尤其值得重视。丽梅博士的著作就给周作人的童谣研究成绩设立了专章,我拿到书稿最先看的也是这一部分。蔡元培以怀念儿时民俗的诗歌和周作人自寿诗,固然有两人是绍兴同乡的原因,但也有别的原因,那就是周作人一贯提倡儿童文学,研究民歌和童谣,他在绍兴时便写过《儿童文学小论》,到北京后与北大同仁发起歌谣运动,正是在蔡元培领导下进行的,也就是前文所说的被前清"进士"嘲讽的不如圣经贤传的"小儿科"。因此,蔡元培的和诗应该还含有赞许、同情周作人的意思。

除了蔡元培的支持,鲁迅也很早就帮助周作人开展搜集歌谣工作。鲁迅的童谣观念、儿童文学思想、儿童教育理念起源很早,他在教育部工作时期,翻译了日本学者上野阳一的论文《社会教育与趣味》《儿童之好奇心》《艺术玩赏之教育》和高岛平三郎的论文《儿童观念界之研究》,他担任社会教育司第一科科长期间负责筹办全国儿童艺术品展览会。他的作品中不断出现民谣儿歌,小说《白光》结尾,不但有"白篷船,红划楫,摇到对岸歇一歇,点心吃一些,戏文唱一出",还让村童们由此编派新词,对反抗世俗的勇士加以嘲笑:"白篷船,对岸歇一歇。此刻熄,自己熄。戏文唱一出。我放火!哈哈哈!火火火,点心吃一些。戏文唱一出。"鲁迅和周作人在这方面有共同爱好,有商讨,有合作。鲁迅到北京工作后,积极配合弟弟征集歌谣的工作,在1914年的一封家信中记录了刚收集到的北京、河北、江西、安徽等地的6首儿歌,并加上注文。如北京的"羊羊羊。跳花墙。花墙破。驴推磨。猪挑柴。狗弄火。小猫儿上炕捏饽饽"。河北的"风来了。雨来了。和尚背了鼓来了。这里藏。庙里藏。一藏藏了个小儿郎。儿郎儿郎你看家。锅台后头有一个大西瓜。"信中还特别提醒说,其中一首安徽的不像童谣——实际上是一首黄色小调。一个操着南方口音的中年人,还是一位政府官员,向北京本地人询问童谣歌词,让河北高阳籍同事齐寿山哼唱儿歌,今天想起来仍然让人忍俊不禁。

周作人自在绍兴发起全国范围内的搜集各省歌谣的启事后,不仅著述不断,而且童谣理论也渐趋系统化。他在《儿童文学小论》中说:"儿歌者,儿童歌讴之词,古言童谣。"童谣是文学的源头之一,是"三千年的老小儿"。其实,童谣主要是成人的创作,不乏具有迷信色彩的占验之歌,也有黄色小调,原不可不慎重对待。童谣与日常生活接近,涉及民俗、时令、礼节、美食、服饰等项,语词采自民间,具有鲜明的地方特色,尽管每个地区文化各异,但不同地区和民族之间的童谣也有交融与汇通。古代童谣中散见于历史典籍,因与各个朝代的历史事件相连而得到保护与记载,成为追踪溯源的历史学家考察史实的参考。中国自明代以后,童谣逐步向儿童本位、自然本性、现实生活回归,逐步摆脱成人的价值观,焕发出自然、清新、率真、灵性的本色。历史的传承,民间的生长,延续了童谣文学的生命力。

童谣文字虽然简单通俗,但也使用反复、顶针、夸张等修辞手法,生动风趣。童谣是有韵的"诗",追求音乐性,偏重于听觉艺术,诗句语音的强弱、长短和轻重以及诗句的押韵、顿歇,都是形成童谣音乐美的重要因素。正如周作人所说:"盖童谣重在音节,多随韵接合,义不相贯,如一颗星,及天里一颗星树里一只鹰,夹雨夹雪冻杀老鳖等,皆然,儿童闻之,但就一二名物,涉想成趣,自感愉悦,不求会通,童谣难解,多以此故。"有时候,一些童谣甚至只注重音韵和谐,而忽略语言意义,但也不妨碍趣味,就是周作人说的"无意义"的有意思。

童谣是儿童教育的良好工具,即便是不识字的母亲也能认识到它的重要性。即便是没有意思的小曲,至少也有韵味,有声调,对儿童都是一种愉悦的启发。但童谣绝不迎合低级趣味,总是孕育着人生智慧。童谣是一种"语言游戏",儿童天性喜玩好乐,充满游戏精神的童谣恰能"以遂其乐"。很多童谣作品的主题都是具体的游戏,吟诵童谣本身便是一种审美体验,真实又不为其所累,自由而又纯粹。

周作人曾总结出儿童教育中的两种错误:"一是太教育的即偏于教训,一是太艺术的即偏于玄,美国教育家属于前者,诗人多属于后者。其实两者都不对,因为他们不承认儿童的世界。"他肯定安徒生的《丑小鸭》,更认可《小伊达的花》,"因他那非教训的无意思,空灵的幻想与快活的嬉笑,比那些老成的文学更与儿童的世界接近了"。"'非教训的无意思'自有其作用,儿童空想正旺盛的时候,能够得到他们的要求,让他们愉快的活动,这便是最大的实益,至于其余观察记忆,言语练习等好处即使不说也罢。"周作人从童话作品和民间童谣中感受到"儿童的文学只是儿童本位的,此外更没有什么标准"。

周作人在1922年版《童谣大观》的"编辑概要"中说:"童谣又是古时家庭教育的一种,或寓道德,或启智慧,或养性情,或含滑稽;皆足以引起兴味,增益乐趣。"这一段话对我们现在的儿童教育也有启示价值。当下童蒙教养,提倡吟诵,注重韵律,摇篮曲儿歌自不必说,唐诗宋词更渐成主调。这里却有分教:人生早期阶段的文学和音乐教育,应该分年龄、分类别进行,特别要避免成人化。童谣活泼有趣,切近生活,很受儿童欢迎;唐诗宋词当然是文学珍品,但并不一定适应婴幼儿吟唱。比如,周氏兄弟在少年时代,他们的祖父教他们读唐宋诗,特别叮嘱多读陆游的作品,因为陆游的诗"多越事",写家乡的风俗,读来亲切,容易理解。

读了丽梅博士著作中对周作人的评述后,我继续阅读对朱自清的"童谣学"的介绍,更觉得中国现代研究和提倡童谣存在一个传承有序的统系。因为朱自清也有绍兴渊源,他是鲁迅妻子朱安的本家,也就是说,他对绍兴不仅不陌生,而且对蔡元培和周氏兄弟几位绍兴同乡从事的歌谣工作是相当熟悉的。从周作人到朱自清这个系统充分说明新文学跟童谣的紧密联系。文学家的收集整理和研究提高了童谣的位置,肯定了童谣的价值。中国现代文学研究出身的丽梅博士,也正是主要从这个角度研究童谣价值的。

中国现代文学史上有多位作家都关注和致力于儿童文学的翻译和创作。鲁迅不仅翻译过研究儿童教育的论文,还翻译了多部儿童文学作品,晚年写过《从孩子的照相说起》《玩具》《上海的儿童》《上海的少女》等论述儿童教育的文章。周作人也翻译过研究儿童游戏的论文如《小儿争斗之研究》,有关论著更为丰富,详见本书,不必赘述。

丽梅博士的著作抓住中国现代童谣自觉时代的特点,立足几位先驱者的理论和实践,充分发掘童谣的价值,有助于扭转和弥补人们认识的偏狭和不足,提高童谣的地位并促进儿童文学的创作。后一点尤为重要。这几位文学家研究和提倡童谣,在社会的、历史的、伦理的视角之外,更有文学的视角,其着眼点正在于创作新童谣儿歌,以满足新时代的需求。丽梅博士的著作表彰了前驱者们站位之高和视角之独特,对他们的工作做了较为系统的总结和评价,切实而又缜密,将会给读者以教益和启发。

写到这儿,我又拿起《越歌百曲》翻看,读到一首《排排坐坐》:"排排坐坐,荠菜莪莪,太阳晒晒,草绳搓搓。"编者注释说,这是小朋友们"一字儿坐在沿阶石或长门槛上,一边唱这首歌唱劳动的儿歌,一边按节拍晃动身子,双手还做出搓绳子、拣荠菜的样子。"这场景现在可能没有了吧。但这让我联想起别的地方类似的童谣"排排座,吃果果",心中增添了不少的喜悦。

参考文献

1. 韩丽梅:《中国童谣价值谱系研究》,人民出版社2021年版。

作家萧红的"个"的自觉
——论平石淑子《萧红传》对葛浩文《萧红评传》的反叛

李 璐

萧红(1911—1942)以其短暂生命中的文学成就和传奇经历，引发了学者研究和社会关注的热潮。据统计，截至目前，已经有一百多部萧红传记出版，①从1947年骆宾基的《萧红小传》开始，不同的学者在对萧红的文学作品做出评价的同时，也塑造了不同的萧红形象。葛浩文的《萧红评传》在萧红研究史中具有开创性的地位，他率先聚焦于萧红作品的文学性，从旁观者的角度考证了萧红的人生经历，并对作品做了去意识形态和去政治化的解读，提出了许多影响深远的观点。他也因此被"不少中国及海外学者说是他'发现'了萧红"，"更有人说如果没有他，中国读者不会知道有这么一位作家"②。除此之外，日本的平石淑子也是一位重要的萧红研究者，她师从日本著名的鲁迅研究者伊藤虎丸与丸山升，在萧红研究中继承了日本鲁迅研究的思想，③发现了萧红思想中的"个"的自觉，并且作为一位女性研究者，对萧红的女权主义解读也有自己独特的看法。在葛浩文的《萧红评传》的"影响的焦虑"之下，平石淑子在《萧红传》中对葛浩文建构的萧红形象、萧红作品的女权主义思想、自传性等方面都做出了叛逆性的解读，既是对以往中国和海外萧红研究的集大成，也是一种反叛与颠覆。

一、萧红形象:孤寂柔弱与好胜反抗

萧红"寂寞说"由来已久,首先用"寂寞"来评价她的人是友人茅盾与骆宾基,茅盾在评价《呼兰河传》时说,"萧红写《呼兰河传》的时候,心境是寂寞的"④。骆宾基在《萧红小传》中强调"她真正孤独地面对着社会了。和社会接触了,她感到那敌对的阵营是广大的,所有那些奇怪地注视她的眼光、所有那些'轻蔑'与'怜悯'都同样地损伤她,都同样证实她的孤立"⑤。开启了塑造萧红孤独薄命,在"寂寞"重压之下艰难生活的形象的先河。丁是葛浩文在描述萧红的童年时代的时候,有这样的结论:"'孤寂'是她童年生活的另一面,折磨着她的一生。她是在缺乏爱、缺乏朋友的环境中长成,在她日后所写的回忆儿时生活的篇章中,可看出'孤寂'对她的敏感个性有多重大的影响。"葛浩文这个结论的得出,一方面源于与萧红相识的文人们的回忆,一方面源于萧红的作品。因为他始终认为,"萧红可算是个所谓'内观'和'自传体'型的作家"⑥,所以无论是萧红对于童年呼兰乡下的描写,还是《商市街》等作品对于城市生活的回忆,都很大程度上等同于萧红实际的人生经历。

这个假定受到了平石淑子的强烈质疑,她在记述萧红童年的时候,对照了萧红同学和弟弟的回忆,发现了一个完全不同的萧红形象。萧红的异母弟张秀琢回忆她十三岁上高小的时候:第一个剪长辫子,梳短发,上街"示威",并且鼓动其他女孩剪辫子,"当人们以奇异的目光望着她、发出种种议论的时候,她却毫不在意"。这种勇敢的行为确实会受到孤立和轻蔑,但与骆宾基认为的"损伤"了萧红不同,萧红在同学的回忆中延续并坚持着这种反抗,徐澂是萧红在学校的好友,她说,当时她们最爱读鲁迅的《野草》,追求个性解放,反抗旧社会,希望做一个举起投枪的战士,"张廼莹(即萧红)、沈玉贤……我们三个都自称是'自觉的革命者'"。与萧红其他同学好友的回忆相一致,萧红在青年时代即有特立独行和与众不同的思想。因此,与葛浩文等学者谈论的孤寂内向的萧红形象不同,平石淑子认为"萧红自幼对社会运动十分敏感,有着旺盛的好奇心和积极性,总是不顾他人眼光,主动去感受社会"。[7]与孤寂内向可谓是截然相反的结论。

对于这一形象的辩论延续到萧红与男性的相处之中。萧军,是萧红生命中一个重要的男性,无论是写作方面还是生活方面都对她有很大的影响。而他们的相处模式,一般认为萧军处于绝对掌控的地位,萧军自己在与萧红通讯书简的注释中也把他们的关系解释为保护与被保护:"由于我像对于一个孩子似的对她'保护'惯了。而我也很习惯以一个'保护者'自居,这使我感到光荣和骄傲!"以及"我从来没把她作为'大人'或'妻子'那样看待或要求的,一直把她作为一个孩子——一个孤苦伶仃、瘦弱多病的孩子来对待的"[8]。葛浩文在《萧红评传》中也因此对萧军多有不满,他在描述二人关系时说:"萧红由于儿时的不幸,极端地需要爱和关怀;但这点竟被萧军全然忽视了,无论在青岛或是其后的共同生活中,萧军对萧红总是高高在上。……萧红尽力让萧军的优越感和自大狂得到满足。"[9]萧红孤寂病弱的形象在这些友人和学者的描述中得到了非常具体的呈现。但是平石淑子利用天然的地理优势,对萧红在1936年渡日的行为和书简作以考察,她认为萧红并不是完全因为和萧军出现感情问题而逃避到东京,反而是一种不示弱的"好胜"行为,主动寻求孤独进行创作,表明萧红作为一个作家从此踏上了独立的道路。她通过萧红与萧军同居时期作品的比较,发现萧红的大多数作品或多或少都有萧军的影响,许多同题材的作品往往萧军的先发表,而萧红在帮他誊写原稿的过程中对作品的内容与手法形成了印象,至于谈话与人际交往方面的影响就更为无形和深刻了。而萧红在东京时期的独处,埋下了她与萧军日后分离的种子,也是作家萧红独立创作的开始。同时平石淑子勾勒了一个"争强好胜"的萧红形象,无论是对于萧军"挑战书"的反驳,"你以为我在混光阴吗?",对于归期的一再拖延,参与郁达夫和文学研究会成员的讲演,⑩还是对于萧军通过书信剖白时的冷淡回避,都反映出萧红并不是所谓的受男性支配、缺少意志的柔弱女性,至少从精神上而言,萧红对创作和社会有独立的思考。

因此,无论是对萧红童年时代"自觉的革命者"等话语的建构,还是对于萧红在东京时期文学活动和与男性交往言行的考察,好胜反抗的萧红形象改变了既有的孤寂柔弱形象的认知。而平石淑子之所以费尽心力去搜集与以往结论不同甚至相反的证明史料,叛逆性地解读和塑造出反抗的萧红形象,与她所持有的女性观和民族独立思想息息相关。

二、原初萧红与作家萧红

"原初"这个词源于周蕾,用于解释萧红等女性作家创作自然、没有痕迹的精神原因,"其中写作的自我通过'他者化'——可能尚未被文化化的孩童形象——的特殊形式与文化大氛围相联结"⑪。虽然这个词处于女权主义的视阈,表明一种女性创作的先天性和本能,但如果从本源溯起,率先持有"童年""孩童"等原初体验对于萧红创作有巨大潜在影响观点的学者是葛浩文。他在1980年代之前出版的《萧红传》中就提出了萧红作品的"内观"和"自传性"问题,他认为萧红"最成功和最感人的作品,大多是经由她个人主观和想象,将过去的事详尽、真实地再创造",剥离"抗日作家"的政治外壳,真实的萧红是由童年的农家生活和寂寞情绪所形塑的。平石淑子则不赞同"原初"萧红的这种说法,她认为"将萧红的创作动机和过程幽闭在'原初'这一词语中会使人们过分放大其无意识部分而看轻她作为作家有意进行创作活动的部分,进而降低对作家萧红的评价"⑫。因为对萧红的创作心理持有不同的看法,平石淑子和葛浩文对其作品的评价也并不相同。

而这一矛盾集中在了对于《呼兰河传》的解读之上,葛浩文认为该书为萧红个人"回忆式"文体的巅峰之作,是"背井离乡者在思乡情绪下的产物",体现了"萧红轻而易举、不费吹灰之力回述往事的才华"[13];平石淑子则认为该书为萧红"巧妙创作出的一部伪装成自传的虚构故事","并非仅以萧红幼年时期的乡愁为基础写作而成"[14]。虽然故事中的原型为萧红现实中的家人,但是经过平石淑子的考证,无论是行为还是性格都与现实有一定距离。尤其能体现萧红虚构痕迹的角色是有二伯,这个角色在《家族以外的人》中是性格鄙俗、粗鲁的人物,而在《呼兰河传》中则是一个具有没落知识分子气质的人,在《马伯乐》中更加剧了旧知识分子随波逐流的悲剧和讽刺。人物形象在不同作品下的变迁,比起考证其是否完全来源于现实,分析作者的创作动机明显更有价值。平石淑子通过对于《呼兰河传》和现实的对比,更关键的是,通过同一人物形象在不同作品中的表现,证明了萧红作为作家的创作自觉和构思过程,也打破了冠于萧红之上的"天赋"与"天才"的称谓,使之后的文学分析更有阐释的空间,遏制了"原初"这个词汇成为空洞的能指的趋向。

用女性主义理论分析萧红是一种流行的方法,早在葛浩文的《萧红评传》中,女权主义就在他分析萧红的作品主题和写作态度中占有独立的一节。然而,平石淑子在《萧红传》中极力反对将女权主义思想作为解读萧红的决定性方法,她认为这样的解读割裂了《呼兰河传》和《马伯乐》等作品的内在继承性,但她在论述和评价中,仍然站在女性本位,注意到萧红的女性书写。她在传记中塑造出好胜反抗的作家萧红形象,而非孤寂柔弱的女性萧红形象也正是一种女权主义的实践。这种内在矛盾恰好体现了平石淑子作为女性学者的超越性的努力,与其说她反对仅仅用女权主义思想解读萧红,不如说她反对用传统的女性观囚禁萧红。在女权主义思想流行甚至泛滥的如今,"女性"成为了女性自己而非来源于男权的禁锢,当我们不断强调女性精神和身体的天赋的时候,比如"原初"这样的词语,就已经把女性本身放入了无法与男性抗争,所以只能增加外在修饰,强调思想天赋的位置,这种天赋与其说是女性自身所带有的,不如说是女权主义者所赋予的,来增强性别竞争力的筹码。平石淑子看到了这种权力话语建构的危险,她发现了"萧红一直以来被许多善意的读者建成一个经历了女性特有的苦难与不幸的形象(如萧红纪念馆前的坐像),并对其给予同情和共鸣。由于女权主义本质上对女性气质的同情与肯定,它与这一形象的融合有可能会制造出新的偶像"⑮。所以她势必打破囚禁萧红,也是囚禁所有女性的偶像雕像。如果说 20 世纪 30 年代的白薇用"打出幽灵塔"表明女性闯出封建牢笼,超越男权的努力,平石淑子用颠覆性话语的方式打破萧红纪念馆前的白色雕像的宣言则表明了当代女权主义学者自我超越的努力。

平石淑子进一步指出,女性立场并不是贯穿萧红作品的主旨,"个体"的状态才是作家萧红"有意识地创作"并"最终追求的主题"。

三、民族独立与"个"的自觉

从萧红的成名作《生死场》1935 年出版以来,"抗日文学""爱国文学""民族文学"就成为了评价萧红作品的标签,哪怕在萧红逝世的纪念会上,胡风仍然以此标准说:"萧红后来走向了脱离人民脱离生活的道路,这是毁灭自己创作的道路,我们应该把这当作沉痛的教训。"⑯从葛浩文开始,萧红作品的文学性而非政治宣传性才成为了研究的中心,但是葛浩文为了去除政治意识形态的遮蔽,到了过犹不及的地步。在谈到九一八事变的时候,说"萧红此时却自顾不暇,对国难未能付出关怀,"在七七事变发生之后,说"她仅有的一点作品中仍可看出她并不十分热心响应应该会高亢的爱国宣传",并且对《生死场》中的抗日部分评价极低,"至少要算部分失败",对日本侵华与农民抗日的描写"并不能使人信服"[17]。这种话语俯拾即是。如果抛开作者的主观立场与情感,这种研究方法至少割裂了萧红作品与时代背景的内在联系,取消了其时代性与特殊性。

平石淑子从根本上反对取消萧红作品中的民族意识与时代性的解读,她认为正是"抗日战争期间日本在东北(关外)扶持的伪满洲国触发了萧红的民族意识,促使她走上文学创作的道路"[18]。《萧红传》语境中的萧红的创作历程,是作家萧红关于抵抗现实与民族独立的思考逐渐深化的过程。《跋涉》《生死场》等早期作品中的人们生活在"悲惨的现实"之中,这些悲惨的现实已经成为人们生活的日常,所以人们默默地承受着,试图把这些当作被给予的东西来接受,这种认知下的平民生活描写变得格外真实。由于萧红很少见到也并不了解人们的反抗,只有观念的认识,所以平石淑子也认为这些作品中的抗日描写没有那么出色,但是萧红的"使命感迫使她写下去,即便自己对走向抵抗的过程和手段还没有具体的认识"。之后的作品中,人物渐渐拥有了抵抗的痕迹,到了《呼兰河传》和《马伯乐》,作为"一个人"活下去成为小说的主题:"团圆媳妇和冯歪嘴子的活法绝非自觉的选择。他们之所以与其他人的活法不同,是因为他们尽管不自觉,却一直希望作为一个'人'活下去。"而"或许对于那些贫困弱小的人而言,当危及自己的生存问题时,原本只是努力活下去的行为本身就成了抵抗。"平石淑子将自己对于萧红作品核心的这个发现称为"一个人"的发现:"只有发觉自己是'一个人',拥有'一个人'的意识,追求作为'一个人'的幸福和权利,一直被视为宿命的东西才会现出原形。通过他们的抵抗,所谓的宿命便会被粉碎。而且,这必将走向民族的抵抗。"[19]个人的独立与抵抗,走向民族的独立与抵抗。平石淑子从她导师丸山升那里,认识到萧红关注的是"我"和"我们=

中国人"的问题,认为"只有首先承认'我'的存在,才能成为'我们'"。[20]而这种新的"个体"从旧的"全体"中独立,再形成新的"全体"的核心思想,来源于伊藤虎丸对鲁迅的"个"的自觉的论述,受此影响的平石淑子将作家萧红的"个"的自觉的建构,完全融入到她对萧红形象和作品的分析体系中。

伊藤虎丸在《鲁迅与日本人》中提出"个"的自觉,认为鲁迅在真正获得主体性之后有以下性格特征:"第一,面对自身反省的主观内面性(不是儒家'君子'理想的那种外表);第二,'近乎傲慢'的强烈意志力(不是优美的情愫和放纵自然的'本能');第三,就像'争天抗俗'所形容的那样,孤立于庸众,反抗既定的一切(不是作为儒教之根本的那种对既定规范的恭顺之德);第四,通过这种反抗求得无限的发展和'上征'(不是宿命论式的'反复'和东方式的停滞)。"[21]与之相对应的是,平石淑子在撰述萧红人生经历的时候,突出了相似的特点。比如她在介绍萧红生命后期的创作《呼兰河传》和《马伯乐》时,着重强调了这两部作品并不为当时的主流文化风气所提倡。1940年杨刚在《反新式风花雪月——对香港文艺青年的一个挑战》中提出不要一味地书写思念故乡的作品,恰在《呼兰河传》发表之前,《马伯乐》的第一部发表之后,当时大部分的人认为萧红在"走下坡路",失去了之前的朝气。面对这样的打击与否定,萧红坚持自己具有个人特色的创作,平石淑子也说自己"从中看到了她强烈的意志"[22]。综观《萧红传》中引用的史料,会发现一个比较明显的现象,那就是萧红人生中的许多重要选择,比如和端木蕻良结婚,与丁玲等去延安的好友分离,从武汉、重庆到香港,以及创作《马伯乐》等,都不为她的友人所看好和支持,因此在回忆中往往抱着遗憾的口吻,萧红也可以被称作"一意孤行"。但正是这种"近乎傲慢的强烈意志力",使这个许多学者眼中的寂寞柔弱女子在生活中和创作中做出了自己的独立选择。无论是幼年时代开始的上街示威,青年时代的逃婚,与男性相处时的

"好胜""不示弱",还是作为作家选择独立,在主流话语中挑战性地创作具有个人特色的作品和尝试新的文风,平石淑子完整全面地塑造了一个绝佳的反抗者形象。在这种语境中,萧红的不幸与其说是身为女性的宿命,不如说是她承担了自己选择的后果,平石淑子在传记中强烈地突出了萧红的主观能动性和思想的自觉。而一旦将平石淑子的努力与她导师对于鲁迅的思考相对读,就会明白她的用意其实在于发现和揭示属于作家萧红的"个"的自觉。

伊藤虎丸在《鲁迅、创造社与日本文学》的进一步的论述中,通过"个"将鲁迅的民族意识连接起来:"'个人主体性的自觉'和'文化自立的欲求'这一'双重契机',换言之,即鲁迅的'个人主义(即西化主义)'和'民族主义',实际上,在同一个主体性思想上是彼此连接着的。"㉓而这种连接也是平石淑子在对萧红的解读中试图建构的,她在传记中通过描绘不同时期的萧红的经历与自我选择,尤其是萧红作为作家的独立与挑战性地创作,发现或者塑造了萧红的"个"的自觉,并在最后一节《萧红作品的世界——注视"远离抵抗的现实"的目光》中,揭示了萧红作品的思想演变过程,通过从描写小人物的浑浑噩噩的生活,到努力活下去的选择,将"一个人"的抵抗与民族的抵抗相联系,于是个人主义与民族主义在萧红的主体思想上彼此连接了起来,用以冲破循环的宿命论和被压迫的现实。而在平石淑子看来,萧红最后的小说《马伯乐》正是为了解决知识分子的抵抗的问题,只有恢复他们"一个人"的自觉和荣耀,才能恢复中华民族的自觉和荣耀。因此,以"个"的自觉和民族独立的思想为脉络,就可以将萧红一生的创作实践贯穿起来。

萧红,作为一个"红颜薄命"的女性作家,有太多的人是因为她的人生经历而认识她,也因为对于女性的同情而将其塑造为一个孤寂柔弱的女性形象,将其人生的不幸归结为旧时代女性的命运。葛浩文的《萧红评传》也不例外,即使他对萧红的作品提出了许多建设性的观点,但这种传统的女性观不仅束缚着男性学者,也束缚着女性学者。在对于萧红作品文学性的分析越来越走向无法把握的心理因素时,平石淑子坚持客观的考证,破除了"寂寞说"的迷雾,发现了好胜反抗的萧红形象,也从实证的角度发现了作家萧红虚构作品的痕迹,她认为"作品与回忆之间的差异,恰好能反映出作家的创作意图",[24]从而将集中于因为女性身份而拥有的创作天赋的论述转向于作家身份的努力。值得注意的是,平石淑子巧妙地利用了伊藤鲁迅的思想资源,发现了萧红思想中"个"的自觉,并借此将反抗的萧红塑造成了一个接近于鲁迅的拥有"个"的自觉的小说家,然后进一步地与民族独立相贯通,揭示了萧红作为一个被压迫民族的自觉的知识分子,在作品中建构并通过作品宣扬的,一个人的抵抗,走向全民族的抵抗的希望,通过恢复一个知识分子的自觉与荣耀,走向恢复全民族的自觉与荣耀的希望。

平石淑子的《萧红传》揭示出,萧红,不只是女性,也不只是作家,而是有"个"的自觉的知识分子,她创作的作品不只有文学性与艺术价值,也包含着特定时代的民族意识,尤其是生活在封建压迫和外族入侵时代,面对平民和知识分子远离抵抗的现实时。这些结论与研究思路,对我们打捞精神遗产,深化丰满萧红等一系列现代作家的研究具有深远意义。

(上海交通大学中文系)

注释

① 参看张丽:《萧红传记研究》,阜阳师范学院2019年硕士论文,第2页至第5页,统计了1947年开始的萧红传记的书名、作者、出版社和版本,已逾百部。

② 葛浩文:《萧红评传》,北方文艺出版社2019年版,第1页。《萧红评传》1976年由波士顿的 G. K. Hall & Co 出版社初版,1979年由郑继宗翻译,

香港文艺书屋出版,之后由 1980 年台北时报出版公司、1985 年北方文艺出版社、1989 年香港三联书店、2011 年复旦大学出版社、2019 年北方文艺出版社修订再版。

③ 平石淑子:《萧红传》由东京的汲古书院出版社 2008 年初版;崔莉、梁艳萍翻译,中国人民大学出版社 2017 年出版。平石淑子在其后记中诚挚地怀念并详细地描述了伊藤虎丸与丸山升两位学者对她的思想与论文的指导。

④ 茅盾:《论萧红的"呼兰河传"》,《文艺生活(桂林)》1946 年第 10 期。

⑤ 骆宾基:《萧红小传》,建文书店 1947 年版,第 28、29 页。

⑥ 葛浩文:《萧红评传》,北方文艺出版社 2019 年版,第 9、10、180 页。

⑦ 平石淑子:《萧红传》,中国人民大学出版社 2017 年版,第 45、50、61 页。

⑧ 萧军:《萧红书简辑存注释录》,黑龙江人民出版社 1981 年版,第 36、103 页。

⑨ 葛浩文:《萧红评传》,北方文艺出版社 2019 年版,第 47 页。

⑩ 平石淑子:《萧红传》,中国人民大学出版社 2017 年版,第 193 页。日本学者冈田英树《孤独中的奋斗——萧红的东京时代》考证出,萧红在东京时参加过郁达夫的讲演会,也当过东亚学校的学生,当时中国文学研究会的成员在该校担任讲师。

⑪ 周蕾著,孙绍谊译:《原初的激情:视觉、性欲、民族志与中国当代电影》,远流出版社 2001 年版,第 41 页。

⑫ 平石淑子:《萧红传》,中国人民大学出版社 2017 年版,第 29 页。

⑬ 葛浩文:《萧红评传》,北方文艺出版社 2019 年版,第 180、186、190 页。

⑭ 平石淑子:《萧红传》,中国人民大学出版社 2017 年版,第 264、297 页。

⑮ 平石淑子:《萧红传》,中国人民大学出版社 2017 年版,第 351 页。

⑯ 胡风:《胡风回忆录》,人民文学出版社 1993 年版,第 351 页。

⑰ 葛浩文:《萧红评传》,北方文艺出版社 2019 年版,第 21、130、62、64 页。

⑱ 平石淑子:《萧红传》,中国人民大学出版社 2017 年版,第 1 页。

⑲ 平石淑子:《萧红传》,中国人民大学出版社 2017 年版,第 297、353、354 页。

⑳ 平石淑子:《萧红传》,中国人民大学出版社 2017 年版,第 236 页。平石淑子在文中标注思想来源是小谷一郎、佐治俊彦、丸山升所编的《转型时期

的中国知识分子》,汲古书院 1991 年版。

㉑ 伊藤虎丸著,李冬木译:《鲁迅与日本人——亚洲的近代与"个"的思想》,河北教育出版社 2000 年版,第 32 页。

㉒ 平石淑子:《萧红传》,中国人民大学出版社 2017 年版,第 265 页。

㉓ 伊藤虎丸著,孙猛,徐江,李冬木译:《鲁迅创造社与日本文学——中日近现代比较文学初探》,北京大学出版社 2005 年版,第 58 页。

㉔ 平石淑子:《萧红传》,中国人民大学出版社 2017 年版,第 79 页。

文 化 寻 根
——谈《义乌文人与鲁迅先生》

杨晔城

义乌籍作家鲍川撰著的《义乌文人与鲁迅先生》一书,近期由上海人民出版社出版。

与其他作品不同的是,该书从义乌这个地域群落出发,讲述了义乌籍文人与鲁迅之间的故事,还原了20世纪30年代他们与鲁迅交往的历史场景,读来真实感人。

一、特定的地域文化传承出一串"好的故事"

在我国,地域文化一般是指特定区域源远流长、独具特色、传承至今仍发挥作用的文化传统,是特定区域的生态、民俗、传统、习惯等文明表现。由于地域文化在一定的地域范围内与环境相融合,因而打上了深深的地域烙印,具有独特性。浙东、浙西即如此。

浙江自古以钱塘江分东西,旧志有浙东八府之说。明清之际由黄宗羲开创的浙东学派,更是成为浙东地区发达的商品经济和中华民族经世致用的文化传统相结合的思想成果。绍兴和义乌同属江南文化、刚倔文化兴盛的浙东之地,崇文、包容、正直、勇毅兼之,尤其后者。鲁迅曾说:"夫越乃报仇雪耻之乡,非藏垢纳污之地。身为越人,未忘斯义。"他对故土乡贤怀有极大的敬意,具有典型的浙东人的血性和气节。

《义乌文人与鲁迅先生》书中的主人公们与鲁迅先生都来自

浙东。彼地人的性格,正如冯雪锋所言:"凡在我们地方的人都有这特色,身体坚硬、皮肤焦黑,石一般的心的痴呆,恰恰和我们的地土结合,我们是纯粹的山里人。"如陈望道性格耿直倔强,如同"红头火柴一划就着",刘朝阳反对旧式婚姻,宁可"宛转蛾眉马前死",何菁义无反顾参加"一师风潮",俞春不媚权贵改名"不眉"……

浙东人身上历史赋予的血性,以及阅世立身、志趣秉性和鲁迅身上的硬骨头精神,十分契合,他们相互吸引,相互信任,并交往不断,演绎出许多可圈可点的情节。

《义乌文人与鲁迅先生》一书以时间为经,事件为纬,在史诗般的宏大场面中,生动展示了除冯雪锋及其夫人何爱玉外,包括《共产党宣言》中文全译本首译者陈望道,鲁迅执教浙江两级师范学堂的学生——最早结识鲁迅的义乌人何菁,鲁迅执教厦门大学时的学生刘朝阳、吴斐丹,鲁迅帮助指导过的进步青年俞春、冯三昧、尹庚、王西彦、吴晗,受过鲁迅救命之恩的何家槐,还有自称"半个义乌人"的艾青等36个义乌文人和鲁迅相遇相知的"故事汇"。

每个故事单元既相互独立又相对完整,迎合当下人们的生活习惯,读者可以利用时间碎片化整为零阅读。同时,这些故事贯穿起来,全景式展示风起云涌的大革命年代,以毛泽东同志为首的共产党人争取和团结广大文艺工作者,在"国统区"开展艰苦卓绝的进步文化运动,让人们走近一群血肉丰满的义乌文青,一个充满人间烟火味的鲁迅。套用现在流行的话说,鲁迅当时就是文坛"大咖",他们是忠实的"鲁粉"。

义乌文人眼中的鲁迅是学生心中知识渊博、风趣幽默、仗义执言的良师益友,朋友圈里爱憎分明、古道热肠、扶弱助贫的性情中人,读者眼里秉笔直书、传播真理、文采飞扬的"江湖侠客",共产党人肝胆相照、荣辱与共、高瞻远瞩的同道中人,职场人生自食其力、文以载道、厚德载物的生活智者。正因如此，在1928年，面对"创造社"一些人对鲁迅的攻击时，冯雪峰秉笔直书支持鲁迅——他大概是最早撰文捍卫鲁迅的人，那时他还不是中共特派员，完全是因为倾慕鲁迅走近鲁迅保卫鲁迅……因为在他们的心中，"民族魂"鲁迅更是当之无愧的当代浙东地域文化的"代言人"。

而鲁迅眼中的义乌文人是才华横溢、守正创新、有情有义的新青年，寻求真理、疾恶如仇、百折不挠的"逆行者"，意志坚定、智勇双全、知行合一的江浙人。他们同样是群"潮"人，为"新文化"运动忙得不亦乐乎，办湖畔诗社、大江书铺、文学工场、水沫书店、晨光文学社、狂飙社……毫不逊于现在一些"网红达人"。

义乌文人与鲁迅均处在同一地域。相同的民俗、传统、习惯和文化、精神，使他们缘结在一起，传承出了一串"好的故事"。

二、"好的故事"需用"好的声音"来讲述

现如今，研究出版鲁迅先生作品和思想等方面书籍有很多，相比较而言，《义乌文人与鲁迅先生》一书的写作方法是较为喜闻乐见的。

全书采用章节体的形式，记叙1926年8月"鲁迅离开北京到上海"至1936年10月"冯雪峰主持鲁迅的葬礼"。鲁迅定居上海最后十年，一批志同道合的义乌文人追随在鲁迅先生周围，在国民党反文化"围剿"白色恐怖的岁月里，以文会友，以笔代戈，进行"笔尖上的抗争"。

在写法上，作者采用散文化的叙事方法，集史料性、可读性和趣味性于一体，用富有感染力的文字，穿越时光隧道，解密百年前一段段尘封的历史，一个个鲜活的人物形象跃然纸上。无论是故事标题、人物活动还是环境描写，都给读者身临其境的历史场景感。

如环境描写在第一章"鲁迅离开北京到上海"中，在交待人物

活动背景时这样写道:"这天,8月29日清晨,天公作美,一场大雨,把整个上海的大街小巷清洗一遍。空气清新。"寥寥数笔,勾勒出鲁迅和许广平初抵沪地时的欣慰和期待。在写鲁迅最后定居上海时开篇这样写道:"1927年10月3日下午,雨后放晴的黄浦江畔,外滩,船舶如蚁。一艘'山东'号客船,从广州出航,经过海上的五天漂泊,徐徐驶进太古码头。"显然,这个重要的时间节点开启了鲁迅生命中最后的十年,也是他与多位义乌文人交往最融洽的十年。相比"某年某月某日鲁迅坐船抵达上海"这样的表述更有文字张力。

又如采用口语化的故事标题。第二十一章《毛泽东:今晚只谈鲁迅》、第三十四章《毛泽东:你们不尊重鲁迅》、第三十五章《鲁迅:皮脊是送 M 的》,加上简洁传神的人物对话,文中引用名人回忆录,用口述历史的方式让历史人物和读者面对面谈心,等等,生动而精彩。

作为冯雪峰研究学者和专业作家,作者鲍川在史料运用方面显得得心应手,在第二十一章《毛泽东:今晚只谈鲁迅》里,毛泽东和冯雪锋有关鲁迅的对话,毛泽东对鲁迅的理解、尊重和评价,平实中流淌真情,其他如鲁迅与党的早期领导人瞿秋白,和红军将领陈赓的交往,鲁迅在回瞿秋白的信中,称他为"同志"——在鲁迅与友人的通信中这一称呼绝无仅有,又如鲁迅托冯雪锋把瞿秋白的遗作《海上述林》送给分送毛泽东和周恩来,冯雪峰照鲁迅嘱托用鲁迅的稿费购买金华火腿送毛泽东,冯雪峰送毛泽东的孩子毛岸英和毛岸青赴苏联,冯雪峰派人送美国记者斯诺前往延安,红军长征到达陕北后鲁迅去电祝贺的详细经过,有关文坛的两个口号之争的始末,很多鲜活内容成为党史的补充和延伸。

人物描写方面也是个性鲜明,让人过目难忘。除前面描述陈望道"红头火柴一划就着"外,描写旅居景云里鲁迅眼中隐居的茅盾:"亦有失眠似鲁迅,不独失眠是茅盾。"让后人真实了解两位名人的日常生活状态。又如茅盾、柔石、夏丏尊取名的名人轶事，鲁迅把朋友递来的借条"连看也不看一眼，就塞到烟灰缸里去"，称呼冯雪锋的女儿冯雪明为碧山和碧珊，这样的例子在书中俯拾皆是，在很多生活化的细节中充分感知鲁迅伟大的人格魅力。

笔者以为，鲍川的人物传记创作有以下几个特点值得关注：一是史实和文体并重。通读全书，给人感觉文字表述质朴流畅，文学色彩浓郁，如同围炉夜话般娓娓道来，没有名人传记的高不可攀，拒人于千里之外。主要是作者采用了第一人称的名人回忆录，在尊重史实的前提下充分做好故事"链接"，使上下文自然过渡，看上去整体合一，文章沿着鲁迅的足迹，按时间顺序让每位名人先后出场亮相，作者始终保持中立，不发议论请读者自己感悟先贤事迹。呈现出品"三国"般的趣味性和可读性。不同于写单个名人传。事实上，由于每个故事篇幅限制，根据史实引进的名人回忆录必须适当进行"取舍"，恰给作者"链接"提供了无限"创作"空间。

二是一元和多元兼融。把多位义乌文化名人和鲁迅先生放在同一时代背景下，多维度展示名人往事，尤其是鲁迅生平事迹，相比个性化的人物评价更全面客观，更有公信力。本书在相对完整的人物叙事中，让高大上的鲁迅形象以真善美的表现形态植入读者的内心世界。全书拆分开来，既可以看作是一部《鲁迅先生传》，也可以看作是一部《义乌文人传》，还可以当作是一部《鲁迅亲友访谈录》。

三是虚构和实景互动。在尊重史料的基础上适当进行艺术加工也是"鲍川体"人物传记吸引读者眼球的惯用手法。文章依据《鲁迅日记》记载，结合人物活动营造意境，在环境描写方面适当虚构，如1926年8月29日《鲁迅日记》："昙。晨七时抵上海。"1927年10月3日《鲁迅日记》："晴。午后抵上海。"天气记载非常简洁，但经作者的艺术赋能成为文中一道亮丽的风景。类似还有很多。书中穿插民国时期的建筑老照片，一股浓郁的"民国风"扑面而来。其中有陈望道在老家分水塘翻译《共产党宣言》时的柴屋，1926年鲁迅与许广平离京时的前门火车站、上海渔阳里《新青年》编辑部、上海景云里旧址，等等，一些老照片上的建筑已经不复存在，但作为文化地标仍有研究价值。像陈望道在老家分水塘翻译《共产党宣言》时的柴屋已在原址复建，里面还布置了陈望道翻译《共产党宣言》时的场景。

  值得一提的是，"鲍川体"人物传记并非一锤定音一成不变，而是随着史实的不断丰富，几易其稿自我完善。2004年，中国文联出版社曾出版鲍川著《鲁迅与义乌人》一书。往前追溯，1993年，在毛泽东同志百年诞辰之际，写过一篇《毛泽东与三个义乌文化名人》，从专文到专著，再到出版《义乌文人与鲁迅先生》，史料更加丰富，相当于推出人物传记的3.0"升级版"。其中《毛泽东与三个义乌文化名人》只涉及冯雪锋、陈望道、吴晗三位义乌名人，《义乌文人与鲁迅先生》较《鲁迅与义乌人》新增了刘朝阳这位义乌文人，对书中所及有关引文和史料的出处进行了加注说明。当前仍有提升空间，如本书漏录与鲁迅有过交往的义乌乡贤数理大师、军工翘楚陈棨，另外像《尹庚采访远东反战会议》章节，可能史料不详之故，结尾略显仓促，全书没有义乌文人手稿等，这些期待作者新作在下次的"遇见"。

鲁海漫谈

浅谈陶元庆绘画艺术特色

贾川琳

陶元庆的装帧设计无疑开启了中国新文艺书籍装帧的先河,但鲜少被人提及的是,除了装帧之外,陶元庆的杰出艺术成就还表现在他的绘画艺术上。他"是新兴画坛的光耀的太阳"[①],"他开了新兴画坛的新纪元,而且替我们留下了珍贵的成绩"[②]。我国最早的一部美术图案画集《中国图案集》,就是在陶元庆的帮助下,由戈公振编成的,在1925年由狄楚青主持的上海有正书局出版发行。

鲁迅曾不止一次地公开欣赏和褒奖陶元庆的作品,在最初发表于1925年3月18日《京报副刊》的《〈陶元庆氏西洋绘画展览会目录〉序》中写道:

> 在那黯然埋藏着的作品中,却满显出作者个人的主观和情绪,尤可以看见他对于笔触,色彩和趣味,是怎样的尽力与经心,而且,作者是凤擅中国画的,于是固有的东方情调,又自然而然地从作品中渗出,融成特别的丰神了,然而又并不由于故意的。

作为"一个潜心研究了二十多年的画家[③]",陶元庆的创作是继承和创新的双重写照,其独特的艺术风格造就了他在中国近现代画坛革新西洋画的先驱者地位。

一、继承性

陶元庆的故乡绍兴是一块人杰地灵、钟灵毓秀的宝地,史上一些著名的画家,如周昉、徐渭等都曾在此任职或定居。在这样的文化背景下,生长在绍兴的陶元庆,其艺术创作或多或少都会受到历史传承的影响。作为本土文化的一种表征,中国画成为陶元庆早期最先涉及的画种,是一种必然的艺术现象。他有着扎实的中国画功底,对中国画的精髓有着很深的领悟,同时,对中国民族艺术有着独到的见解。

图1 《故乡》封面

为许钦文小说集《故乡》封面设计的作品《大红袍》是陶元庆吸取民族艺术的代表作之一,画的主体形象为绍兴目连戏④中的女吊。目连戏至今已有800多年的历史,是我国传统戏剧中比较特别的一种,目连戏的题材有大量关于鬼神的戏,以此敬鬼神、消灾祸。作为陶元庆的好友,许钦文见证了《大红袍》的整个创作过程:

(陶元庆)当时住在"北京"的绍兴会馆里,日间到天桥的小戏馆去玩了一回,是故意引起些儿童时代的回忆来的。晚上困到半夜后,他忽然起来,一直到第二天的傍晚,一口气画就了这一幅。其中乌纱帽和大红袍的印象以外:还含着"吊死鬼"的美感——绍兴在演大戏的时候,台上总要出现斜下着眉毛,伸长着红舌头的吊死鬼,这在我和元庆都觉得是很美的。⑤

女吊身着古装戏中常见的红袍和厚底靴,其持剑的姿势采自京剧中的武生。在构图上,用"顶天立地"的方式将女吊的身躯撑满了整个画面,并且将人物形象几何抽象化,把人的妆发、五官、衣衫等都用简洁的图形和长直线、弧线进行概括,不追求过分的形似,但仍感生动。这幅画堪称陶元庆用作品表现民族气韵的典型案例。⑥鲁迅先生看完该作品后说:"璇卿的那幅《大红袍》,我已亲眼见过了,有力量。对照强烈,自然调和,鲜明。握剑的姿态很醒目。"⑦那一把作为点睛之笔的"剑"的意向,将画面偏右的重心重新拉回到中央,长度落在画的二分之一偏下处并指向标题、作者,形成了稳定的视觉结构。画家在女吊原型的基础上滤去了原有的病态之恐怖,着力塑造"悲苦、愤怒、坚强"的神情,有一种力量之美。在色彩的运用上,整个画面只用了红、黑、蓝三种颜色,以大面积的红色为主色,这在当时时是一种大胆的尝试,颠覆了传统插画的添色规律。巧妙之处在于大量的留白,由此保留了中国传统书画的意味。三种饱和度鲜明的色彩虽然面积不小、相互碰撞,但仍然相得益彰,有一种调和之美。"她将披着的头发向后一抖,人这才看清了脸孔:石灰一样白的圆脸,漆黑的浓眉,乌黑的眼眶,猩红的嘴唇","圆脸"是"白的","浓眉"是"漆黑的","眼眶"是"乌黑的","嘴唇"是"猩红的",再加上前面的"大红衫子"和"黑色长背心",非常具有视觉冲击力。

《大红袍》所表现的内涵骨架是中国的,魂是中国的,高潮的民族气韵是中国的,继承了传统的民族特色。陶元庆的艺术创作不断吸取民族艺术的长处,取其精华,去其糟粕,作品中无不渗出东方情调。

20世纪初的北京是近代文化艺术较为活跃的中心。1924年7月,陶元庆从上海专科师范学校毕业后,怀着对艺术的执着追求,独自一人来到北京,在北京的这段日子里,陶元庆没有工作,仅仅依靠微薄的稿费维持着简单的生活。但极为清苦的生活却没有磨灭陶元庆对绘画的满腔热情,他每天不是背起画箱到处写生,就是在房间里读书钻研。

图2 《苦闷的象征》

经过许钦文的帮助获得为鲁迅译著《苦闷的象征》作封面的机会,并与鲁迅结识——这成为了他人生中一个重要的转折点。在这幅画中,陶元庆继承民族的传统,采用了古代的兵器——三刺戟作为装饰,极具中国特色。主体形象是一个半裸的女子,散落着长的卷发,被挤压在一个圆形的空间内,似乎想拼命挣脱。她伸出鲜红的舌头舔着三刺戟尖锐的头,用尽力气将脚趾勾牢长柄,用这个局部"破"了整圆,使构图更加充满张力,诠释了鲁迅先生在这本译著里所描述的主题:"在内有想要动弹的个性表现的欲望,而和这正相对,在外却有社会生活的束缚和强制不绝地迫压着。在两种的力之间,苦恼挣扎的状态,就是人类生活。"整体画面简洁生动,造型精练,兵器的冰冷直线和女性优美的曲线形成鲜明的对比,疏密分布得当,如果仔细观察不难发现,作者在绘画时将大部分线条有意断开,营造出"似断还连"的效果,留给观者更多的想象空间,也令画面更具韵律。色彩选用红色和黑、白、灰三种无彩色,明亮且带有东方之美。

二、创新性

从1924年开始到1925年陶元庆举办个人展览为止,是其绘画创作的高峰期,也是创新的探索期。他虽然注重继承传统,却非"拜倒在前人的脚下,迷恋于往古的骸骨"⑧。"反者,道之动。"这是陶元庆在艺术实践中获得成功的原动力。他能以传统为本,又敢于自己独有的艺术胆略,跨越传统的藩篱,给中国近现代的美术界增添新的"血液"和新的审美情愫。⑨他的艺术创作题材涉猎广泛,无形中攻破了对于传统的见解。"他的作品,固然不能够归纳到已经成了派别的项目下面去;他的自成一派,就是根本在于活动中,一幅有一幅的特征。"⑩

《卖轻气球者》堪称陶元庆艺术升华期的标志性作品:大幅的水彩画整体构图极为夸张,主体突出,人物表情把握到位。在陶元庆的所有绘画作品中,《卖轻气球者》是最具想象力、最富有生气的一幅。它创作于1927年夏天,当时的陶元庆租住在西湖边的一个旅馆里,经常在西湖边上见到穿着轻薄的长衫,挥着油纸扇散步的人物,一个月后,

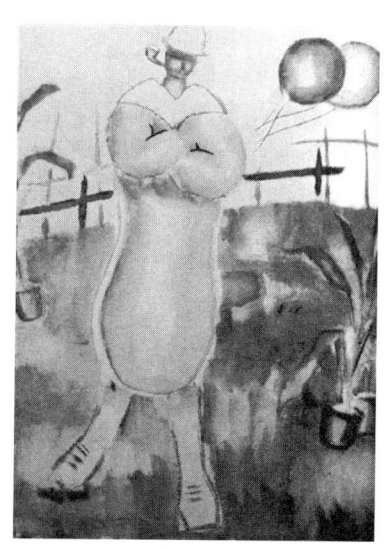

图3 《卖轻气球者》

这幅作品得以诞生。画面中的人物没有遵循人体结构比例规律，而是故意拉长了躯干部分，他口叼烟管，双手交叉于胸前，神气且傲慢，整体造型夸张，用线大胆洒脱。用十分轻松和流动的笔触描绘每一个元素，位于左右两侧的盆花、栏杆、气球都歪斜着散布于四周，仿佛与人不在同一平面，如此打破了空间的透视法则。用并不"准确"的造型将人物和气球的轻盈感塑造得淋漓尽致，在色彩上运用了明亮、跳跃的品红色，表现手法幽默，有趣味性，这种色、线、形的节奏，犹如在聆听肖邦的作品，轻松愉悦。正如钱君匋所说："我们从他笔尖上播下来的一线一色，可以看见卖轻气球者的神情与气球一样轻飘。"（《陶元庆论》）在陶元庆正式的遗作中，《卖轻气球者》是面积最大的一幅，也是历经时间最长的画作之一。

　　对于表现静态事物而言，陶元庆依旧有着自己非同寻常的理解，他的思想，他的个性，完全融合交流在画面上。《墓地》是其中最为打动笔者的一幅绘画，它被收入在鲁迅藏品《立达学园美术院西画系第二届绘画展览会——陶元庆的作品》当中。这幅画的构图富有形式感，仅仅利用直线条来进行表现，虽然主题是死寂的，但并不给人以沉重压迫之感，相反比较"透气"，这是因为画中的房屋、墓碑、栅栏、光影的空间位置关系搭配得当，大体积与小块面相呼应，线条有疏有密，有虚有实，富有变化，这一切看似轻松的背后实际上是十分讲究地经营布局的结果。他用"原始人的风味来表现墓地的哀凉，尤其在那一缕西斜的日光里含着无垠的惨淡难话的感伤"[11]。由于印刷的限制，此处并不能体现出画面的色彩，但实际上，它的用色是非常考究的，整体调子偏灰，倾向于莫兰迪色系，于亮灰色中需求颜色的微妙变化：紫灰、红灰、蓝灰……每一个相似色中又都有明确的倾向性，增加了颜色的质感，使人感到平和、治愈和温暖。

图4 《墓地》

陶元庆的绘画独创性还体现在中西艺术的融合上。在这个领域,有着深层研究并忠诚表现个性的艺术家,根据徐钦文先生的说法,走在时代前列的有两位:一是"晚年的陈师曾氏,是由中国画做底子,采用西洋的方法,到了沟通的境地";一是陶元庆,"用西洋画的方式表现出东方情调来的"[12]。

在蔡元培的悉心关照下,1929年4月15日在上海普育堂举行的"教育部第一届全国美术展览会",是民国时期美术界的一大盛事。展览共展出了作品2 259件,包括西洋画作品354幅,其中陶元庆有5幅作品参展[13],第150号作品《瓶》就是其中一幅。有关这幅作品的介绍并不多,笔者只能借助陶元庆绘画作品的影印件以及相关文献来进行研究。这是一幅小场景的静物画,小到仅仅是台面的一角,出现的主要形象有两个——一个花瓶、一个小碗。花瓶占据了右侧重心的位置,巧妙之处在于瓶中植物的朝向,伸出花瓶的枝条倾斜向左,与左边的帘布形成呼应的同时也平衡了画面重心偏右的状态。散落在桌上的花叶、针状的枝条与窗帘、瓶与碗的组合都是构成画面空间的基本元素，用朴实的手法塑造出了纵深感。从用色上看，色彩简单，将器物的大部分留白，略施阴影，在最明处以犀利的细线来划分出物体间的交界线，类似于国画的勾勒轮廓。传统的西洋画法是明暗交界法，即在暗部着色以衬托亮部，陶元庆的画法对当时的艺术界来说是巨大的创新，此画在展览会上被标出了 200 元的高价，由此可见其艺术创作的价值之高。

1928 年创作于杭州西湖的《处处闻啼鸟》是陶元庆的绝笔之作，曾参加教育部全国第一届美术展览会。画幅中一个穿着旗袍的都市摩登女郎牵着金毛犬在清晨的郊野散步，自在闲暇，令人神往。人物造型依旧十分简练，缩小了头部的比例，将人物概括为一条细长的直线并置于画面黄金分割处，用牵狗的细绳连接起左右两边的内容。这时的许钦文在《陶元庆及其绘画》中提到："每幅作品究竟是油画、水彩画还是色粉画，是很难仔细分别的。他会在水彩画上用点油画颜料，在油画上面加点粉；也会在水彩画上加些粉。照普通的规则，水彩画上不用黑墨，他却常常把黑墨用到水彩画上。"有时候，陶元庆甚至丢开画笔，直接用手指蘸颜色作画。如此举动，充分证明陶元庆的绘画创作已达到随心所欲的境界，也显示出他艺术创作时轻松愉悦的心态。

流星的过早陨落总让人感到无比惋惜与遗憾，而陶元庆无疑就是茫茫艺海星空中一颗年轻而又璀璨的流星。他性格温和，沉默寡言，为生活和艺术追求奔波于绍兴、上海、北京、台州、杭州等地。陶元庆在"形"与"色"方面的探索，并没有立即得到众人的肯定与认同，但他潜心研究绘画的态度和成果，为中国近现代绘画的发展作出了重要贡献，并对后世产生了深刻的影响。在短短三十多年的生命中，他用别具一格的个人风格书写了属于自己的辉煌艺术人生。

注释

① 钱君匋:《陶元庆论》,《一般》1929年第9卷第2号,第257—292页。
② 贺玉波:《忆画家陶元庆先生》,《一般》1929年第9卷第2号,第271页。
③ 《鲁迅全集》第七卷,人民文学出版社2005年版,第272页。
④ 目莲救母的故事是出自《大藏经》,中国民间,目莲救母的故事成为戏曲演出的重要题材,被称作目莲戏,是目前有据可考的第一个剧目,被誉为中国戏曲的"戏祖"。
⑤ 许钦文:《陶元庆及其绘画》,《人间世》1935年3月20日,第24期。
⑥ 卜京:《陶元庆书籍插画的民族气韵研究——以〈大红袍〉为例》,《美育与文化》2019年第22期,第165页。
⑦ 许钦文:《鲁迅和陶元庆》,《〈鲁迅日记〉中的我》,浙江人民出版社1979年版,第86页。
⑧ 李允经:《陶元庆——书籍封面设计家》,《鲁迅与中外美术》,书海出版社2005年版,第286页。
⑨ 古梅芳:《陶元庆的绘画艺术与装帧设计研究》,华南师范大学硕士学位论文,2007年,第40页。
⑩ 许钦文:《陶元庆及其绘画》,《人间世》1935年3月20日,第24期,第45页。
⑪ 钱君匋:《陶元庆论》,《一般》1929年第9卷第2号,第257—292页。
⑫ 许钦文:《刘半农先生和陶元庆氏》,《人间世》1934年第17期,第43—44页。
⑬ 古梅芳:《陶元庆的绘画艺术与装帧设计研究》,华南师范大学硕士学位论文,2007年,第26—27页。

鲁 迅 身 影
——乍浦路海宁路一带电影院

北　海

根据目前所见的《鲁迅日记》,鲁迅看电影的记录开始于1916年,由看电影的频次推断,鲁迅真正喜欢看电影应该是在1924年看了美国电影《莎乐美》(Salomé,1922)之后的事了。[①]鲁迅在上海九年间,看电影是他和许广平日常休闲消遣的重要方式,当然,鲁迅有时也将之作为一种社交方式,与亲友一起看电影。鲁迅在上海期间共看了150余次电影,涉及电影院有20多家,这些电影院大部分集中在虹口北四川路沿线,其中5家位于乍浦路海宁路一带。

20世纪初至中期,乍浦路海宁路一带是上海电影院最集中的地区,是当年上海影迷的圣地。其中科隆影戏园(Colon Cinematograph)是中国最早的商业电影院之一,也是这个区域内最早一家电影院。它由西班牙商人雷玛斯(A.Ramos)投资开办,于1907年8月28日开幕。1926年之后,雷玛斯重建影院建筑,由匈牙利人邬达克设计。[②]1933年《电声日报》上有一文《虹口大戏院》云:"今天我们要谈一间比融光更加小的戏院,虹口大戏院并不是近年新开的,据说在上海有了影戏院之后便有了虹口了。一向是开映第三轮片子……老板很会做生意,他把戏院的内部改装了一下,立刻改映有声片,并且座价只卖两角四角,和它附近的戏院比较,算是比较低廉了,所以一直能够引起许多观众,因为院址所处的地位在乍浦路口,所以顾客中颇多日人,这戏院的主人据说不是中国人呢。"③

今天回顾上海电影院发展历史,无法回避虹口大戏院的开创性地位。不过在鲁迅眼里,虹口大戏院只是可以选择的电影院之一,他在这个电影院只看过两次电影。第一次是在1931年11月13日,这次光顾虹口大戏院颇有戏剧性:晚上,应该是鲁迅晚饭后,此时已经下起了小雨。鲁迅离开拉摩斯公寓(北川公寓)寓所前往景云里找三弟周建人,但未遇到。鲁迅返回寓所后不久,周建人偕夫人王蕴如一起登门拜访,于是鲁迅夫妇和周建人夫妇前往虹口大戏院看《银谷飞仙》,觉得"不佳",于是中途退场,转往附近的威利大戏院(国民大戏院)看《人间天堂》,觉得"亦不佳"。不知道他们看完电影后雨是否变大了,看完《人间天堂》后,他们没有在附近宵夜便直接回家了。鲁迅回家后并没有休息,却开始工作起来——校对《嵇康集》。据1931年11月13日《申报》广告版,第19版:虹口大戏院分三时、五时一刻、七时一刻、九时一刻四场放映《银谷飞仙》(Silver Valley,1927),这是美国福克斯公司摄制的关于酷爱飞行的农场主英勇救美故事的默片;第21版:威利大戏院也是三时、五时一刻、七时一刻、九时一刻四场放映"碧玉生香"的《人间天堂》(This Is Heaven,1929),广告中有如此声明:"随时入座,均可看全。"④这是一部美国有声浪漫喜剧爱情片。也许当晚观影体验颇差,导致鲁迅在日记时将电影名和电影院记颠倒了。⑤第二次在虹口大戏院看电影是在1934年2月22日,鲁迅日记:"午后同广平携海婴并邀何太太携碧山往虹口大戏院观电影。"⑥何太太就是冯雪峰的夫人何爱玉,碧山是冯雪峰的女儿冯雪明。1933年底,冯雪峰前往苏区,何爱玉母女曾在鲁迅家暂住约三个月。这次看的电影是《非洲小人国》(Congorilla,1932),影片记述了一对夫妇在非洲刚果旅行的历程,以爵士乐为背景音乐,影片中这对美国夫妇试图教导刚果当地人爵士舞的情节。

在乍浦路海宁路一带的电影院中,鲁迅最早踏足的电影院是爱普庐影戏院。1929 年 1 月,鲁迅与柔石、许广平等人共同组织朝花社,致力于引介外国文艺。由此,鲁迅与柔石等人往来频繁,不仅在一起工作,而且多次一起去看电影。1929 年 2 月 11 日,鲁迅"同柔石、三弟及广平往爱普庐观电影"[⑦]。鲁迅日记未记所看电影名,据《申报》1929 年 2 月 13 日广告等资料考察,[⑧]他当时看的应该是美国默片《皇后私奔记》(The Private Life of Helen of Troy, 1927),影片叙述了特洛伊战争及其主角海伦的故事。爱普庐即是爱普庐影戏院(Apollo Theatre),它由葡籍俄人郝思倍(S. G. Hertzberg)改建之前在此的美国影戏公司(American Cinematograph Hall)而成,于 1911 年 12 月 21 日开幕。[⑨]该电影院口碑似集中在其音乐效果:"座位不多,观者大半中上等人。所映影片,虽非头等名角作品,然极新鲜,而演员亦多后起之秀。院内音乐冠各院。"[⑩]1928 年,当年有介绍说:"爱普庐是个二等的影戏院,在北四川路 52 号,创设于西历 1911 年。计有座位五百余个,因为内部容积,未见十分广大,所以座位殊现拥挤。设备尚称周到,冬有火炉,夏天装电扇。电话是北三一八的号码。装饰还算是美观,音乐亦佳妙。从前开映的片子很好,现在也不过如此了。"[⑪]30 年代初爱普庐影戏院被出售,1932 年中国银行上海分行在原址建成中国银行虹口大楼。[⑫]

1929 年 10 月,鲁迅儿子周海婴出生,鲁迅很欣喜于儿子的出生,几乎把工作外所有时间都用在养育新生婴儿上了,约有一年多没有看过电影。[⑬]待海婴稍长之后,鲁迅已经适应家有幼儿的新生活状态,看电影之念又起。1931 年 5 月开始外出看电影,8 月 16 日鲁迅与许广平、周建人在家午餐后,便一起到位于乍浦路的国民大戏院看电影《兽世界》。

国民大戏院初名好莱坞大戏院,由魔术师张慧冲之父张志标创建,位于乍浦路 408 号,1929 年 2 月 11 日开幕。开幕仅两个月,便被报纸报道戏院欠费一万五千余两而遭债主起诉之事。1930年7月由德商孔雀公司接办,改名国民大戏院。1931年11月起改由贡高品洋行经营,改名威利大戏院。⑭1933年有报纸介绍该电影院云:"威利所处的地位甚佳,在乍浦路海宁路之中点,离北四川路也很近。本来很可以做做生意,但是它四邻大小戏院太多了,所以不免要受影响。最初这戏院本叫做好莱坞,不久即因营业不佳而闭门,其后改为国民,不久遂易为今日之威利,东家为外国人。所映片子多为第三次之雷电华、华纳等公司片子,售价楼下四角(小洋)楼上六角,日夜一律。为连续开映戏院之一,院内地位不十分大,装饰也简朴,影机尚佳。顾客多日本人,近因融光之影响,生意大为减色。"⑮

从1931年5月开始到这年底鲁迅共看过23次电影(其中两部电影各看了两次),其中6次6部电影是在国民大戏院观看的。除了前文提到的《人间天堂》外,还有:《兽世界》(Ingagi, 1930),是美国人拍摄的讲述非洲大猩猩掠辱人类女性传说的剧情片;《破坏者》(The Spoilers, 1930),是美国派拉蒙拍摄的讲述企业主与地方官员纠纷的剧情片;《南极探险记》(With Byrd at the South Pole, 1930),是美国派拉蒙拍摄的关于南极探险的纪录片,它是第一部获奥斯卡奖的纪录片;《西线无战事》(All Quiet on The Western Front),美国环球公司拍摄的关于德国士兵参与第一次世界大战的剧情片,具有反战性质,该片获第三届奥斯卡最佳影片、最佳导演奖。影片在上海公映期间,舆论给予颇多的关注;《中国大侦探陈查理》(Charlie Chan Carries On, 1931年),美国福克斯公司拍摄的关于中国侦探陈查理探案的剧情片。1934年,鲁迅再次现身威利大戏院看了一部讲述美国人在马来西亚探险、打猎的纪录片《龙虎斗》(Beyond Bengal, 1934)。

1932年"一·二八事变"突然爆发,除了1月份事变发生前鲁迅看过两次电影外,整年没有看过电影。1933年12月18日,鲁迅前往海宁路330号融光大戏院观看了《罗宫春色》,也许是观影体验不差,从1934年开始就比较频繁地出入于融光大戏院。

融光大戏院由梁湘甫、梁海生等投资,向祥茂洋行租地建院。影院建筑为钢筋混凝土结构,前后各为5层,中间场内为1层,2 000座位,备有冷暖气设备,1932年11月2日开幕。时有报道记述开幕情形:"大门与里面影场正并非相对稍有斜形,入门两旁系卖票,再进则为大厅,极富丽美观……影场完全在楼下,并无楼上,如国泰,但较长耳。内漆绿,尚属雅观,三角资者仅有最前面之六排,五角资者则更后十排。十六排之座均极劣,完全木椅……极不舒服,岂该所谓'平民化'者,即以硬板凳见赐与?……之后,则为八角资者,占全场'四分之三',若讲系'平民化',何以八角座占地如许之多?……八角座均系藤位,与南京北京相同,远不及光陆及国泰……昨日所映之影片,如新闻片及《魔鬼舞场》……昨晚开映前国泰所演《海阔天空》尚佳,观者极为拥挤,是可见上海人喜新厌旧之一般矣。"⑯后又评价该影院者:"融光在上海,可算是小戏院中领袖。因为它的内容与设备和座位之多,在小戏院中可称第一,座价比南京等更便宜了一半。是三角(大洋)、五角、八角,日夜一律。并且继续开映:从下半二时半到晚上十一时连续开映,随时可入座,故此比较受人欢迎……第二次便轮到他们开映,现在有时也映第三轮了,位置虹口适中的地方,故生涯颇盛,也是联合公司属下应戏院之一。"⑰

鲁迅在融光大戏院观影14次13部电影(《珍珠岛》上下集算一部)。有《罗宫春色》(The Sign of the Cross, 1932),是美国派拉蒙拍摄关于罗马皇帝尼禄与基督徒往事的剧情片;《四十二号街》(42nd Street, 1933),是美国华纳拍摄的歌舞片;《爱斯基摩》(Eskimo, 1933),美国米高梅拍摄的爱斯基摩与美国文明冲突的剧情片,也是美国第一部关于爱斯基摩人的电影;《豹姑娘》(Island of Lost Souls, 1932),美国派拉蒙拍摄的有关疯狂科学家进行人兽杂交的科幻恐怖片;《奇异酒店》(Wonder Bar, 1934),美国华纳拍摄的歌舞片;《珍珠岛》(Pirate Treasure, 1934),美国环球拍摄的寻宝剧情片,上下集分别公映;《陈查礼在巴黎》(Charlie Chan in Paris, 1935),美国福克斯拍摄的以华裔侦探为主角的犯罪片;《漫游兽国记》(Baboona, 1935),美国探险家马丁夫妇非洲见闻录,鲁迅曾于 1935 年 4 月新光大戏院看过此片;《黑衣骑士》(Rocky Mounta in Mystery, 1935),美国派拉蒙拍摄的犯罪片;《一身是胆》("G"man, 1935),是美国联邦探员制服罪犯的剧情片;《儿女英雄》(Clive of India, 1935),美国 20 世纪福克斯摄制的讲述英国强化对印度军事控制的剧情片;《土宫秘密》(Abdul the Damned, 1935),英国人拍摄的有关奥斯曼帝国苏丹阿卜杜勒·哈米德二世故事的剧情片。

盘点鲁迅在乍浦路海宁路一带所到过的电影院,以 1932 年为界,在这之前,鲁迅主要光顾国民大戏院。从 1933 年开始,则几乎都在融光大戏院看电影了。之所以有这种变化,或者与电影院的位置有关,或者与电影院内部设施以及观影舒适度有关,或者与观众的主体有关,前文所引述的 1933 年《电声日报》关于威利(国民)大戏院因融光的开幕而生意受影响报道,对鲁迅来说可能也是一个因素。鲁迅并非是真正的影迷,看电影比较随机,不仅看《西线无战事》《土宫秘密》这种史诗类型的巨片,也看《南极探险记》《非洲小人国》《龙虎斗》之类的探险纪录片,也看歌舞片《四十二号街》《人间天堂》等。大致说来,鲁迅对电影的选择大致遵循着轻松愉快,能获得见识为主。

1934 年 10 月 3 日晚,鲁迅许广平特别邀请内山完造夫妇去之前从未去过的新中央大戏院看美国电影《金刚》(King Kong, 1933)。当时上海有报刊介绍新中央大戏院云:"新中央原名维多利亚,改组后始易今名。是由雷玛斯氏让给中央影戏公司的。地点在北四川路海宁路口,电话北二二三二号。是家二等的影戏院。

规模并不十分伟大,内部空气不佳,座位拥挤,所奏音乐,令人生厌。苟在西式影戏院中视之,该院实为时代之落伍者。映演各片,都是中央映过的片子,观众泰半华人,生涯也还过得去呢。"[18]又云"易主后改映国产片,以售价廉故生意尚不恶,然间亦映外片。国人趋之者甚众,盖北四川路一带常映国片者仅此一家耳。设备在中下之间,售价最低为大洋二角"[19]。虽然说"国人趋之者甚众",但是鲁迅仅此一次造访这家影院,显然鲁迅也不满"内部空气不佳,座位拥挤"等。许广平曾说为了减轻工作所带来的压力,生活节俭的鲁迅看电影的选择是"宁可多花费些,坐汽车,坐'花楼'"。[20]

1936年2月25日,鲁迅与许广平两人前往融光大戏院,看晚九点一刻场的《土宫秘密》,[21]晚十一点三刻左右回家,便继续翻译俄国作家果戈理的长篇小说《死魂灵》。此夜之后,乍浦路海宁路一带的电影院里再也没有出现过鲁迅的身影。

注释

① 《鲁迅日记》记为《萨罗美》。参见李浩《电影、插图与写作之间——〈铸剑〉与电影〈莎乐美〉》,《鲁迅研究月刊》2020年第8期。
② 参见《虹口电影史料汇编》,上海科学技术文献出版社2017年版。李建华:《海上旧闻录》,同济大学出版社2020年版,第41—43页。
③ 《电声日报》第501号,1933年9月26日。
④ 《申报》1931年11月13日,第21版。广告中威利大戏院特别注明"前国民大戏院"。
⑤ 参见《鲁迅全集》第16卷,人民文学出版社2005年版,第277页。
⑥ 参见《鲁迅全集》第16卷,人民文学出版社2005年版,第435页。
⑦ 《鲁迅全集》第16卷,人民文学出版社2005年版,第123页。
⑧ 笔者未见1929年2月11日《申报》。
⑨ 弄堂longdang:《四川北路海宁路:爱普庐影戏院里·上海的默片时代》,https://www.sohu.com/a/315569131_120067213。
⑩ 敏苏:《珠粉玉屑·爱普庐》,《影戏春秋》1925年第5期,第18页。

⑪ 不才:《上海之影戏院·一·爱普庐影戏院》,《上海常识》1928 年 8 月 11 日,第 2 版。

⑫ 上海市房屋管理局:《第二批优秀历史建筑》记为中国银行大楼(四川北路 894 号),http://fgj.sh.gov.cn/yxlsjzcs/20200331/30c648cb811f401192bb61dd-1dd487c9.html。

⑬ 据《鲁迅日记》,1930 年,鲁迅仅看过一次电影。

⑭ 参见《虹口电影史料汇编》第 53—54 页。《晶报》1929 年 4 月 6 日第三版;《宾司波尔》1929 年 4 月 8 日第三版。

⑮ 《上海影院·十二·威利大戏院》,《电声日报》1933 年 10 月 4 日第 1 版。

⑯ 《融光大戏院开幕详情》,《电声日报》1932 年 11 月 3 日第 1 版。

⑰ 《上海影院·四·融光大戏院》,《电声日报》1933 年 9 月—25 日第 1 版。

⑱ 不才:《上海之影戏院·四·新中央大戏院》,《上海常识》1928 年 8 月 20 日第 2 版。

⑲ 《上海影院·九·新中央大戏院》,《电声日报》1933 年 9 月 30 日第 1 版。

⑳ 许广平:《鲁迅先生的娱乐》,《许广平文集》第二卷,江苏文艺出版社 1998 年版,第 98 页。

㉑ 1936 年 2 月 25 日《鲁迅日记》:"夜赠内山、鎌田、长谷川果脯各三合。同广平往融光戏院观《土宫秘密》。译《死魂灵》第二部起。"《申报》1936 年 2 月 25 日第 22564 期本埠增刊第六版,当日融光大戏院放映《土宫秘密》的场次有五点一刻、七点一刻和九点一刻三场。

馆藏一斑

读最早的《鲁迅纪念馆》画册

顾音海

上海鲁迅纪念馆自1951年1月7日起正式对外开放至今已整整七十年,当初建馆于大陆新村先生故居的情景,除照片之外,尚有赖一本画册描绘留存,即《四十纪程》中"大事记"1951年部分所述:"12月,上海青锋书店出版由本馆提供资料、高孟焕装帧、朱沬编的《鲁迅纪念馆》画册。"当年开馆时,所能赠送(主要给外宾)的读物,据记载仅一种《鲁迅日记》精装影印本,还缺乏对纪念馆本部亦即鲁迅故居的宣传物。因此,开馆当年随即委托编写编绘《鲁迅纪念馆》画册并于年底出版发行。七十年过去,这本小画册存世已为数寥寥,很值得予以介绍。

画册很薄,共计42页,除去封面是鲁迅彩色画像,内页有《鲁迅先生与夫人许广平及爱子海婴》合影及鲁迅参与接待萧伯纳时和宋庆龄、蔡元培、史沫特莱的合影外,其余33幅画面都是素描图片。每页上图下文,每图有标题,类似一组连环画。

画面展现的内容,经过与当时所摄照片的比对,可以说是历史场景的忠实再现。故居的陈设,数十年来虽大致未动,但在小的摆设方面还是略有调整。例如,《鲁迅纪念馆外景》中,"鲁迅纪念馆"的牌子挂在9号和10号之间的隔柱上,而自1956年在虹口公园内新建了纪念馆,此处作为故居对外开放,就改挂"鲁迅故居"

（郭沫若书迹）铭牌了。据回忆，那是去北京鲁迅博物馆参加筹建时，从北京"鲁迅故居"的铭牌上拓得的。①另外，故居所在大陆新村周边的围墙，当年就是清水砖，并非有专家推测的应该是浑水。弄底围墙上露出一个"馆"字，查老照片知纪念馆另有一块馆名牌子是镶嵌在墙上的。当时弄口竖了带馆名的牌楼，从马路外面看进去，正好和弄底围墙上的馆名相呼应，对观众有强化引导的作用。在客厅摆放的物件中，画册里瞿秋白用过的书桌旁是电扇，而在1952年出版的《鲁迅纪念馆》宣传册照片中已改为留声机，至今如此，毕竟电扇的季节性使用特点比较强。画册还特地画了一般不被注意的灶间，且画面并未突出当时先进的煤气灶，而是着重画出靠左边放着的一张方木桌，并作文字说明："使我们追忆着先生生前，因为灶间里苍蝇和蟑螂多，会经常站在桌上，仰射驱虫药水……"

  绘画的技法风格，带有素描明暗变化的特点，例如桌椅的投影、人物面部的明暗等，总体上立体感比较强。作画的顾廷康教授，是沪上知名画家，擅长仕女图、月份牌人物图的创作，二十世纪三四十年代之交出版有水彩画集、风景画集、人物铅笔画集等，对于擦笔水彩等西洋画法很是精通。他曾由著名眼科医生张锡祺聘请，画工笔彩版《眼底病图谱》，上海版上册率先于1953年由华东医务生活社出版，广受好评，接连再版，还代表国内出版物送至莱比锡参加国际书展。张医生在上海创办过有名的光华眼科医院，"抗战期间，先生还以光华医院和自己的医术名望，与许多爱国人士结下了深厚友谊。鲁迅的夫人许广平女士为了爱子海婴的眼疾，多次到光华医院。海婴的眼疾治愈时，适逢《鲁迅三十年集》秘密出版，印数不多，许广平女士还是亲自送了一部给先生夫妇"②。至于这本故居画册的描绘，是否也由南下指导筹备建馆的许广平从中牵线介绍，尚需进一步查证。值得说明的还有，和其他旧时画家一样，在表现新社会人物、情景时，这批老画师的适应痕迹也是很明显的：传统的仕女、童子转化为生活中的实际人物，技法上要作改动，否则，一般读者眼光总是以"像不像"来衡量看待，此画册中的鲁迅、海婴像不像？这就是时代特征了。或者可以说，从此以后随着对于鲁迅的宣传不断深入、扩展，艺术造型上的鲁迅形象是更加成熟、定型了。

这本画册的文字解说，文笔比较从容，平铺直叙，但内容上比较突出鲁迅的战斗精神，比如，在鲁迅"仰射驱虫药水"下写："有如他嫉恶如仇，用锋利的笔尖扫荡敌人的精神一样"。在《写作台和椅子》下写道："他用的是'金不换'毛笔，就是暗示他的文章骨气很硬，非金钱所能换到的思意……"编文的朱沫，于1939年就出版过小说《生的意志》，五十年代还编著过几本名人传记，如《罗伯逊传》《巴甫洛夫传》《伟人的童年》等，都是少年读物，所以编辑鲁迅事迹，这位是很合适的人选了。

翻阅这本纸张泛黄的小画册，对照周海婴先生《我与鲁迅七十年》的叙述，寻迹搜索故居以及纪念馆建立以来一些变化，更加深切感悟到人物纪念馆坚持不懈服务于社会、宣传好传主精神之重要与可贵。

顺便一说，在这本小画册出版约半年之后的1952年5月25日，另一本名为《鲁迅纪念馆》的小照相册，由晨光出版公司编辑出版，但这本小册子同时介绍了绍兴"鲁迅文化馆"、北京"鲁迅故居"、上海鲁迅纪念馆以及鲁迅墓，且画面全是照片而非描绘。而到了1955年4月，上海人民美术出版社出版了彩版的《鲁迅纪念馆》照片明信片一套12枚，封面特地请丁浩设计，主图系版画，内容为上海鲁迅故居弄口牌楼及透视形式的故居外观，非常精致。上述三种宣传品，应该是1956年公园内新建纪念馆之前，有关故居的主要简介资料了，当然，其中要数第一种顾廷康手绘的《鲁迅纪念馆》最为珍贵。

注释

① 此事承乐融副馆长电话咨询五十年代进馆、业已退休的保管部虞积华老主任，由虞老师讲述亲历。
② 张颖生《恩师张锡祺：一个真正高尚的人》，《江淮文史》2008年第1期。

附《鲁迅纪念馆》略图（朱圣斌　摄）

魯迅紀念館

魯迅紀念館是一九五一年一月七日成立的，地址在上海山陰路大陸新村九號和十號。紀念館分故居和陳列室兩部。九號是魯迅先生的故居，魯迅先生晚年就在這裏過着他英勇的鬥爭生活，現在一切佈置完全依照他生前原狀。

故居進門是塊小草地，進去是客廳。二樓前間是他臥室，後間安放着幾隻皮箱，其中有一隻舊皮箱是瞿秋白先生的遺物。三樓前面是魯迅先生的兒子海嬰的臥室，後間是客房。

隔壁十號是陳列室，這裏安放着魯迅先生新文化遺產。從九號到十號，露台上現在已拆通。三樓是第一陳列室，陳列着許多木刻。二樓是第二陳列室，展覽着許多遺物和各種資料。樓下陳列着他的全部著作，其中有一些還是手稿。此外尚有一九三三年時他與宋慶齡等為反對國民黨反動派殺害愛國人士而組織的「中國民權保障同盟」的史料。

魯迅紀念館記魯迅先生戰鬥的一生，用最直接的史料生動的表達出來，使每一個參觀者受到他偉大的革命精神的感召。

自右至左：魯迅、蔡元培、蕭伯納、史沫特萊（一九三三年一月十七日留影）
正中是現任中央人民政府副主席宋慶齡

魯迅先生與夫人許廣平及愛子海嬰

馆藏一斑

鲁迅先生传略 　鲁迅先生（1881—1936）是浙江绍兴人，原名周树人。十八岁到南京求学，先後入水师学堂和礦路学堂，毕业後派到日本留学。一九〇九年夏返国。先後在杭州绍兴两地任教职员及校长。民国成立後，任教育部部员，随部迁往北京；兼任北大、师大、女师大国文系讲师。一九二六年，因为军阀压迫，避难廈门，任廈大教授。半年後在廣州任中山大学文学系主任兼教务主任。不久辞职。此後住上海，曾先後参加自由大同盟，左翼作家联盟等进步举措，用文学为革命服务。一九三六年逝世，葬於上海萬国公墓。

　先生的遗作，有鲁迅全集二十卷，共六百萬字。先生的文章，是同情着被压迫被摧残的人，他对敌人一面也不肯放鬆的对敌人猛烈的无情的攻击着。他在死前曾说：「我要敌人，死也不肯饒恕他们！」这种堅强的战斗精神，又叫做「鲁迅精神」，是永远值得後人学习的。

鲁迅纪念馆外景 　这是鲁迅纪念馆的外景，第九号的一幢房屋，是鲁迅先生的故居，鲁迅先生是一九三三年四月十一日迁入的。一九三六年在这窝所逝世。

　鲁迅先生逝世後，他的故居是後人應该纪念的，所以由華东军政委员会文化部筹设了鲁迅纪念馆，並将隔壁的第十号门牌的一幢房子，也闢为陈列室，陈列着鲁迅先生的生前遗物和遗著，以及有关纪念的文物。

8　　　　　　　　　　　　　　　　　　　　9

小花園　进纪念馆的门，在行人道左侧，有方小草地，鲁迅先生生前，将这方草地闢或花園，种着紫荆花、夹竹桃等，在春天的时候，先生还亲自動手，种着南瓜和丝瓜。

客厅　小花園後面就是客厅，这是鲁迅先生生前会客的地方，裏面靠窗有许广平先生避灾用的缝纫机，靠壁的书桌，是瞿秋白烈士地下工作时用的，後来送给鲁迅先生。

10　　　　　　　　　　　　　　　　　　11

上海鲁迅研究·上海鲁迅纪念馆建馆70周年

瞿秋白烈士生前用的書桌

送給先生的。

這是瞿秋白烈士進行地下工作時用的書桌，後來

飯廳 飯廳位在客廳的後面，用玻璃門把它隔開，每逢夏天，把玻璃門拉開，讓客廳裏的電扇吹風過來。

魯迅先生對飯菜很隨便，不過不很喜歡吃隔夜菜和乾鹹品。魚蟹也少吃，爲的是怕去骨和剝殼的麻煩。

灶間 魯迅先生家裏僱着一位年老的女工人燒飯，他們對她很和善了灶間是很簡單的，靠左邊放着一張方木桌，使我們追憶着先生生前，因爲灶間裏蒼蠅、和蟑螂多，留姬常常站在桌上，何射驅虫藥水，有如飽嫉惡如仇，用鋒利的筆尖掃蕩敵人的精神一樣。

臥室 這是二樓的前房，是先生和夫人許廣平的臥室，也是先生生前寫作的所在。

臥室的佈置，保存着先生生前的形式，不過書桌和鏡台上，原推積着很多書，這搶書籍已由許廣平先生捐贈北京中央人民政府，移送北京了。

檯上的日曆還是一九三六年十月十九日的一張，一隻小鐘開在五點二十五分上5這告訴我們，魯迅先生就是戰鬥到那一天師一分鐘離開我們的。

寫作檯和椅子 這是臥室裏的寫作檯和椅子，魯迅先生寫作的時間間都在深晚，在左翼作家馮雪峰先生送給他的台燈下直工作到東方發白，他用的「金不換」毛筆，就是暗示他的文章骨氣俱硬，非金錢所能換到的思意，他一生所寫的文稿共約六百萬字（書信日記不在內）。

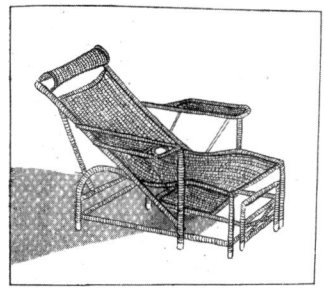

躺椅 這隻躺椅是魯迅先生寫作後，當練習休息的，也是他構思的所在。

他在早晚飯前後的休息時間，一躺不動，在躺椅上先把所要寫的大綱，起着腹稿，然後再起來寫稿。

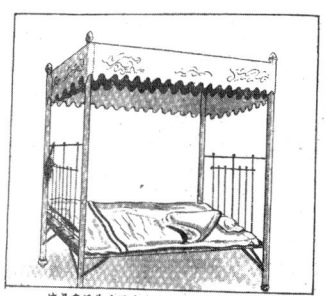

床 這是魯迅先生臥室裏的床，一九三六年十月十九日上午五時二十五分先生便在這張床上逝世的，而且被褥枕頭也是置用的，並沒有變動。

先生死時，是五十六歲，因為生了肺結核，痾危之後，還是力疾工作，不肯小休，並且要趕快做，想趕快究成一些工作；終於在那年十月十八日氣喘復發，十九日晨五時起，胸部苦悶加甚，輾轉反側，延到五時二十五分，由於心臟麻痺就與逝了。

魯迅先生遺容畫像 這是根據日本畫家博史氏所繪先生遺容像描下來的，這幅遺容油畫像，現掛在紀念館裏。

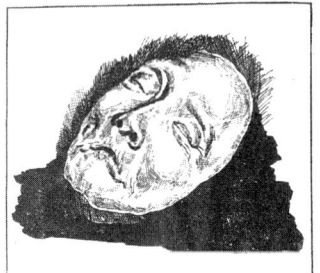

石膏遺容塑像 日本雕刻家奧田杏花在先生遺容上翻製石膏像,這像上黏附著先生的頭髮眉毛和鬍鬚,表現出瘦瘠而慈愛的面容,是魯迅先生最後的留像。

三樓前房 這是魯迅先生愛子海嬰幼年時與保姆的臥室。

海嬰幼年七歲時的留影 這幅畫是根據海嬰七歲時的照相描下的,海嬰是生於一九二九年九月二十七日晨,生後五日,魯迅先生替他題了名字,說是因為在上海生的,而且是個嬰兒,所以叫「海嬰」。

三樓客房 這是客房,瞿秋白夫婦、馮雪峰先生、胡風先生都在這裏住過,當瞿秋白烈士避難住在此時,魯迅先生每晚在飯後與他聊天,直到夜深時回到自己房內,把當時所談到的來寫成文章。

馆藏一斑

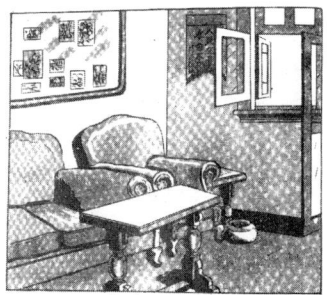

木刻陳列室 魯迅先生的故居露台上，因為和隔壁十號的露台已經拆通，所以可通到隔壁的陳列室。
十號三樓的前間，闢做第一陳列室，陳列着魯迅先生藏的木刻畫。
魯迅先生提倡着新興木刻，他還把蘇聯、德國等木刻介紹到中國來，曾來擧過木刻展覽會和講習班；他家中買存着許多空白鏡框，是預備借開木刻展覽會時買不起鏡框的木刻家用的。

放木刻的櫥 玻璃櫥內所陳列的木刻畫，都是受過先生薰陶的木刻家，送給他鑑賞批評的初期作品；有的是外國木刻家送給先生的木刻畫集。

魯迅先生五十六歲時留影 這是根據先生五十六歲（一九三六年十月八日）的留影描下來的。那時，他還負病到上海青年會參觀第二屆全國木刻展覽會。

第二陳列室 第二陳列室設在二樓。裏面陳列着魯迅先生生前的用物，紀念照片和材料等。

· 293 ·

第三陳列室 第三陳列室是設在底層，裏面有魯迅先生的全部遺著，有關紀念先生的各種書籍、手稿和生活照片等。

後面所繪的畫，都是根據陳列室內陳列的照片和先生的遺物描下來的，請往下看吧：——

紹興故居外景 這是根據照片描下來的魯迅先生紹興故居的外景。

魯迅先生的故居在紹興城內東昌坊新台門，公元一八八一年九月二十五日魯迅先生在這裏誕生。

先生二十四歲時留影 這是根據先生二十四歲——一九〇四年八月，往仙台，入醫專專門學校肄業時留影描下來的。

先生是一九〇二年二月，由江南督練公所派赴日本留學，先入東京弘文學院，後在一九〇四年，往仙台入醫專肄業。

北京故居外景 北京故居在阜成門內西三條胡同二十一號。

一九二三年十二月，魯迅先生向許壽裳、齊宗頤兩位先生各借得四百元下地基蓋起來的，成一所小小的三開間的四合式。北邊的中間，後面接出一小間房子，現在稱爲「老虎尾巴」的，乃是他的工作室及臥室。

馆藏一斑

先生四十六歲時留影 一九二六年三月十八日, 北京段祺瑞政府命衛兵用步槍大刀, 屠殺徒手請願的愛國學生, 發生了三·一八慘案; 接着還捕獲四十八人, 魯迅先生也列名在內。
這幅畫就是根據魯迅先生被通緝避難時期病後留影, 描下來的。

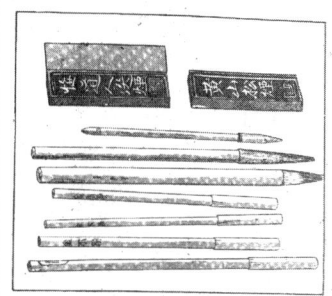

筆墨 這是魯迅先生所用的毛筆、鉛筆和墨。先生寫稿時常用這叫「金不換」的一種毛筆, 這種筆的名稱, 很足以代表先生不妥協的精神。

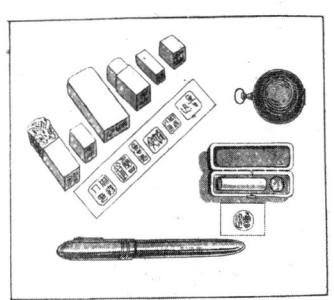

銀壳西姆掛錶、康克林筆、瑪瑙圖章 康克林筆, 是馮雪峰同志在先生四十九歲壽辰時, 贈送的禮物, 除毛筆外, 先生生常用此筆寫稿。
錶和圖章, 是先生在北京和各地執教時出門攜帶的東西, 使用了二十年之久。
其他的東西: 石章和木章, 也是先生私印的一部份。

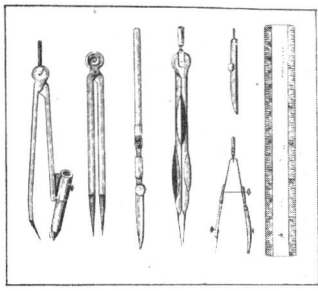

儀器畫具 這是先生年輕時繪圖的工具, 後來先生親自設計書刊封面, 也常用着它。

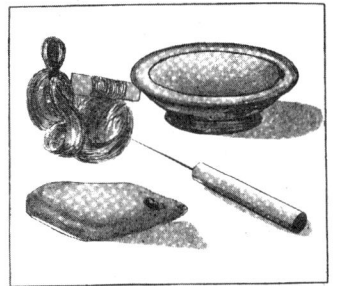

綠磁墨盆、浮水石、針線、釘書錐　綠磁墨盆是許廣平先生從廣州購來，供先生寫大字時所用。

浮水石能把書面有紛擾的，用它磨乾淨，又能使捲的書角，用它磨平。

針線和釘書錐是先生裝釘散裝書時用的。

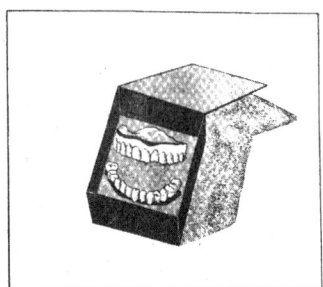

假齒　這是先生臨終前，從口腔除下的上下顎假齒；先生五十歲時，因為牙痛，把全部牙齒拔去，換上義齒，生前每隔一兩天把它除下來清潔一次。

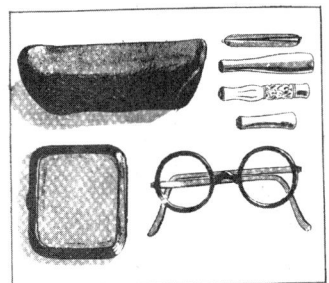

眼鏡、煙匣、煙咀、牙籤　這是先生經常隨身攜帶的東西。

裏面的煙咀，據許廣平先生說：「魯迅先生的煙咀有時幾乎令人看不過去，例如抽香煙，直至燒手或甚至樂口，真正沒法套了，然後丟掉。廣州隨處都有賣乎製品，差不多兩寸左右長的一小段煙咀，套在香煙上，是很便當的，我買到了送給他，從此他就一直在吸煙的時候套上拿牙煙咀，到上海之後，也曾經好幾次往大公司添換過。」(許廣平：《欣慰的紀念》。)

茶壺、茶杯、胡椒瓶等　這玻璃櫥內陳列的，是先生日常用的茶壺茶杯等。裏面有這樣幾件：

日本瓷青花小缸：這是內山完造送給先生的，先生用作放小吃的。

江西瓷繪山水蓋碗：先生平時飲茶常用的蓋碗。
江西瓷刻花白茶盎：先生常用白茶盎，上面有先生款記。
江西瓷喇叭口茶杯：這是許壽裳送給先生的。
胡椒瓶：先生很喜歡多量的胡椒調味，每逢吃飯時沒有辣椒便這這小瓶。
白磁盆茶杯：先生病時飲牛乳用的。
有柄牛乳鋁鍋：先生病時熱牛乳的鋁鍋，海嬰幼年也用過它。
綠色擦瓷杯：這是先生多天燙酒用的。
白搪瓷洋燈盤：有時偶然沒有電燈，先生就要利用這洋燈盤，點着了獨，在燭光下寫文章。
玻璃的糖缸：先生飲檸檬茶時用的糖缸。
日本瓷橘棒幾碗：先生在夏天用着這個幾碗，盛着醫痧子的水，用檸檬擦痧子的。
黃彩日本愛杯：這是日本友人送給先生，後來許廣平先生常用的。
日本鐵茶盎：這是先生親手購買而常用的。
日本瓷大碗：先生親手買的（一套共五隻），每用作宴客時的大菜碗。
綠色磁瓶有蓋瓶：先生親手買給海嬰的。
日本瓷漱口杯：先生買給許廣平先生漱口用。

衣帽等用物

呢帽、絨織圍巾：這是先生常用的國產品呢帽和多季鄉寒的圍巾。
皮袍：這是先生多季所穿的驢達呢羊皮袍。
灰袍：這是先生春秋季所需穿的駿呢灰袍。

草帽：這是先生夏季所用的國產品草帽。
綢罩袍：這是先生五十壽辰美國進步女作家史沫特萊（A.smedley）將一疋中國靈絲綢送作祝壽禮物，先生把它做成了專季罩袍。
鐵標陽傘：這是先生在雨天所用的鐵標陽傘，曾經摸壞了好幾次，先生都把它親自修理好。
汛布橡皮底跑鞋、黑絨拖鞋：這是先生常穿的陳嘉庚橡膠廠出品的汛布黑跑鞋，和多季所用的黑絨拖鞋。

磨 墨 情 怀
——鲁迅使用的墨与砚

高方英

一、鲁迅使用的墨

鲁迅曾经说:"我自己是先在私塾里用毛笔,后在学校里用钢笔,后来回到乡下又用毛笔的人,却以为假如我们能够悠悠然,洋洋焉,拂砚伸纸,磨墨挥毫的话,那么,羊毫和松烟当然也很不坏。"[①]羊毫指毛笔,松烟指墨,因古代制墨,多用松木烧出烟灰作原料,故名松烟墨。提及墨,鲁迅使用最常见的是胡开文的墨,如"亦政堂墨",在上海鲁迅纪念馆馆藏中现存三块,然后是"黄山松烟",这是徽州老胡开文监制的墨。胡开文是清代乾隆时制墨名手,徽州绩溪县人,是徽墨行家,"胡开文"墨业创始人。至20世纪30年代,其经营范围几乎覆盖大江南北。

鲁迅在读书启蒙时接触的书写工具是毛笔,在私塾读书时,无论是习字还是私底下的影描,鲁迅使用的都是毛笔,需要安砚磨墨。据寿洙邻回忆:"三味书屋门前,有小院落,靠西墙石条横案,上置盆石,簇种小花草,水缸一,供学生笔砚之用……"[②]在周海婴《鲁迅与我七十年》中提及鲁迅胃病起因时说:"他得胃病最早的起因是少年时代赶乡考……入场时间又在半夜,要在家里吃了晚饭赶去,随身还得带考篮,上面放着笔墨砚台和食物、小板凳之类。"[③]在安砚磨墨而书写的少年时代,有个美好的梦幻般的故事一直活在鲁迅的心里。鲁迅在《狗·猫·鼠》这篇散文中提到：隐鼠"放在我的书桌上，则从容地游行，看见砚台便舐吃了研着的墨汁。这使我非常惊喜了。我听父亲说过的，中国有一种墨猴，只有拇指一般大，全身的毛是漆黑而且发亮的。它睡在笔筒里，一听到磨墨，便跳出来，等着，等到人写完字，套上笔，就舐尽了砚上的余墨，仍旧跳进笔筒里去了。……'慰情聊胜无'，这隐鼠总可以算是我的墨猴了罢，虽然它舐吃墨汁，并不一定肯等到我写完字"。④鲁迅对墨猴的情结，使他寄情于舐吃墨汁的隐鼠，从而连带着对原本枯燥乏味的砚台和研磨都增添了几分遐想。这是否也是鲁迅一生坚持和习惯用毛笔书写的一种潜在精神依恋呢？

鲁迅到南京和日本求学时已经用过钢笔，但北京时期抄写大量的古碑，整理古文献使用的却都是毛笔。一个可能是鲁迅做这抄写工作的目的不在于速度。从其抄写整理的成品来看，也的确笔画清楚，不疾不徐，字形结构合理大方，篇幅整体布局松紧有致，修改极少。作品整体面貌给人一种为了练习书法或以此为乐的感觉。第二个可能是当时政治环境使然。据周遐寿《鲁迅的故家·抄碑的目的》回忆："北京文官大小一律受到注意，生恐他们反对或表示不服，以此人人设法逃避耳目，大约只要有一种嗜好，重的嫖赌续妾，轻则玩古董书画，也就可以放心。"许广平回忆文章中也提到："他留意于古代艺术，而这艺术之最真实的，石刻亦其中之一。在一九一五——一九二二年，国内先有袁世凯称帝，后有张勋复辟，政治不入轨道，侦探满布，公共场所，贴满'莫谈国事'的标语，真是大有'道路以目'，'属垣有耳'之概。先生是热情而又正义感非常浓厚的，深维革命的实力尚未充备的北平，个人徒托空言，无补于事，所以退而搜集并研究金石拓本，关于造像及墓碑等，陆续搜辑到的不下数百种。"⑤鲁迅因为政治形势的压力，钻进故纸堆，留意古代艺术，搜藏金石拓片，与这些行为相协调一致的无疑当属毛笔、墨、砚台。

因为是安砚磨墨书写,当然少不了毛笔。周建人在《略讲关于鲁迅的事情》一书上讲道:"笔老是用北狼毫或'金不换',都是狼(黄鼠狼)毛做的小形的水笔。这种笔,鲁迅先生差不多用了一世,我记不起看见他用过别种笔。"⑥鲁迅用于书写的笔主要是毛笔,在上海鲁迅纪念馆馆藏中,鲁迅使用的毛笔以"金不换"最多。鲁迅曾说:"我并无大刀,只有一枝笔,名曰'金不换'。"⑦鲁迅所使用的毛笔"金不换",是绍兴当地所产的每支五分钱的便宜毛笔。该笔是清末民初绍兴百年老牌笔庄卜鹤汀所售。除此,鲁迅还使用胡开文的笔,如胡井文玉润、胡井文羊毫、老胡开文广户氏选小楷纯羊毫、胡开文纯羊毫大楷、胡开文小京水等。在北京时期的鲁迅日记中也多有买毛笔、赠毛笔的记载。如鲁迅日记1922年2月26日:"午李遐卿来,未见,留赠笔十二支。"⑧又如鲁迅日记1923年7月15日:"李遐卿携其长郎来,并赠越中所出笔十支。"李遐卿即李霞卿,原名仲侃,改名霞卿,字宗裕,日记又作李霞青、李遐卿,浙江绍兴人,鲁迅在绍兴府中学堂任教时的学生和同事,《越铎日报》的创办人和编辑,后与宋子佩等退出另办《民兴日报》,1915年考入北京大学国文系,1918年毕业。"越中所出笔"应是"金不换"毛笔。

鲁迅曾说:"古人说,'非人磨墨墨磨人',就在悲愤人生之消磨于纸墨中……"⑨可见,鲁迅对于磨墨一事也是甚感不便,也颇有需要耐心与浪费时间之感。他说:"倘若安砚磨墨,展纸舔笔,则即以学生的抄讲义而论,速度恐怕总要比用墨水笔减少三分之一,他只好不抄,或者要教员讲得慢,也就是大家的时间,被白费了三分之一了。"⑩可见磨墨用毛笔写字相较于当时已经流行的钢笔的确要不方便些。那么鲁迅为什么能够坚持安砚磨墨,用毛笔写字创作呢?我想可能有以下几个原因:一是从小养成的习惯;二是梦幻的故事和对小动物的爱恋;三是北京时期抄古碑、描摹各种古代字体时毛笔使用得心应手;四是虽然鲁迅深深地体会到磨墨的费时费力,但在比较使用了当时的墨汁后,鲁迅还是选择了研墨。原因他也讲得很清楚:"砚和墨可以不带,改用墨汁罢,墨汁也何尝有国货。而且据我的经验,墨汁也并非可以常用的东西,写过几千字,毛笔便被胶得不能施展。"⑪在许广平 1950 年捐献给上海鲁迅纪念馆的藏品中,还保存着鲁迅使用过的一个绿磁墨盆,内部留有已经干裂的残墨。这有可能是鲁迅使用墨汁书写时的容器,也可能是将在砚台中研好的墨汁倒入此墨盆中使用。据上海青锋书店 1951 年 12 月初版的《鲁迅纪念馆》记载,此绿磁墨盆是许广平从广州购来,供鲁迅先生写大字时所用。

二、鲁迅使用的砚台

北京时期,鲁迅特别钟爱一款砖砚。此砖砚是用梁武帝"大同十一年"砖制成。砖的一个侧面刻有铭文"大同十一年",另有两个侧面刻有花纹。鲁迅在《俟堂专文杂集》目录中注:"大同十一年专 已制为砚 商契衡持来 盖剡中物。""剡"即指浙江嵊县。商契衡(1890—?),字颐艻,浙江嵊县人。鲁迅在绍兴府中学堂任教时的学生,北京大学毕业,所学为英文⑫。曾任北京大学图书馆馆员。鲁迅与商契衡的交往在北京时期较密集,鲁迅曾借给商契衡在北京大学学习期间的学费。鲁迅日记"晚商契衡来谈,言愿常借学费,允之,约年假百二十元,以三期付与,三月六十元,八月、十二月各三十元,今日适匮,先予十元"⑬。即为此。鲁迅日记关于商契衡的记载有 60 多处,最早的是 1912 年 8 月 25 日日记"上午许诗荃、商契衡来"的记载,此后还有关于通信、寄赠书籍、付与学费、为友作保、委托办事等记载。结合《俟堂专文杂集》和鲁迅日记可知,此砖是商契衡于 1918 年制成砚台送给鲁迅的。

鲁迅对这款砖砚特别钟爱,他在《俟堂专文杂集》的题记中说:"曩尝欲著《越中专录》,颇锐意搜集乡邦专甓及拓本,而资力薄劣,俱不易致。以十余年之勤,所得仅古专二十余及杙本少许而已。迁徙以后,忽遭寇劫,孑身逭逋,止携大同十一年者一枚出,余悉委盗窟中。日月除矣,意兴亦尽,纂述之事,渺焉何期?聊集爨余,以为永念哉!""止携大同十一年者一枚出"指的即是这块砖砚。于此相对应的,鲁迅1924年6月11日日记也有体现:"下午往八道湾宅取书及什器,比进西厢,启孟及其妻突出骂詈殴打……然终取书、器而出。"启孟,即周作人,器即包括此"大同十一年"砖。这块砖砚当时常放在西三条二十一号鲁迅住所"老虎尾巴"书桌的右上方,是鲁迅研墨书写必不可少的文房四宝之一。

厦门时期,鲁迅使用过一款歙砚。规矩形砚,长方形,纵19.1厘米,横12.6厘米,高2.5厘米。砚池小,砚堂大,砚池四周以浅浮雕雕饰龙凤两对,砚边浅浮雕雕饰回纹,装饰细腻精致,整体端庄敦厚。带木质底托加盖。砚身、底托、盖都没有文字,无从考证其制作年代。据祝文品教授《鲁迅在厦门大学使用的砚台收藏记》一文叙述,这款砚台是其老师郝昺衡先生赠送的。郝昺衡即1951年向上海鲁迅纪念馆捐赠厦门大学全体教职员合影照片者,他是这张合影中人之一,又名郝立权。这方歙砚是鲁迅在厦大时赠送给郝昺衡的。祝教授的文章中提到了赠砚的细节:"一天晚上,郝先生到鲁迅住处去聊天(见日记)。谈的都是鲁迅先生的家事。当鲁迅谈到周作人的日本籍夫人时,心情很不好,曾愤愤地说了一句'我吃的草,挤的是奶'。这是郝先生第一次听到这句鲁迅名言。为了缓和气氛,另找话题,郝先生看见鲁迅书桌上有一方歙砚(就是现在保存的这方砚台),便称赞说这方砚台很好,随之拿起来把玩一会。当时鲁迅没有什么表示。想不到第二天鲁迅把那方歙砚用纸包好,亲自送到郝先生家里。"[14]郝昺衡(1895—1978)名立权,字秉衡,又作昺蘅,江苏盐城人,1924年北京大学毕业,1926年间为厦门大学文科国文系讲师。鲁迅在厦门大学任教时,两人交往较密,鲁迅在日记中记为郝秉衡、郝昺蘅。

鲁迅在上海时期所用的砚台主要是民国时期所制的青石砚。

萧红在《回忆鲁迅先生》一文中记叙："鲁迅先生的写字桌，铺了张蓝格子的油漆布。四角都用图钉按着。桌子上有小砚台一方，墨一块，毛笔站在笔架上。笔架是烧瓷的，在我看来不很细致，是一个龟，龟背上带着好几个洞，笔就插在那洞里。鲁迅先生多半是用毛笔的，钢笔也不是没有，是放在抽屉里。桌上有一个方大的白瓷的烟灰盒，还有一个茶杯，杯子上戴着盖。"⑮这里的砚台即为方形带盖青石砚。鲁迅在上海时期使用的砚台多为这种形状材质的砚台。在上海鲁迅纪念馆馆藏中，现存三方这种民国时期的普通青石砚，这款方方青石砚材质普通，纹饰简单，整体朴素、大方，很实用。此款砚台也是当时的学生用砚。从萧红对鲁迅上海居住期间书桌的回忆可知，鲁迅不仅坚持用毛笔书写，而且一贯坚持自己磨墨。

在鲁迅遗物中，有一款端砚也值得关注和研究。这款端砚带随形红木匣，匣盖上刻篆书，分别为，中间大字：端砚　著手生香，右边小字：甲子中秋作"仿古"（刻印），左边小字：梅花道人题"珍藏"（刻印）。⑯里面是叶形瘦长砚，砚堂中心有楷书"端溪产"三字。

"梅花道人"最有名者是元代著名书画家吴镇的号。吴镇（1280—1354），字仲圭，与吴兴王蒙、常熟黄公望、无锡倪瓒并称为"元四家"。据推算，在1280年至1354年中的甲子年是1324年。元朝的起止时间是1271年至1368年。1324年正是元朝泰定帝在位时期。

当然，也有可能此"梅花道人"不是吴镇，那么此砚台极有可能是产自端砚石开坑的高潮期清代。明末清初著名诗人、戏曲家尤侗（1618—1704），字展成，一字同人，早年自号三中子，又号悔庵，晚号艮斋、西堂老人、鹤栖老人、梅花道人等，苏州府长洲（今江苏省苏州市）人。他于康熙十八年（1679）举博学鸿儒，授翰林院检讨，尤侗也是位长寿者，在他的一生中出现两个甲子年，即

1624年和1684年。如果是尤侗所有的砚台,那么此砚台当是在康熙二十三年,公元1684年,他66岁时所制。

端砚是中国四大名砚之一,与甘肃洮砚、安徽歙砚、山西澄泥砚齐名。它出产于唐代初期端州(今广东肇庆市东郊的端溪),故名端砚。肇庆石匠虽说是从唐代开始就采石制作端砚,但是元代的端砚存世很少,这与元代的统治者重武轻文有关。此一时期,不仅端砚存世很少,就连诗歌、书法和摩崖石刻等文物同样极为稀罕。观察我馆所藏这款砚,线条简洁明快,造型美观实用,四周装饰纹样合理运用,叶边的设计有着舔笔和防止墨汁外溢的作用。这些特征与清代制砚相吻合。当然,民国时期正是三大名坑开采技术和开采量比较好的时候,也是我国端砚制作的一个高潮期,也出现了一些制作优良、造型别致的仿古端砚。故而也不排除此款砚台是民国时期所制,那么应是1924年制作。笔者未找到鲁迅使用过这款端砚的记载,此砚可能是鲁迅北京时期的收藏。

鲁迅一生主要用毛笔书写,坚持安砚磨墨。鲁迅身边之人耳濡目染,也意识到毛笔书写的优点。许广平就是一例,在北京上学时期,许广平用钢笔写字,所以在给鲁迅的回信中说:"草草的写出这些话,质直未加修饰,又是糊里糊涂用钢笔写,较之先生清清楚楚用毛笔详细恳切的长番半训半导的迷津指引,我是多么感谢!惭愧!"⑰因为鲁迅的耳提面命,许广平也从习惯用钢笔写字渐渐练就了一手端庄的毛笔书法。鲁迅逝世后,许广平题写的"鲁迅夫子"挽辞具有鲜明的个性和艺术性,值得关注,这大概也是对鲁迅磨墨情怀的延续吧。

注释

① 鲁迅:《论毛笔之类》,《鲁迅全集》第6卷,人民文学出版社2005年版(本文所引各卷皆此版,不另注),第406页。

② 寿洙邻:《我也谈谈鲁迅的故事》,《鲁迅回忆录》散篇(上册),北京出版社

1999年版,第2页。
③ 周海婴:《鲁迅与我七十年》,南海出版公司2001年9月版,第11页。
④ 《鲁迅全集》第2卷,第244页。
⑤ 许广平:《关于汉唐石刻画像》,《1913—1983鲁迅研究学术论著资料汇编2(1913—1936)》中国文联出版公司1986年版,第989页。
⑥ 乔峰:《略讲关于鲁迅的事情》,人民文学出版社1954年8月版,第2页。
⑦ 鲁迅:《答杨邨人先生公开信的公开信》,《鲁迅全集》第4卷,第646页。
⑧ 《鲁迅全集》第16卷,第637页。
⑨ 鲁迅:《禁用和自造》,署名孺牛,《鲁迅全集》第5卷,第333页。
⑩ 同上。
⑪ 同上。
⑫ 《鲁迅全集》第11卷,第355页。
⑬ 《鲁迅全集》第15卷,第99—100页。
⑭ 祝文品:《鲁迅在厦门大学使用的砚台收藏记》,发表于《上海鲁迅研究》1996年。
⑮ 萧红:《回忆鲁迅先生》,《回忆鲁迅在上海》上海书店出版社2017年第712页。
⑯ 篆书文字请上海博物馆袁启明先生辨识。
⑰ 许广平1925年3月15日给鲁迅信,《两地书·原信》,中国青年出版社2005年版,第9页。

鲁迅藏广州地图的几点考证

吴仲凯

在上海鲁迅纪念馆收藏的鲁迅遗物中,有一副珍贵的民国时期广州彩色石印地图——《广州第四期马路全图》。这幅地图由许广平于1950年捐献给我馆,保存至今。它基于现代实测平面地图,却又有绘画式地图的特征,带有鲜明的时代印记。地图的石印技艺精湛,色彩精美,标注道路、街坊、河流、学校、各类设施具体详细。地图标注订于1927年,正是鲁迅先生前往广州之年,且地图为鲁迅遗物,很可能就是鲁迅亲自使用过的。然而关于此图的发行所"永安公社"和此图的成图年代在过去的研究中尚有疑问,尤其是地图的成图时间将直接决定这幅地图能否较为准确的反应1927年广州的地物信息,为鲁迅在广州的研究提供更多资料。本文就将围绕这两个问题进行考证,并试从地图的角度看鲁迅在广州的出行。

一、鲁迅藏广州地图的基本情况

鲁迅所藏的这幅《广州市第四期马路全图》长76厘米、宽53厘米。右下有图例,比例尺为万分之一,朝向上北下南。彩色石印,因套印的关系,色彩稍稍有些偏移。图上以黄色醒目地标出马路,红色实线标注12个区界,虚线标注警署分界,蓝色标注河流,蓝色圆点标注池塘。另标注街道、房屋、铁路、城垣、桥梁,山岗画等高线。此外还注有省长公署、财政厅、县署等公务机构、学校、寺庙、陆军营房和养老院、造币厂、自来水厂、官煤场等。所选区域北至新胜街,南至得胜冈,西至安乐里,东至竹丝冈,旧城区北面画出旧城墙和小北门。大沙头、二沙头和沙面地区的标注则较为简易,沙面有"租界"二字并标有各国领事馆和教堂。以地图的标题和描绘的地物来看,此图大致展现了20世纪前半叶广州拆城墙扩城区,造马路利交通的情景。

从体例上看此图的南北朝向、图例、比例尺完备,地物比例基本准确,是一幅基于现代实测平面地图绘制而成的地图,但实际绘制时线条有所变形,一些地物绘制相对随意,图上所有文字皆为手写且细密处互相黏连,难以辨认,又带有一定的传统手绘地图特征,是一幅典型的民国早期民间绘制地图。

地图左侧印有"中华民国十六年一月一日订"和"广州远安工社发行"字样。同样的地图在2010年出版的《广州古今地图集》[①]中也有收录,是上海图书馆的藏本。

二、地图的发行所"远安工社"

这幅地图的发行所"远安工社"于史志无考,但是"远安"二字却可以在另两张广东地图上找到:一张是1924年印制的《最新广州市马路全图》[②],图上标注的是"书籍行远安堂发行";另一张是1937年印制的《广州市最新马路全图》[③],图上标注的是"书籍行远安堂印行"。以时间来看这两张图的成图恰巧是1927年前后,那么"远安工社"是否就是"书籍行远安堂"呢?首先从这两张地图本身来看,1924年版《最新广州市马路全图》比例尺为四千分之一,除缺少些许新建马路,图例稍有差异外与27年版地图几乎没有不同,标注地物及文字除几处增减外甚至直接延用。而1937年的《广州市最新马路全图》同为万分之一比例尺,所选地域范围有所扩展,西至新填地,东至底村,北至马鞍山,南至冯家祠。图上马路、建筑有所变更,但整体绘制方式依旧相似,字迹和线条描画也依旧相似，但不再以蓝色标示水域而改为深褐色，同时新增了公园和学校标识。不难看出这三幅地图有明显的继承关系：1927年版是由1924年版直接修改而来，而1937年版则是在1927年版的基础上重新绘制的。虽然此种马路地图在民国时期十分常见，也都有一定的相似性——关于这点后文会详述，但出现如此直接沿用前图的现象是绝无仅有的，因此"书籍行远安堂"就是"远安工社"的可能性非常大。而探寻1920年代的广州工商业历史，也可以为这种可能性提供更多的依据，并且给这种名称的变迁一个合理的解释。

图1

"远安工社"的"工社"二字，曾频繁地出现于20世纪20年代前半的广州，实际上是一种工会组织。1920年孙中山重回广州，任非常大总统，在"提倡工会"的口号下，广州各种大小工会和工社就如雨后春笋般冒出，但这些工会和工社并不成熟，大多是披着工会与工社之名的传统"行会",唯政策所趋,潮流所指。这就造成了广州各种工会、工社、行会名号琳琅满目,性质又犬牙交错,混杂不堪,难以分辨。而以"远安堂"的"堂"字来看,远安堂应该是传统的行会组织,当时的广州行会命名方式有简单地以"某某行"命名的,如"菜叶行""烧腊行",传统手工业、轻工业会社则多以"堂"来命名,如"缝衣西福堂"。而在1920年广州工会化浪潮下,一些行会开始以新式的命名方式来命名,如"景源印务工社""沙藤平乐工社"等,在1922年3月16日申报《港工潮解决后之附带问题》[④]一文中就可以同时找到上述三种命名的组织带领罢工的新闻。然而好景不长,1926年底,国民政府就开始大肆取缔工会,1926年12月22日的《申报》中《粤政府取缔工会办法》[⑤]一文中以"查广州市所有工会工社、名目纷繁、间有各执情词、发生纠纷情事。"为由开始取缔广州的各种工会和工社。实际上也就是在这几次取缔工会后,曾经如火如荼的广州工会又纷纷解散,不少回归了以往的"行会"状态。而远安堂——远安工社——远安堂的变化正符合这个时间线。因此可以推测,"远安工社"本是一家传统行会制书籍行,原名"远安堂",在20世纪20年代前半的广州工会化浪潮中改名为"远安工社",1927年之后不久因为工会取缔又改头换面,直至1937年仍以"远安堂"为名。而以24年、27年版地图仅有"发行"而1937年版改有"印行"来看,1937年的"书籍行远安堂"应该已拥有石印机,能独立印刷并发行地图。同样在广州,清道光年间也有一家专印医书的"远安堂",较有名的是远安堂刻本《本草求原》,与民国的这个"远安堂"是否有关系,无考。但"远安工社"应该也就只是民国"远安堂"在特殊历史时期的一个特殊的组织形式或称谓而已。

三、地图的成图时间

关于本图的成图时间,虽有标注"中华民国十六年一月一日订",但成图时间尚不明确。《广州古今地图集》以 1921 年广州工务局成立为依据,推测成图时间为 1921 年至 1925 年,其实尚有争议。要搞清这个问题,首先需要了解这种地图的发展脉络、系谱以及特点。

广州地图的历史长远,种类繁多,然而从地域选择来看,可以注意到有一系列与本图相近似的地图,其中最早的是清光绪朝的《广东省城图》,是根据鸦片战争时西方人所绘地图缩印并加注,地图的主体包含主城区,东至东较场以东,西至仁成庙,南至河南一带,北至越秀山,各种标注虽然十分简略,但主干道路都已用红色标出。这幅地图较传统手绘地图更加精确,可以视作是往后此类地图的雏形。往后又有许多基于此图绘制的地图诞生,比如光绪二十六年的《粤东省城图》,也有仿照此图重新绘测的实测地图,比如光绪三十三年德国人绘测的《广东省城内外全图(河南附)》。到了民国时期,随着筑马路增多,出现了以马路为卖点的马路名称图,成图于 1919—1921 年的《广州第一期新辟马路名称图》就是此类地图的先声,此图脱胎于《广东省城图》,以黄色标注马路名称,但其余标注极简略,几乎全部空白。而后 1923 年由广东陆军测量局、广州市工务局共同绘测的《广东市全图》,标注则极为详细,地图整体与《广州第四期马路全图》已十分相似,随着广州马路建设快马加鞭地进行,以此图为蓝本又诞生了一系列新的马路地图。如光和眼镜公司制《最新测绘广州市面马路区域全图》,1924 年远安堂《最新广州市马路全图》,远安工社的这幅《广州市第四期马路全图》,1932 年广州市工务局《广州市马路路线图》,1937 年远安堂《广州市最新马路全图》,1943 年三江五彩石印局《广州市最新马路交通图》等。不难发现,此种马路地图中民间绘制的已经占据了半壁江山,它们的特点也十分明显:首先是时效性非常强,许多新地图变更的地方并不多,比如上文提到的 1924 年《最新广州市马路全图》和 1927 年《广州市第四期马路全图》中马路、地物稍有修改即成新图,推出速度又极快,最短的不过一年。其次是民间地图紧跟官方地图,在以广州市工务局和陆军测量局为首的官方实测地图出现后,坊间往往很快就会推出同类的地图,吸取官方地图测绘精准的特点,添上最新马路和地物名称。再者是印刷精美、标注极其详细,自1923年工务局推出《广东市全图》后,此种地图标注的大小地物就十分精细,坊间印刷亦不输官方,多以彩色石印,十分精美。而能够在如此快速更迭下,印刷如此精美的马路地图,除印刷技术发展带来的便捷外,足以证明这种地图对于当时的广州百姓来说是十分受欢迎的。同时也可以说明,这种马路地图是十分关注新事物和新政策带来的时效性变化的,并且往往迫不及待地就反映到地图中。了解这种马路地图的系谱和特点,再探讨此图的成图时间,脉络就十分清晰了。

首先以这类地图的发展来看:上文已经提到,早在1924年已有同书行发行的《最新广州市马路全图》,标注为"中华民国十三年九月改正再版",且对比二图,1927年地图是直接于1924年版图修改而来,这可以说明1927年地图的成图不早于1924年9月且晚于1927年1月。

其次以地物的变化来看:最先应该关注的就是当时马路的修建情况。参照《广州市志》[6],1913年民国政府首设工务司专营拆城墙筑马路之事,1918年成立市政公署,修筑了永汉路、大南路、文明路等马路,1921年成立工务局规划全市路网,同年修建大东路、大德路,这些马路都在《广州第一期新辟马路名称图》中有所体现。1920光和眼镜公司制《最新测绘广州市面马路区域全图》中有1920年修建的大东路、西堤二马路等,并标有预建筑的第二期马路地域,但到了1924年这些二期马路也还多未建成。1924年远安堂《最新广州市马路全图》中增有1924年修筑的西濠二马路等马路,值得注意的是此版地图沙面北面马路标注为"沙基南路"但在1927年版图上标注为"六月廿三路",这是由于1925年6

月23日在广州沙基路上发生了著名的"沙基惨案"。时值五卅惨案爆发,广州各界及香港工人为支援上海劳工爆发省港大罢工,10万多人游行群众游行至沙基路附近遭到英国士兵扫射,52人死亡,数百人受伤。为纪念这一事件,1925年7月15日,广州市工务局正式发布公告,将沙基马路改名"六月廿三路"⑦,直至1926年6月21日《广州民国日报》依旧称此路为"六月廿三路"⑧。再考证广东大学更名的历史,孙中山于1924年创办广东大学,地点在前贡院。同样在1926年6月21日的《广州民国日报》上载有《改办中山大学之提案政治委员会已批复》一文⑨,详述了国立广东大学将于7月结束,改办国立中山大学于暑假后开启等议案予以通过的新闻。1926年的7月17日国民政府发布命令,正式宣布广东大学改名为中山大学。⑩而在24年版地图上尚标为"高等学校"的地界,1927年版的标注已经是"中山大学校"了。所以此图的成图时间应该是在1926年7月17日至1927年1月。是现存已知的最接近鲁迅在广州生活时段的地图,能够较为准确地反映鲁迅初到广州时的地物情况。

四、从地图看鲁迅在广州的出行

既已证明这张地图可以反映1927年初鲁迅初到广州时的地物情况,且作为鲁迅遗物,很可能是鲁迅自用的。以更直观的视角审视这张地图,通过观察地物与地物之间的关联,可以获取鲁迅于广州出行的更多细节。如上文所述,自1913年民国政府首设工务司专营拆城墙筑马路之事以来,至1927年,广州已形成四通八达的马路网,这对刚来到"革命的后方"乐于出游、访友的鲁迅来说,助力是极大的,以鲁迅在广州的两处住所中山大学和白云楼为中心,辐射到广州多地,在地图上我们可以看到这两处建筑的地理位置,它们的辐射范围和道路地网。

1月19日鲁迅移入中山大学,中山大学的沿革上文也略为谈到,原为国立广东高等师范学校,位于旧城东的惠爱东路和越秀中路交叉处,1924年孙中山整合国立广东高等师范学校、广东公立法科大学、广东公立农业专门学校三校为广东大学,地点还是在旧城东原址。1925年孙中山逝世,为纪念孙中山学校于1926年7月底改名中山大学,往后直至1927年3月1日中山大学正式开学前,学生都停课复习,接受甄别考试,校方则进行交接和开学准备[⑪],鲁迅先生也就是在这时来到了中山大学。从地图上看,学校地理位置优越,位于旧城中轴线靠东,占地广阔,西面的文德路书坊林立,有著名的广雅书局,不远处又有广府学宫和禺山市场。东面的越秀中路拆城墙建成,沿路北上可至越秀山,再往东沿惠爱路大东路可至东较场。北有番禺县署和番禺学宫,一旁就是芳草街,北新书屋也是在这里开设的。沿惠爱路往西不远可达永汉北路,来到市区的中心地,既有工务局、财政厅,也有大新公司、中央公园和各式出版、印刷局。南沿越秀南路可达东园、白云路和广九铁路。如此优越的地理环境自然可以给出行带来多方便利。刚搬入中山大学的鲁迅首先就于1月21日游小北,小北位于越秀山东南,靠近小北门,从图上可以看到当时此地的老城墙尚还保留,城墙内街坊密集,城墙外则很空旷,能近眺越秀山和白云山,若由中山大学出发只需要沿校门口的越秀路北上即可,极方便。同时这条路也是前往越秀山和白云山的必经之路,2月4日鲁迅游越秀山很可能走的也是此路,距近而道简,加上风景优美,或许也是鲁迅首选此地出游的原因之一。1月27日鲁迅也曾游海珠公园,海珠公园位于太平路和维新南路之间的珠海河道上,是江中小洲,1931年并入北岸,这在1927年与1937年的远安堂地图上有所体现,两图中珠江两岸风貌已大相径庭,1937年地图的长堤加筑,河道变窄,海珠已不复存在,由中山大学出发南下,沿长堤一带即可达。鲁迅经常光顾的陆园茶室位于市中心的永汉北路财政厅附近,离学校很近,出中山大学只需要沿惠爱东路往西即可到达,或许也是因为交通便利,此地成为鲁迅在广州饮茶最多的地方,同在这附近的还有大新公司和太平馆,也都是鲁迅先生曾经光顾过的。鲁迅由中山大学去过的较远的地方是上文提到的沙面岛,地图上的沙面因是租借地,标注非常简略,仅标有各国领事署和教堂,山上正义在鲁迅死后曾写文回忆此事,谈到当时的鲁迅还住在中山大学,因鲁迅提到久未吃日本"饽饽",便带他走出居住的房间往沙面的店里买了,在珠江畔边吃边聊中国文学论和中国革命观。以文字来看不过是出门买了些吃的而已,实际浏览地图就能发现这一路其实并不轻松,从位于旧城东的大学到旧城西南面的沙面岛,需要沿长堤一带往西或沿文德路出旧城门往南,相当于一次远足了,从地图上也可以看到,此时旧城西面的整块地域马路还并不发达,仅沙面一带因为租借而筑有马路,若是行程再往北一些,可能就无法这么轻描淡写地走上一遭了。

  而白云路上的白云楼是鲁迅搬离中山大学后的另一处居住地点,地处旧城外东南的东山,毗邻广九铁路车站和大沙头,往北是东较场,沿铁路往东才是东山较热闹的地方,是一处偏离市中心喧闹的僻静之地,可以眺见珠江和远处山景,这和许寿裳后来描绘的"地甚清净,远望青山,前临小港"⑫是一致的。离此处较近的是许广平的家。许府位于永汉南路的西侧,靠近文明路的高第街,是城南颇为热闹的地方,鲁迅也曾于七夕时节至此观七夕供物。出中山大学沿惠爱东路往南经永汉北路或由白云楼经长堤一带往北即可达。而白云楼离中山大学其实并不太远,由此地前往中山大学只需要沿越秀南路一路北上即可到达。对于搬出中山大学,又需要僻静环境写作的鲁迅来说是一处极为合适的地方。

注释

① 《图说城市文脉——广州古今地图集》,广东市规划局、广东市城市建设档案馆编,广东省地图出版社2010年版。

② 出自哈佛大学图书馆（https://iiif.lib.harvard.edu/manifests/view/ids:439-689612）。
③ 以下地图无特殊标注皆出自《图说城市文脉——广州古今地图集》，广东市规划局、广东市城市建设档案馆编。
④《申报》1922年3月16日，第10版。
⑤《申报》1926年12月22日，第9版。
⑥《广州市志》卷二，广州出版社1998年版，第246—254页。
⑦《申报》1926年7月24日第10版。
⑧《六月廿三路纪念碑不日竣工》，《广州民国日报》1926年6月21日第10版。
⑨《广州民国日报》1926年6月21日，第3版。
⑩ 梁山等编：《中山大学校史1924—1949》，上海教育出版社1983年版，第11页。
⑪ 同上，第13页。
⑫《许寿裳文集》上卷，百家出版社2003年版，第139页。

上海鲁迅纪念馆馆藏鲁迅墓照片浅谈

童 煜

在上海鲁迅纪念馆整个馆藏照片档案中,馆藏鲁迅墓的照片是一个重要的组成部分。这些历史照片,完整呈现了鲁迅逝世以后,从万国公墓的鲁迅墓,到而今鲁迅公园鲁迅墓变迁的全过程。这些历史照片得以完整的保存,凝聚着我馆老一辈同志的心血和付出,他们为鲁迅墓的文物保护和历史变迁,提供了原始、有力的说明。同样,为了使得这些珍贵照片的永久保存,馆藏鲁迅墓的照片,经过研究室同志付出几年的辛勤,原始照片扫描全部完成,实现了照片数字化,使得鲁迅墓照片档案的基础性工作上了一个台阶。

馆藏鲁迅墓照片从1936年起到2004年,共藏1 208张。其中,黑白照片789张,从1985年起为彩色照片,共419张。黑白照片尺寸大多为3×4.5、6×6、6×9三种规格,这些老照片有文汇报等媒体提供的,更有我馆老前辈朱嘉栋、顾八弘、茅才龙拍摄和捐赠者珍藏提供给我馆的。

我馆1951年建馆,馆藏1951年前的照片均为征集得来,1951年后,由朱嘉栋负责我馆的照片拍摄工作,他参与了1956年的鲁迅墓迁葬工作,当时和记者一起拍摄的迁葬照片,完整呈现了迁葬的全过程,弥足珍贵。馆藏照片来源一栏,注明"本馆"的,大多为朱嘉栋所拍摄。朱嘉栋退休后,由顾八弘负责馆照片的拍摄。当时,社会提倡的是集体主义精神,所以我馆馆藏照片来源一栏,均以"本馆"标注,没有注明朱嘉栋或顾八弘。

根据馆藏鲁迅墓的原始照片,本文就鲁迅墓变迁的几件大事照片作一简单的介绍。

一、1936年鲁迅丧仪

馆藏鲁迅墓照片从1936年万国公墓内的鲁迅墓及丧仪开始,共藏照片25张,其中孔令境提供13张。照片中,墓穴和封后的照片尤其珍贵,从照片中能看出,鲁迅灵柩是如何安置于墓穴的。1936年的照片信息见表1(表中照片目录为列举,非全部,下同)。

表1

名　　称	备　注
治丧委员宋庆龄等	黑白、横构图
许广平、周海婴等	黑白、横构图
周海婴	黑白
蔡元培	黑白、竖构图
奠祭	黑白、竖构图
举行葬仪	黑白、竖构图
宋庆龄在万国公墓致哀词	黑白、竖构图
宋庆龄和姚克	黑白、横构图
宋庆龄、许广平、海婴	黑白、竖构图
宋庆龄、内山完造、许广平	黑白、横构图
万国公墓内鲁迅墓穴	黑白、横构图
万国公墓内鲁迅墓(封后)	黑白、横构图
1936年鲁迅墓全景	黑白、横构图
1936年鲁迅墓(远景)	黑白、横构图
1936年鲁迅墓碑	黑白

正是这些照片的保存和明星电影公司拍摄的《鲁迅丧仪影像资料》,为鲁迅丧仪的研究,提供了最直接的依据。鲁迅丧仪的内容,可以参看乐融先生和孔海珠女士在《永远的缅怀》《痛别鲁

迅》,此处不再赘述。

二、1946年鲁迅逝世十周年祭

在鲁迅逝世十周年之际的1946年,上海的万国公墓举行了隆重的鲁迅逝世十周年的祭奠活动。曹靖华、郭沫若、沈钧儒、沈雁冰、许广平、冯雪峰、田汉、洪深、胡风、叶圣陶、黄源均在祭奠活动中有个人照片。馆藏1946年鲁迅墓照片共81张,是保存数量较多的一年。

表2

名　　称	备　　注
文化工作者祭扫鲁迅墓	黑白
郭沫若同志在万国公墓	黑白、竖构图
沈钧儒先生在万国公墓	黑白、竖构图
郭沫若、沈钧儒、茅盾在鲁迅墓地	黑白、横构图
许广平等扫鲁迅墓	黑白、竖构图
冯雪峰在鲁迅墓前讲话	黑白、横构图
茅盾等在万国公墓	黑白、横构图
田汉在鲁迅墓前讲话	黑白、竖构图
洪深在鲁迅墓前讲话	黑白、竖构图
胡风在鲁迅墓前讲话	黑白、竖构图
鲁迅逝世十周年群众扫鲁迅墓	黑白、竖构图
文化界六人祭扫鲁迅墓	黑白、横构图
青年木刻家谒鲁迅墓	黑白、横构图
内山完造等摄于鲁迅墓	黑白、横构图
黄源在鲁迅墓前	黑白、竖构图
曹靖华在鲁迅墓前	黑白、横构图
叶圣陶在鲁迅墓前	黑白、横构图
文化工作者祭鲁迅墓时敬献的花篮	黑白、竖构图
群众祭扫鲁迅墓	黑白、竖构图

鲁迅逝世十周年祭,除了我馆拍摄的外,周海婴在现场也有拍摄,胡风的女儿张晓风也有捐赠,但比较系统的20张照片由文物捐赠者金诺提供。

三、1947年万国公墓鲁迅墓修建

1946年的鲁迅逝世十周年祭后,许广平觉得鲁迅墓范围较小。1947年,许广平对鲁迅墓进行了一次全面的修建(见表3),规模扩大了一点,原来鲁迅儿子周海婴题写的"鲁迅先生之墓"换成了鲁迅的三弟周建人题写的墓碑。1936年和1947年的万国公墓的二块鲁迅墓碑,均为我馆的馆藏。

表3

名　　称	备　　注
1946年鲁迅墓修建图	黑白、横构图
1946年鲁迅墓全景	黑白、横构图
1946年鲁迅墓近景(左侧面)	黑白、横构图
1946年鲁迅墓碑	黑白、横构图

四、1956年鲁迅墓迁葬虹口公园

1956年,鲁迅墓从万国公墓迁葬到虹口公园(今鲁迅公园),这年的馆藏照片由三部分组成,共181张。第一部分是鲁迅墓建造的61张现场照片(见表4),第二部分是灵柩迁葬59张照片(见表5),第三部分是鲁迅墓迁葬仪式61张照片(见表6)。

(一)**鲁迅墓建造**

从鲁迅墓建造的照片看,鲁迅墓的建造不仅仅是鲁迅墓的本体建筑,其中包括鲁迅墓前的草坪、鲁迅纪念亭和周边道路、曲桥及池塘,还包括鲁迅墓后山坡的绿化种植等。这些鲁迅墓的配套建设,馆藏鲁迅墓建筑图纸中,有一部分就是配套建设图纸。

从照片可知鲁迅墓照壁式的墓碑建造,并非一次完工,为保证鲁迅墓照壁式墓碑的瞻仰效果,鲁迅墓碑在工地先行做过一个墓碑实体模型,确定了墓碑的施工工艺和展示效果。此外,鲁迅墓右侧广玉兰移植不成功,后来补种。1946年10月20日周恩来在万国公墓鲁迅墓所植的柏树移植到鲁迅坐像的正前方。墓穴的左面的柏树为许广平(原万国公墓鲁迅墓的柏树移植墓穴左侧)种植,墓穴右面的柏树为周海婴(10月上旬增植柏树一棵于墓穴右侧)种植。

表4

名　　称	备　注
1956年陈植院长在看图纸	黑白、竖构图
虹口公园鲁迅墓开始施工	黑白、横构图
鲁迅新墓工地	黑白、横构图
鲁迅墓石料开采地(苏州金山)	黑白、横构图
石料等建筑材料运到虹口公园	黑白、横构图
鲁迅墓碑现场模型	黑白、竖构图
鲁迅墓设计人员和施工人员在鲁迅墓碑模型前研究工作	黑白、竖构图
鲁迅墓穴和墓碑正在施工	黑白、横构图
鲁迅墓和墓地绿化同时施工	黑白、横构图
石料工人在鲁迅墓筑地坪	黑白
工作人员在商讨鲁迅墓施工中的问题	黑白
苏州石料工人正在刻"鲁迅先生之墓"	黑白、横构图
鲁迅墓碑正在紧张施工中	黑白、横构图
"鲁迅先生之墓"石块安装在墓碑上	黑白
鲁迅墓碑完工	黑白、横构图
浇制鲁迅白水泥坐像时的竹棚	黑白、横构图
鲁迅白水泥坐像翻制完成	黑白、竖构图
许广平所植1936年柏树迁来鲁迅新墓	黑白、横构图

续表

名　称	备　注
许广平所植柏树迁种情形	黑白、竖构图
周恩来同志在鲁迅墓地种的柏树	黑白
鲁迅墓前周总理所植柏树及周围环境	黑白
万国公墓鲁迅墓地柏树运来虹口公园鲁迅新墓	黑白、竖构图
园林工人在鲁迅墓地种植广玉兰	黑白、横构图
园林工人在鲁迅墓后山上植树	黑白
鲁迅墓正前方正在兴建"鲁迅纪念亭"	黑白、横构图
园林工人在鲁迅墓前种植天鹅绒草皮	黑白、横构图
鲁迅墓右侧正在兴建曲桥	黑白、横构图
筑路工人在鲁迅墓入口处筑红石板路	黑白、横构图
园林工人在鲁迅墓左前方修建池塘	黑白、横构图

（二）鲁迅灵柩迁葬

根据馆藏59张原始工作照片和留存的文字资料。鲁迅灵柩起穴工作由上海市文化局主事、上海市第一石料生产合作社具体操作。从原始照片看，万国公墓鲁迅灵柩起穴现场除了10名石工外，还有时任上海市文化局副局长的唐弢和社文处的沈之瑜，我馆老前辈朱嘉栋参与了鲁迅灵柩起穴的全过程，并负责现场拍摄工作照。

值得一提的是，墓穴水泥盖板抬开后，意外发现墓穴里面有很多积水，棺材全部泡在水里，积水几乎与棺盖面相平，棺盖上1936年覆盖的沈钧儒所书的白底黑字"民族魂"旗，早已腐烂，但"民族魂"三个字的印迹清晰可见。馆藏原始照片，清晰地展示了当时的棺盖上的三个字情况。除了"族"字的中心部分比较清晰、边缘部分有点模糊外，"民""魂"两个字几乎完整，其中以"魂"字最为清晰。

鲁迅灵柩起穴的过程，参与者朱嘉栋在《鲁迅墓的迁葬与保护》《鲁迅的棺材》二篇文章中已有描述，此处不再赘述。

表5

名　　　称	备　注
周建人书写的"鲁迅先生之墓"墓碑	黑白、横构图
工人在鲁迅墓	黑白、横构图
移开墓穴第一层石盖全景	黑白、横构图
挖墓穴土	黑白、横构图
抬起第二层穴盖	黑白、竖构图
棺椁被水浸泡	黑白、竖构图
工人在墓地挖1936年的墓碑	黑白、横构图
棺椁放置万国公墓礼堂	黑白、竖构图
唐弢、沈之瑜和工人现场正面工作照	黑白、横构图
唐弢在鲁迅墓现场	黑白、竖构图
工人在鲁迅墓挖柏树	黑白、横构图
开启第一层石盖后的墓穴全景	黑白、横构图
工人在鲁迅墓穴挖土	黑白、横构图
抬第二层穴盖	黑白、竖构图
开启穴盖的墓穴	黑白、竖构图
唐弢等在开启穴盖的墓穴旁	黑白、横构图
沈之瑜在墓穴旁	黑白、竖构图
工人在墓穴勺水	黑白、竖构图
抬起棺椁	黑白、竖构图
唐弢等在现场	黑白、横构图

（三）迁葬仪式

馆藏鲁迅墓的迁葬仪式照片,从万国公墓覆盖"民族魂"旗帜、敬献花圈开始,到虹口公园迁葬仪式结束,真实还原了迁葬仪式的全过程。照片中,万国公墓覆盖"民族魂"旗帜、敬献花圈照片7张,到达虹口公园扶鲁迅灵柩和仪式照片39张,花圈、鲁迅墓全景照片15张。

表6

名　　称	备　注
金仲华、巴金代表上海人民在万国公墓礼堂向鲁迅重献"民族魂"旗	黑白、横构图
鲁迅灵柩自万国公墓礼堂移出准备上车驶往鲁迅新墓墓地	黑白、横构图
鲁迅灵柩迁葬车队自万国公墓驶出	黑白、竖构图
首长扶鲁迅灵柩从虹口公园进入鲁迅墓地	黑白、横构图
工作人员在进行鲁迅灵柩迁葬前的准备工作	黑白、横构图
鲁迅灵柩安放在落葬台上	黑白、横构图
鲁迅灵柩渐渐降入墓穴（茅盾、许广平、宋庆龄等）	黑白、横构图
宋庆龄、许广平等在鲁迅墓地	黑白、横构图
宋庆龄等在虹口公园	黑白、横构图
鲁迅灵柩迁葬仪式巴金讲话	黑白、横构图
鲁迅灵柩迁葬仪式沈雁冰讲话	黑白、横构图
鲁迅灵柩迁葬仪式许广平讲话	黑白、横构图
金仲华揭鲁迅坐像	黑白、横构图
许广平、周海婴、马新云在鲁迅墓地	黑白、横构图
鲁迅墓碑前花圈全景	黑白、横构图
党中央、国务院、宋庆龄献的花圈	黑白
党中央献的花圈	黑白
国务院献的花圈	黑白
宋庆龄献的花圈	黑白
鲁迅墓碑前的花篮	黑白
鲁迅墓穴周围的花圈	黑白
鲁迅墓全景	黑白、横构图

鲁迅墓是国务院第一批公布全国重点文物保护单位，是鲁迅的最终归宿地，是所有文学爱好者乃至世界文人缅怀文学巨匠的瞻仰地。拿着鲁迅墓的原始照片档案，我看到了前辈们的全身心付出，感受到了鲁迅留给我们民族的精神财富。

编　　后

据上海鲁迅纪念馆编《四十纪程》(1991)中《上海鲁迅大事记》记载,经过半年多的筹备与建设,1951年1月7日上海鲁迅纪念馆正式对外开放,华东军政委员会主席饶漱石、上海市市长陈毅、副市长潘汉年,鲁迅友人及文化界人士陈望道、冯雪峰、黄源、巴金、叶以群、郭绍虞、冯定、舒同、陈烟桥、孔另境、吴朗西、王士菁、周而复,以及苏联友人罗果夫等70余人前往参观、指导,唐弢等招待、解说。为纪念上海鲁迅纪念馆建馆70周年,本辑特设专栏回顾展望。郑亚馆长之《不忘初心——从上海鲁迅纪念馆建馆看新中国人物类博物馆要义》回顾了鲁迅逝世后社会各界呼吁建鲁迅纪念馆的历史,着重回顾了上海鲁迅纪念馆的筹备和初期建设,并全面而扼要地回顾了上海鲁迅纪念馆的发展历史,总结了近年来的重要工作,文章最后阐述道:"2021年是建党100周年,鲁迅诞辰140周年,也恰是上海鲁迅纪念馆建馆70周年。经过70年的积累,上海鲁迅纪念馆必将继续坚守人物类纪念馆的职责与担当,将自身发展与党的百年历程主动对照,不忘初心,秉持与'为民族谋复兴'呼应的鲁迅'民族魂'精神,与'为人民谋幸福'呼应的鲁迅'孺子牛'精神,不断前行。"王锡荣在《上海鲁迅纪念馆的70年》中从"初创风光""国家名片""跌宕起伏""文物情结""核心动力""扬帆远行"几个方面,点面结合,回顾了历史,他总结道:"在鲁迅纪念馆迎来70周年之际,我想说,上海鲁迅纪念馆从70年前草创之初的简陋单薄,到今天的宏富雄厚,这些成绩的取得,一是因国家对鲁迅纪念研究事业和国家博物馆文化事业的高度重视与大力投入,二是基于几代前人的深厚积淀,三是全馆同仁的辛苦努力,当然更因为鲁迅先生的强大感召力与其思想精神穿透力,使全社会认识到鲁迅作为'民族之魂'对于中华民族的伟大意义,和作为'人类之子'对于全人类的伟大意义。这种意义正在越来越被深刻地认识到。这就是我们工作的意义。"北京鲁迅博物馆老专家叶淑穗在《纪念馆的典范——贺上海鲁迅纪念馆 70 华诞并赞研究成果》中特别梳理了上海鲁迅纪念馆在文物收藏、展览、学术等方面的成就,并对上海鲁迅纪念馆近期出版的两种丛书进行了评点。乐融在《文物征集工作的三种精神——谈新世纪以来新征集的三件鲁迅手迹》中着重回顾了近几年上海鲁迅纪念馆征集鲁迅手稿的成就。《努力开拓鲁迅学术宣传的新领域》等数篇文章的作者则从各自所在的部门,对近十余年来的各部门的工作进行了回顾与总结。《上海鲁迅纪念馆历年宣传品概览》结合上海鲁迅纪念馆宣传品进行回顾和梳理,尽管不能做到资料完备,却具有创新性。

《〈帮忙文学与帮闲文学〉讲演的记录与修改——兼论鲁迅提出"帮闲文学"的因由》是近期鲁迅文本研究的一项重要成果,文章重新辨别了鲁迅"帮闲文学"缘起与意义,有助于今天正确解读鲁迅文本。《生而死,死而生——鲁迅〈为了忘却的记念〉与珂勒惠支〈牺牲〉之比较》以文字与绘画作跨纬度比较,谈前人所未谈者,具有探索意义。《"幻灯片事件"的多重叙述——以〈惜别〉〈上海的月亮〉为例》比较了两部日本作家创作鲁迅生平作品,有利于了解日本鲁迅的一个侧面。《社会性别视域中的差异平等——论鲁迅的性别平等观》所涉及的是一个近年来颇受关注的问题,如何突破时代造就的迷障去触摸因时代而生却超越时代的文化的本质,是一个长久的学术课题。

文学研究是文本的研究,更是历史文化的研究,其过程中少不了文献史料的支持。《陈西滢日记、家信的文献史料价值》一文再现了史料对鲁迅研究的基础性意义,在这篇文章中,傅光明以日记、家信为本再现了当年的陈西滢,有助于我们去除对历史人物的刻板印象。当然,这在鲁迅研究方面也是同理的。《中华艺术大学校门照片来历新探》回顾了中华艺术大学校址的重新确定过程,再次证明了文献史料在文学研究领域的重要意义。《解读上海鲁迅纪念馆70年前筹设工程之票据》应该是利用文献史料别开研究方向之作,文章所利用的不为常人所关注的历史票据,通过这些票据还原历史的一幕,揭示了在20世纪50年代,在经济不充裕的情况下,党和政府动员各种力量对上海鲁迅纪念馆的筹建给予支持,保证了1951年1月上海鲁迅纪念馆的顺利开馆以及之后的正常运营。

《童谣民歌:越学和鲁迅学的一条纽带〈中国童谣价值谱系研究〉序》虽是书序,文中对鲁迅和周作人对儿童文学论述和建树进行了回顾和解析,有见地、有启示。《作家萧红的"个"的自觉——论平石淑子〈萧红传〉对葛浩文〈萧红评传〉的反叛》对两种萧红传记进行比较研究,应属于作家论范畴的学术成果,作者视野较为宽广,其立论值得关注。《浅谈陶元庆绘画艺术特色》虽是短文,却以美学视角专论,有前人所未及之处。《鲁迅身影——乍浦路海宁路一带电影院》以点概面,大致从中可了解鲁迅在上海的观影频率。

1950年顾廷康手绘的《鲁迅纪念馆》出版,是为上海鲁迅纪念馆的最早的宣传品,《读最早的〈鲁迅纪念馆〉画册》概要地介绍了这本连环画的出版背景。这本《鲁迅纪念馆》出版已经有70年历史了，其所承载的当年编辑者对鲁迅的尊崇、对文化的追求犹鲜活感人。本辑特全书复印附于文后，以供同好。

编　者

2021 年 4 月

《上海鲁迅研究》编辑部

地址：上海市甜爱路 200 号　上海鲁迅纪念馆

邮编：200081

电话：021-65878211，021-65402288*215

传真：021-56962093

电邮：shlxyj@aliyun.com

《上海鲁迅研究》投稿须知

本刊热诚欢迎海内外作者投寄稿件。为保证学术研究成果的原创性和严谨性,倡导良好的学术风气,推进学术规范建设,请作者赐稿时务必遵照如下规定:

第一,所投稿件须系作者独立研究完成之作品,对他人知识产权有充分尊重,无任何违法和违反学术道德等内容。按学术研究规范,认真核对引文、注释和文中使用的其他资料,确保准确无误。如使用转引资料,应注明转引出处。本刊采用文末注方式,引文出处请遵照**"作者:《篇名》,《集名》第×卷,××出版社××××年版,第×页"**格式。人民文学出版社2005年版《鲁迅全集》(十八卷)是鲁迅引文的标准版本。

第二,凡向本刊投稿,须同时承诺该文未一稿多投,包括局部改动后投寄其他报刊,并保证不会将该文主要观点或基本内容先于《上海鲁迅研究》在其他公开或内部出版物(包括期刊、报纸、专著、论文集、学术网站等)上发表。如未注明非专有许可,视为专有许可。

第三,所投稿件应遵守国家相关标准和出版物法规,如关于标点符号和数字使用的规范等。

第四,本刊整体版权属《上海鲁迅研究》所有,未经许可,不得以任何方式复制、选编。经我社许可需在其他出版物上发表或转载的,须特别注明"本文首发于《上海鲁迅研究》"字样。

第五,本刊实施专职编辑三级审稿与编委审稿相结合的审稿制度。作者投稿后,如需撤稿,请及时通知编辑部,编辑部将视编辑该稿情形后,答复作者。

第六,来稿论文要求格式规范,项目齐全。提供:**真实姓名,联系方式(含邮编),电子信箱,身份证号码、作者开户银行并支行名(支行名称请务必提供)及账号(支付稿酬所需)**。作者对稿酬有疑问者,请致电出版社。

第七,本刊有权对来稿做文字修改。

第八,本刊已加入"中国知网"(光盘版)电子期刊出版系统,作者的著作权使用费与本刊稿费将一次性给付,如作者不同意编入该数据库,请提交论文时向本刊说明。凡在投稿时未作特别声明的,将视同作者已认可其论文入编有关电子出版物。

第九,稿件一经采用,即付稿酬(限常住中国大陆地区作者)并寄样刊两册。

如违背上述规定,给《上海鲁迅研究》造成任何不良影响,由作者承担全部责任。

顾问名单：王晓明　王铁仙　王锡荣　邓牛顿　朱　正
　　　　　孙玉石　陈子善　陈思和　陈福康　陈漱渝
　　　　　张梦阳　严家炎　吴中杰　吴长华　吴欢章
　　　　　杨剑龙　郑心伶　林　非　林贤治　哈九增
　　　　　郜元宝　黄乐琴　潘颂德

主　　编：郑　亚
编　　委（按姓氏笔画排序）：
　　　　　仇志琴　王　璐　王晓东　乐　融
　　　　　包明吉　乔丽华　邹宴清　李　荣
　　　　　李　浩　郑　亚　施晓燕　顾音海
　　　　　高方英
责任编委：李　浩　乔丽华

目录英译：林　翘
封面设计：贾川琳

图书在版编目（CIP）数据

上海鲁迅研究. 上海鲁迅纪念馆建馆 70 周年 : 总第 90 辑 / 上海鲁迅纪念馆编 .— 上海 : 上海社会科学院出版社, 2021
 ISBN 978－7－5520－3611－4

Ⅰ. ①上… Ⅱ. ①上… Ⅲ. ①鲁迅研究—文集 Ⅳ.
①K825.6－53

中国版本图书馆 CIP 数据核字（2021）第 126327 号

上海鲁迅研究·上海鲁迅纪念馆建馆 70 周年（总第 90 辑）

上海鲁迅纪念馆 编
责任编辑：章斯睿
封面设计：贾川琳
出版发行：上海社会科学院出版社
　　　　　上海顺昌路 622 号　邮编 200025
　　　　　电话总机 021－63315947　销售热线 021－53063735
　　　　　http://www.sassp.cn　E-mail:sassp@sassp.cn
照　　排：南京理工出版信息技术有限公司
印　　刷：上海新文印刷厂有限公司
开　　本：890 毫米×1240 毫米　1/32
印　　张：10.75
字　　数：266 千字
版　　次：2021 年 7 月第 1 版　2021 年 7 月第 1 次印刷

ISBN 978－7－5520－3611－4/K·609　　　　　　　　定价：88.00 元

版权所有　翻印必究